二手车鉴定·评估·交易一本通

主　编　吴东盛　胡宗梅
参　编　袁小云　陈芷衡　谢东凤
　　　　黄荣友　郭俊荣　陈　火
　　　　萧颖欣　何荣辉
主　审　曾建谋

机械工业出版社

本书内容根据二手车鉴定→评估→交易过程中所需要掌握的知识分为：汽车基础知识、二手车鉴定工作流程、二手车价格评估的工作流程、碰撞汽车的评估技巧、特殊二手车评估技巧、二手车交易的工作流程和互联网+二手车交易。汽车基础知识阐述了汽车分类、汽车型号编号规则、汽车使用的相关知识、车辆认证管理和证照识别、二手车鉴定评估的基础知识；工作流程介绍了二手车鉴定工作流程、二手车价格评估工作流程和二手车交易工作流程；碰撞汽车的评估技巧阐述了汽车碰撞损伤的检查、易损部件损伤的评估技巧、机械总成和电气系统的损伤评估技巧、特殊二手车（涉水汽车、火灾汽车、拼装汽车、走私汽车）鉴定评估技巧、汽车修复和工时确定及相关的案例分析；互联网+二手车交易阐述了二手车电商平台的发展状况、互联网+二手车金融、互联网+二手车租赁及互联网+二手车置换。

本书资料丰富，图片清晰，每章配备的案例均来自一线4S店及二手车鉴定评估机构，并且操作内容配备视频，手机扫码即可观看，内容实用、全面，是二手车鉴定→评估→交易从业者的一本案头必备书，同时，也可为广大车主学习使用。

图书在版编目（CIP）数据

二手车鉴定·评估·交易一本通 / 吴东盛，胡宗梅主编. —北京：机械工业出版社，2019.2（2021.1 重印）

ISBN 978-7-111-61870-6

Ⅰ.①二… Ⅱ.①吴… ②胡… Ⅲ.①汽车—鉴定—高等学校—教材 ②汽车—价格评估—高等学校—教材 Ⅳ.①U472.9②F766

中国版本图书馆 CIP 数据核字（2019）第 012812 号

机械工业出版社（北京市百万庄大街22号 邮政编码100037）
策划编辑：赵海青　　　责任编辑：赵海青　张丹丹
责任校对：郑　婕　　　责任印制：常天培
北京虎彩文化传播有限公司印刷

2021年1月第1版第2次印刷
184mm×260mm·18.5 印张·411 千字
3001—4500 册
标准书号：ISBN 978-7-111-61870-6
定价：49.90元

凡购本书，如有缺页、倒页、脱页，由本社发行部调换

电话服务　　　　　　　　　　网络服务
服务咨询热线：010-88361066　机 工 官 网：www.cmpbook.com
读者购书热线：010-68326294　机 工 官 博：weibo.com/cmp1952
　　　　　　　　　　　　　　　金 书 网：www.golden-book.com
封底无防伪标均为盗版　　　　教育服务网：www.cmpedu.com

前言

　　2015年以来，我国二手车市场交易量保持较高的增长率，2016年整体交易量达到1039万辆，同比2015年全年增长10.3%，2018年仅1、2月份就达到了198.24万辆的交易量，同比增长15.8%。另外，21世纪初第一批购车的私家车车主已经进入换车周期，若想从事二手车业务的朋友（特别不是汽车专业的）想对二手车的价值有一定的了解，便于参与二手车交易或二手车置换以及想购买二手车的朋友想通过自己的二手车评估专业知识对欲购买的二手车有个相对专业的估价，则这本书刚好符合需求，非常适合二手车从业者及广大车主朋友阅读学习。

　　本书共分为七章，内容包括汽车基础知识、二手车鉴定工作流程、二手车价格评估的工作流程、碰撞汽车的评估技巧、特殊二手车评估技巧、二手车交易的工作流程和互联网+二手车交易。其中，本书的基础知识阐述了汽车分类、汽车型号编号规则、汽车使用的相关知识、车辆认证管理和证照识别、二手车鉴定评估的基础知识；工作流程介绍了二手车鉴定工作流程、二手车价格评估工作流程和二手车交易工作流程；碰撞汽车的评估技巧阐述了汽车碰撞损伤的检查、易损部件损伤的评估技巧、机械总成和电气系统的损伤评估技巧、特殊二手车（涉水汽车、火灾汽车、拼装汽车、走私汽车）鉴定评估技巧、汽车修复和工时确定，并列举了部分评估实例，便于读者理解，并了解事故车的损失评估与鉴定；互联网+二手车交易阐述了二手车电商平台的发展状况、互联网+二手车金融、互联网+二手车租赁及互联网+二手车置换。通过本书关于二手车鉴定评估系列知识的学习，可以比较系统而完整地掌握事故车损失评估、二手车评估及二手车交易相关程序及手续的办理。

　　本书资料丰富，图片清晰，每章配备的案例均来自一线4S店及二手车鉴定评估机构，并且操作内容配备视频，手机扫码即可观看，内容全面，通俗易懂，可操作性强，集知识性、实用性和指导性为一体，并附录了规范化管理的表格，是二手车鉴定→评估→交易从业者的一本案头必备书，同时，也可为广大车主学习使用，提高自己的汽车鉴定评估水平，让自己更加内行。

　　本书的编写是集体劳动的成果，由吴东盛、胡宗梅担任主编，曾建谋担任主审，参加全书编写的有：吴东盛（编写了第二～五章）、胡宗梅（编写了第一章、第六章)、袁小云（编写了附录）、谢东凤（编写了第七章），陈芷衡、郭俊荣、黄荣友、萧颖欣、陈火、何荣辉编写了相关章节的案例并参与了实车拍摄。最后由吴东盛、胡宗梅对全书进行统稿。在本书的编写过程中，广东工业大学曾建谋教授做了大量的组织协调工作，广州市汽车服务业协会秘书长郭俊荣先生对本书提供了很多有益的指导，广州市汽车服务业协会相关会员单位、广东轻工职业技术学院汽车技术学院、广东机电职业技术学院汽车学院等单位为本书提供了很多宝贵的资料，在此一并表示感谢。

由于编者水平有限，书中不足之处在所难免，希望广大读者批评指正。

编　者

目 录

前言

第一章 汽车基础知识 001

第一节 汽车分类及汽车型号编制规则 / 001
第二节 汽车使用的相关知识 / 018
第三节 车辆认证管理和证照识别 / 027
第四节 二手车鉴定评估的基础知识 / 033

第二章 二手车鉴定工作流程 043

第一节 二手车鉴定评估概述 / 043
第二节 二手车鉴定 / 050
第三节 二手车拍照 / 085
第四节 案例分析 / 087

第三章 二手车价格评估的工作流程 089

第一节 二手车成新率计算方法 / 089
第二节 二手车评估的方法 / 095
第三节 二手车评估方法的选择 / 109
第四节 二手车鉴定评估报告 / 113
第五节 案例分析 / 117

第四章 碰撞汽车的评估技巧 126

第一节 概述 / 126
第二节 汽车碰撞损伤的检查 / 140
第三节 易损部件损伤的评估技巧 / 146
第四节 机械总成和电气系统的损伤评估技巧 / 171
第五节 汽车修复工时的确定 / 193
第六节 案例分析 / 197

第五章 特殊二手车评估技巧 / 205

第一节 涉水汽车鉴定评估技巧 / 205
第二节 火灾汽车鉴定评估技巧 / 215
第三节 拼装汽车鉴定评估技巧 / 220
第四节 走私汽车鉴定评估技巧 / 222
第五节 案例分析 / 224

第六章 二手车交易的工作流程 / 230

第一节 二手车交易基本流程 / 230
第二节 二手车交易的工作程序 / 232
第三节 二手车转移登记 / 246
第四节 二手车经销 / 253
第五节 案例分析 / 266

第七章 互联网+二手车交易 / 268

第一节 二手车电商 / 268
第二节 互联网+二手车金融 / 279

附录 / 288

参考文献 / 289

第一章 汽车基础知识

第一节 汽车分类及汽车型号编制规则

一、汽车分类

汽车是指动力驱动,具有四个或四个以上车轮的非轨道承载的车辆,主要包括用于载运人员或货物;牵引载运人员或货物的车辆;特殊用途的车辆;还包括与电力线相连的车辆(如无轨电车)和整车整备质量超过400kg的三轮车辆。汽车的分类方法很多,通常可按其用途、发动机位置和车轮驱动形式的不同分类。

1. 按用途分类

(1)乘用车 乘用车是指主要用于载运乘客及其随身行李或临时物品的汽车,包括驾驶人座位在内最多不超过九个,它也可以牵引一辆挂车。乘用车的代表车型为轿车、小型客车和专用车等。

1)普通乘用车。

①车身:封闭式,侧窗中柱可有可无。

②车顶:固定式,硬顶。有的车辆顶盖可部分开启。

③座位:四个或四个以上座位,至少两排。后排座椅可折叠或移动,以形成装载空间。

④车门:两个或四个以上侧门,可有一个后开启门。

普通乘用车如图1-1所示。

图1-1 普通乘用车

2）活顶乘用车。

①车身：具有固定侧围框架可开启式车身。

②车顶：车顶为硬顶或软顶，至少有两个位置，第一个位置封闭，第二个位置可开启或拆除。可开启式车身可以通过使用一个或数个硬顶部件和/或合拢软顶将开启的车身关闭。

③座位：四个或四个以上座位，至少两排。

④车门：两个或四个侧门。

⑤车窗：四个或四个以上侧窗。

活顶乘用车如图1-2所示。

图1-2 活顶乘用车

3）高级乘用车。

①车身：封闭式，前后座之间可以设有隔板。

②车顶：固定式，硬顶，有的车辆顶盖可部分开启。

③座位：四个或四个以上座位，至少两排。后排座椅前可安装折叠式座椅。

④车门：四个或六个侧门，也可有一个后开启门。

⑤车窗：六个或六个以上侧窗。

高级乘用车如图1-3所示。

图1-3 高级乘用车

4）小型乘用车。

①车身：封闭式，通常后部空间较小。

②车顶：固定式，硬顶，有的车辆顶盖可部分开启。

③座位：两个或两个以上座位，至少一排。

④车门：两个侧门，也可有一个后开启门。

⑤车窗：两个或两个以上侧窗。

小型乘用车如图1-4所示。

图1-4 小型乘用车

5) 敞篷车。

①车身：可开启式。
②车顶：车顶为软顶或硬顶，至少有两个位置：第一个位置遮覆车身，第二个位置可供车顶卷收或可拆除。
③座位：两个或两个以上座位，至少一排。
④车门：两个或四个侧门。
⑤车窗：两个或两个以上侧窗。
敞篷车如图1-5所示。

图1-5　敞篷车

6) 仓背乘用车。

①车身：封闭式，侧窗中柱可有可无。
②车顶：固定式，硬顶，有的车辆顶盖可部分开启。
③座位：四个或四个以上座位，至少两排。后排座椅可折叠或可移动，以形成一个装载空间。
④车门：两个或四个侧门，并有一个后开启门。
仓背乘用车如图1-6所示。

图1-6　仓背乘用车

7) 旅行车。

①车身：封闭式，车尾外形可提供较大的内部空间。
②车顶：固定式，硬顶，有的车辆顶盖可部分开启。
③座位：四个或四个以上座位，至少两排，其中一排或多排座椅可拆除，或装有向前翻倒的座椅靠背，以提供装载平台。
④车门：两个或四个侧门，并有一个后开启门。
⑤车窗：四个或四个以上侧窗。
旅行车如图1-7所示。

图1-7　旅行车

8) 多用途乘用车。多用途乘用车是指除上述1) ~7) 车辆以外的，只有单一车室载运乘客及其行李或物品的乘用车。但是，如果这种车辆同时具备下列两个条件，则不属于乘用车，而属于货车：

① 除驾驶人以外的座位数不超过六个；只要车辆具有可使用的座椅安装点，就应算"座位"存在。

② 满足下式：

$$P - (M + 68N) > 68N$$

式中，P 为最大设计总质量；M 为整车整备质量与一位驾驶人质量之和；N 为除驾驶人以外的座位数。

9）短头乘用车。短头乘用车发动机长度的一半以上位于车辆前风窗玻璃最前点以后，并且转向盘的中心位于车辆总长的前1/4部分内。

短头乘用车如图1-8所示。

10）越野乘用车。在其设计上所有车轮同时驱动（包括一个驱动轴可以脱开的车辆），或其几何特性（接近角、离去角、纵向通过角、最小离地间隙）、技术特性（驱动轴数、差速锁止机构或其他型式机构）和其他性能（爬坡度）允许在非道路上行驶的一种乘用车。

越野乘用车如图1-9所示。

图1-8　短头乘用车

图1-9　越野乘用车

11）专用乘用车。运载乘员或物品并完成特定功能的乘用车，它具备完成特定功能的特殊车身或装备，如旅居车、防弹车、救护车和殡仪车等。

旅居车和防弹车如图1-10所示。

a)

b)

图1-10　旅居车和防弹车

a) 旅居车　b) 防弹车

（2）商用车　在设计和技术上用于运送人员和货物的汽车，并可以牵引挂车，乘用车不包括在内。

1）客车。在设计和技术上用于载运乘客及其随身行李的商用车辆，包括驾驶人座位在内座位数超过九座。客车有单层的或双层的，也可牵引一辆挂车，如小型客车、城市客车、长途客车和专用客车等，如图1-11~图1-14所示。

图1-11　小型客车

图1-12　城市客车

图1-13　长途客车

图1-14　专用客车

2）半挂牵引车。装备有特殊装置，用于牵引半挂车的商用车辆，如图1-15所示。

3）货车。一种主要为载运货物而设计和装备的商用车辆，它也可以牵引挂车，如普通货车、多用途货车、全挂牵引车、越野货车、专用作业车和专用货车等，如图1-16所示。

图1-15　半挂牵引车

图1-16　越野货车

2. 按动力装置分类

(1) 内燃机汽车（ICV） 内燃机汽车是指用内燃机作为动力装置的汽车，它又分为以下几类：

1) 汽油机汽车。用汽油作为发动机燃料的汽车。

2) 柴油机汽车。用柴油作为发动机燃料的汽车。

3) 气体燃料汽车。用天然气和煤气等气体作为发动机燃料的汽车。

4) 液化气体汽车。用液化气体（液化石油气）作为发动机燃料的汽车。

5) 双燃料汽车。用两种燃料（如汽油和天然气）作为发动机燃料的汽车。

(2) 电动汽车（EV） 电动汽车是指由电动机作为动力装置的汽车。根据电源形式，电动汽车可分为以下几类：

1) 蓄电池电动汽车（ZEV）。采用传统铅酸蓄电池作为动力。

2) 燃料电池电动汽车（FCEV）。使燃料（如醇类）在转换器中产生反应并释放出氢气，再将氢气运输到燃料电池与氧结合发出电力。

3) 混合动力汽车（HEV）。采用传统内燃机和电动机作为动力源，通过混合使用热能和电能两套系统驱动汽车。

4) 太阳能汽车。太阳能汽车是指利用太阳能电池将太阳能转化为电能，并利用该电能作为能源驱动汽车行驶。

(3) 喷气式汽车 依靠航空发动机或火箭发动机以及特殊燃料，并以喷气反作用力驱动轮式汽车。

3. 按行驶道路条件分类

(1) 公路用汽车 公路用汽车指适于公路和城市道路上行驶的汽车。

(2) 非公路用汽车 一类指只能在矿山、机场工地和专用道路等非公路地区使用的汽车；另一类是指能在无路地面上行驶的高通过性汽车，称为越野车。

4. 按行驶机构的特征分类

(1) 轮式汽车 用车轮作为行走装置的汽车。

(2) 履带式汽车 用履带作为行走装置的汽车。

5. 按发动机位置及驱动形式分类

(1) 前置前驱（FF）汽车 发动机前置，由前轮驱动的汽车。

(2) 前置后驱（FR）汽车 发动机前置，由后轮驱动的汽车。

(3) 后置后驱（RR）汽车 发动机后置，由后轮驱动的汽车。

(4) 中置后驱（MR）汽车 发动机中置，由后轮驱动的汽车。

(5) 前置四轮驱动（4WD） 汽车四个轮子都是驱动轮。

二、汽车型号编制规则

汽车型号应能表明汽车的生产企业、类型和主要特征参数、厂品序号以及企业自定代号等内容,如图1-17所示。完整的汽车型号包括五部分内容,即企业名称代号、车辆类别代号、主要参数代号、产品序号和企业自定代号。

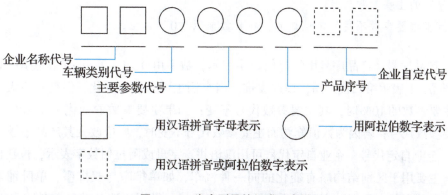

图1-17 汽车型号的组成示意图

(1)企业名称代号 企业名称代号位于产品型号的第一部分,用代表企业名称的两个或三个汉语拼音字母表示,如CA(一汽集团公司)、EQ(东风汽车集团公司)、BJ(北京汽车集团公司)、NJ(南京汽车集团公司)、SH(上海汽车集团总公司)、TJ(天津汽车工业有限公司)和ZZ(中国重汽集团有限公司)等。

(2)车辆类别代号 车辆类别代号由一位阿拉伯数字表示,表明车辆分类的种类。我国的车辆类别代号见表1-1。

表1-1 我国的车辆类别代号

车辆类别代号	车辆种类	车辆类别代号	车辆种类
1	载货汽车	5	专用汽车
2	越野汽车	6	客车
3	自卸汽车	7	轿车
4	牵引汽车	8	半挂车及专用半挂车

(3)主要参数代号 主要参数代号用两位阿拉伯数字表示。

①载货汽车、越野汽车、自卸汽车、牵引汽车、专用汽车与半挂车的主要参数代号为车辆的总质量,牵引汽车的总质量包括牵引座上的最大质量。当总质量在100t以上时,允许用三位数字表示。

②客车及半挂车的主要参数代号为车辆长度(m)。当车辆长度小于10m时,应精确到小数点后一位,并以长度(m)值的十倍表示。当车辆长度等于或大于10m时,以长度值单位为m。

③轿车的主要参数代号为发动机排量（L），精确到小数点后一位，并以其数值的10倍表示，如7180表示发动机排量为1.8L的轿车。

④专用汽车及专用半挂车的主要参数代号，当适用定型汽车底盘或定型半挂车底盘改装时，若其主要参数与定型底盘原车的主要参数之差不大于原车的10%，则沿用原车的主要参数代号。

⑤当主要参数不足规定位数时，在参数前以"0"占位。

（4）产品序号 产品序号用阿拉伯数字表示，数字由0、1、2……依次使用。0表示第一代产品，1表示第二代产品，以此类推。当车辆主要参数有变化，但变化不大于原定型设计主要参数的10%时，其主要参数代号不变；如果主要参数的变化大于10%，则应改变主要参数代号；若因为数值修约而主要参数代号不变时，则应改变其产品序号。

（5）企业自定代号 企业自定代号可用汉语拼音字母或阿拉伯数字表示，位数也由企业自定，主要用于区别结构略有变化的同一种汽车，如单排座与双排座、单卧铺与双卧铺、普通驾驶室与高顶驾驶室和转向盘左置与右置等。供用户选装的零部件（如暖风装置、收音机、地毯、绞盘等）不属于结构特征变化，应不给予企业自定代号。

应用举例如下：

①BJ2020S—BJ代表北京汽车制造厂，2代表越野车，02代表该车总质量为2t，0代表该车为第一代产品，S为厂家定义。

②TJ7131U—TJ代表天津汽车制造厂，7代表轿车，13代表排气量为1.3L，1代表该车为第二代产品，U为厂家定义。

如果是专用汽车，则在汽车型号的中间加三位"专用汽车分类代号"（包括专用汽车结构特征代号一位，专用汽车用途特征代号两位），如图1-18所示。专用汽车结构特征代号见表1-2，专用汽车用途特征代号用汉语拼音表示，见表1-3～表1-8。

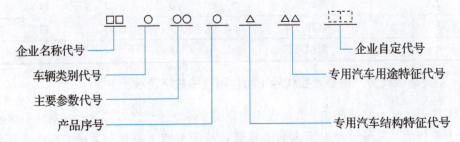

图1-18 专用汽车型号的组成示意图

表1-2 专用汽车结构特征代号

结构特征	厢式汽车	特种结构汽车	罐式汽车	起重举升汽车	专用自卸汽车	仓栅式汽车
代号	X	T	G	J	Z	C

表1-3 厢式汽车用途特征代号

术语	汉字缩写	用途特征代号	术语	汉字缩写	用途特征代号
保温车	保温	BW	伤残运送车	伤残	SC
殡仪车	殡仪	BY	售货车	售货	SH
餐车	餐车	CC	手术车	手术	SS
厕所车	厕所	CS	图书馆车	图书	TS
电视车	电视	DS	通信车	通信	TX
防疫车	防疫	FY	厢容可变车	厢变	XB
工程车	工程	GC	宣传车	宣传	XC
化验车	化验	HY	消毒车	消毒	XD
检测车	检测	JC	通信指挥消防车 勘察消防车 宣传消防车	消防	XF
监测车	监测	JE			
救护车	救护	JH			
计量车	计量	JL	血浆运输车	血浆	XJ
警犬运输车	警犬	JQ	厢式运输车	厢运	XY
检修车	检修	JX	运钞车	运钞	YC
警用车	警用	JY	翼开启厢式车	翼开	YK
勘察车	勘察	KC	仪器车	仪器	YQ
冷藏车	冷藏	LC	邮政车	邮政	YZ
淋浴车	淋浴	LY	指挥车	指挥	ZH
囚车	囚车	QC	地震装线车	装线	ZX
爆破器材运输车	器运	QY			

表1-4 罐式汽车用途特征代号

术语	汉字缩写	用途特征代号	术语	汉字缩写	用途特征代号
油井液处理车	处理	CL	散装水泥运输车	水泥	SN
低温液体运输车	低液	DY	洒水车	洒水	SS
粉粒物料运输车	粉料	FL	吸粪车	吸粪	XE
放射性物品罐式运输车	放射	FS	水罐消防车 泡沫消防车 供水消防车	消防	XF
供水车	供水	GS			
混凝土搅拌运输车	搅拌	JB			
飞机加油车	加油	JY	下灰车	下灰	XH
清洗车	清洗	QX	吸污车	吸污	XW
			加油车	加油	JY

（续）

术语	汉字缩写	用途特征代号	术语	汉字缩写	用途特征代号
沥青洒布车	沥青	LQ	液化气体运输车	液气	YQ
沥青运输车	沥运	LY	活鱼运送车	鱼运	YS
绿化喷洒车	喷洒	PS	运油车	运油	YY

表1-5 专用自卸汽车用途特征代号

术语	汉字缩写	用途特征代号	术语	汉字缩写	用途特征代号
摆臂式自装卸车	摆臂	BB	散装种子运输车	种运	ZY
摆臂式垃圾车	摆式	BS	污泥自卸车	污卸	WX
背罐车	背罐	BG	厢式自卸车	厢卸	XE
车厢可卸式汽车	可卸	KX	车厢可卸式垃圾车	厢卸	XX
自卸式垃圾车	垃圾	LJ	运棉车	运棉	YM
散装粮食运输车	粮食	LS	压缩式垃圾车	压缩	YS
散装饲料运输车	饲料	SL	自装卸式垃圾车	自装	ZZ

表1-6 起重举升汽车用途特征代号

术语	汉字缩写	用途特征代号	术语	汉字缩写	用途特征代号
高空作业车	高空	GK	随车起重运输车	随起	SQ
飞机清洗车	清洗	QX	登高平台消防车 举高喷射消防车 云梯消防车	消防	XF
汽车起重机	起重	QZ			
航空食品装运车	食品	SP			

表1-7 仓栅式汽车用途特征代号

术语	汉字缩写	用途特征代号
畜禽运输车	畜禽	CQ
养蜂车	养蜂	YF

表1-8 特种结构汽车用途特征代号

术语	汉字缩写	用途特征代号	术语	汉字缩写	用途特征代号
井架安装车	安装	AZ	试井车	试井	SJ
测井车	测井	CJ	扫路车	扫路	SL

（续）

术语	汉字缩写	用途特征代号	术语	汉字缩写	用途特征代号
车辆运输车	车辆	CL	沙漠车	沙漠	SM
测试井架车	测试	CS	通井车	通井	TJ
氮气发生车	氮发	DF	投捞车	投捞	TL
螺旋地锚车	地锚	DM	调剖堵水车	调剖	TP
固井管汇车	管汇	GH	泵浦消防车 二氧化碳消防车 照明消防车 抢险救援消防车 干粉消防车 后援消防车 排烟消防车	消防	XF
锅炉车	锅炉	GL			
混凝土泵车	混泵	HB			
混砂车	混砂	HS			
炸药混装车	混装	HZ			
洗井车	井车	JC	修井机	修井	XJ
井控管汇车	井控	JK	抽油泵运输车	运泵	YB
集装箱运输车	集装	JZ	压裂管汇车	压管	YG
机场客梯车	客梯	KT	路面养护车	养护	YH
立放井架车	立放	LF	压裂车	压裂	YL
连续油管作业车	连管	LG	压缩机车	压缩	YS
排液车	排液	PY	运材车	运材	YC
热油（水）清蜡车	清蜡	QL	钻机车	钻机	ZJ
清障车	清障	QZ	可控震源车	震源	ZY

三、发动机型号编制规则

内燃机型号由阿拉伯数字（以下简称数字）、汉语拼音字母或国际通用的英文缩略字母（以下简称字母）组成。由国外引进的内燃机产品，允许保留原产品型号或在原型号基础上进行扩展。经国产化的产品应按 GB/T 725—2008《内燃机产品名称和型号编制规则》的规定编制。

1. 发动机型号的组成

按 GB/T 725—2008 的规定，内燃机型号包括四部分，如图 1-19 所示。

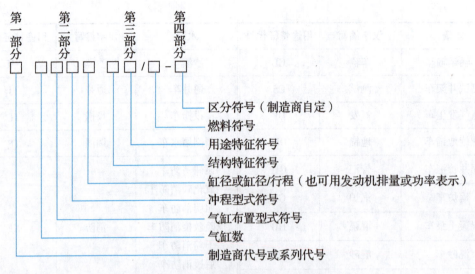

图1-19 汽车发动机型号的表示方法

第一部分：由制造商代号或系列符号组成。本部分代号由制造商根据需要选择相应1~3位字母表示。

第二部分：由气缸数、气缸布置型式符号、冲程型式符号和缸径符号组成。

①缸数用1~2位数字表示。

②气缸布置型式符号见表1-9。

表1-9 气缸布置型式符号

符号	含义
无符号	多缸直列及单缸
V	V型
P	卧式
H	H型
X	X型

③冲程型式为四冲程时符号省略，二冲程时用E表示。

④缸径符号一般用缸径或缸径行程数字表示，也可用发动机排量或功率表示，其单位由制造商自定。

第三部分：由结构特征符号和用途特征符号组成，其符号分别见表1-10和表1-11。

表1-10 结构特征符号及含义

符号	结构特征
无符号	冷却液冷却
F	风冷
N	凝气冷却

(续)

符号	结构特征
S	十字头式
Z	增压
ZL	增压中冷
DZ	可倒转

表1-11 用途特征符号及含义

符号	用途
无符号	通用型及固定动力（或制造商自定）
T	拖拉机
M	摩托车
G	工程机械
Q	汽车
J	铁路机车
D	发电机组
C	船用主机、右机基本型
CZ	船用主机、左机基本型
Y	农用三轮车
L	林业机械

第四部分：区分符号。当同系列产品需要区分时，允许制造商选用适当符号表示。第三部分与第四部分可用"-"分隔。

2. 发动机型号编制举例

（1）柴油机型号举例

①YZ6102Q——扬州柴油机厂生产的六缸直列、四冲程、缸径102mm、冷却液冷却、车用柴油机。

②JC12V26/32ZLC——济南柴油机股份有限公司生产的12缸、V型、四冲程、缸径260mm、行程320mm、冷却液冷却、增压中冷、船用主机、右机基本型柴油机。

（2）汽油机型号举例　429Q/P-A——四缸、直列、四冲程、缸径为92mm、冷却液冷却、汽车用（A为区分符号）。

（3）燃气机型号举例　12V190ZL/T——12缸、V型、四冲程、缸径为190mm、冷却液冷却、增压中冷、燃气为天然气。

（4）双燃料发动机型号举例　G12V190ZLS——12缸、V型、缸径190mm、冷却液冷却、增压中冷、燃料为柴油/天然气双燃料（G为系列代号）。

燃料符号及名称见表1-12。

表1-12 燃料符号及名称

符号	燃料名称	备注
无符号	柴油	
P	汽油	
T	天然气（煤层气）	管道天然气
CNG	压缩天然气	
LNG	液化天然气	
LPG	液化石油气	
Z	沼气	各类工业化沼气（农业有机废弃物、工业有机废水物、城市污水处理、城市有机垃圾）允许用1~2个字母的形式表示，如"ZN"表示农业有机废弃物产生的沼气
W	煤矿瓦斯	浓度不同的瓦斯允许用一个小写字母的形式表示，如"Wd"表示低浓度瓦斯
M	煤气	各类工业化煤气，如焦炉煤气和高炉煤气等，允许在M后加一个字母，以区分煤气的类型
S SCZ	柴油/天然气双燃料 柴油/沼气双燃料	其他双燃料用两种燃料的字母表示
M	甲醇	
E	乙醇	
DME	二甲醇	
FME	生物柴油	

注：1. 一般用1~3个拼音字母表示燃料，也可用英文缩写字母表示。
2. 其他燃料允许制造商用1~3个字母表示。

四、车辆识别代号

车辆识别代号（Vehicle Identification Number，VIN）是一个由17位数字和字母组成的编码，俗称"汽车身份证"，具有在世界范围内对某一车辆的唯一识别性。VIN的位置随不同厂家不完全一样，通常以标牌的形式，装贴在汽车的不同部位，图1-20所示为汽车各种标牌位置示意图，我国轿车的VIN大多可以在仪表板左侧、风窗玻璃下面找到。

VIN有以下两方面的作用：

①一方面通过这组17位编码可以了解汽车的生产国家、厂商、品牌、生产年份、发动机型号、变速器型号以及出厂顺序号等本车的相关信息。

图1-20 汽车各种标牌位置示意图

②另一方面，办理牌照、登记保险、处理交通事故、修理厂修理备案、丢失查找取证、二手车交易和准确购买配件等都需要登记 VIN。

每一辆新出厂的车都会打上 VIN，此代码将伴随着该车辆的注册、保险、年检、维修与保养，直至回收或报废而载入车辆的服役档案。利用 VIN 可以方便地查找车辆的制造者、销售者及使用者。使用 VIN 是我国在车辆制造与贸易及管理上与世界接轨的重要体现。国际标准化组织（ISO）在 1976 年制定了 ISO 3780《道路车辆——世界制造厂识别代号（WMI）》后，各主要汽车生产国纷纷制定了自己的标准，建立了世界范围内的车辆识别系统。我国在 1966 年完成了有关 VIN 的报批工作，颁布了标准 GB/T 16735—1997 与 GB/T 16736—1997，并采用 ISO 标准。现行标准为 GB 16735—2004《道路车辆——车辆识别代号（VIN）》，并成为汽车行业的强制性标准。

对于完整车辆和/或非完整车辆年产量≥500 辆的制造厂，VIN 的第一部分为世界制造厂识别代号（WMI），第二部分为车辆说明部分（VDS），第三部分为车辆指示部分（VIS），如图 1-21 所示。

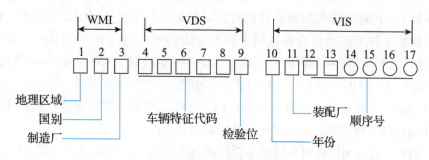

图 1-21　年产量≥500 辆的制造厂车辆识别代号意义

对于完整车辆和/或非完整车辆年产量<500 辆的制造厂，VIN 的第一部分为 WMI，其中第三位指定为数字 9；第二部分为 VDS；第三部分为 VIS，其中第 12~14 位由国家机构指定，如图 1-22 所示。

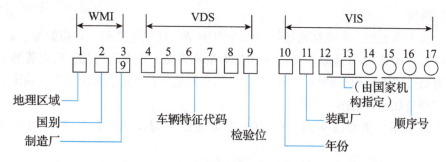

图 1-22　年产量<500 辆的制造厂车辆识别代号意义

（1）WMI　当 WMI 被指定给某个车辆制造厂时，就能作为该厂的识别标志。WMI 在与 VIN 的其余部分一起使用时，足以保证 30 年内在世界范围内制造的所有车辆 VIN 具有唯一性。

ISO 授予美国汽车工程师学会（SAE）作为其国际代理，负责为世界各国指定地区代码及国别代码，负责 WMI 的保存与核对。

车辆制造厂应由其所在国的国家机构分配一个或几个 WMI。国内车辆制造厂的 WMI 由国家汽车主管部门进行分配，国家汽车主管部门应将分配的 WMI 向 ISO 授予的国际代理机构进行申报并核对。

WMI 由三位字码组成，WMI 中的字码可使用下列阿拉伯数字和拉丁字母：

1 2 3 4 5 6 7 8 9 0

A B C D E F G H J K L M N P R S T U V W X Y Z（字母 I、O、Q 不能使用）

WMI 的第一位字码是由国际代理机构分配的，用以标明一个地理区域的一个字母或数字，国际代理机构根据预期的需要为某一个地理区域分配了几个字码如 1~5——北美洲，S~Z——欧洲，A~H——非洲，J~R——亚洲，6~7——大洋洲，8、9 和 0——南美洲等。

WMI 的第二位字母是由国际代理机构分配的，用以标明某特定地区内某个国家的一个字母和数字，国际代理机构根据预期的需要为某一个国家分配的几个字码。WMI 应通过第一位和第二位字码的组合保证国家识别标志的唯一性，如 10~19——美国，1A~1Z——美国，2A~2W——加拿大，3A~3W——墨西哥，W0~W9——德国，WA~WZ——德国，L0~L9——中国，LA~LZ——中国。

WMI 的第三位字码是由国家机构指定的，用以标明某个特定制造厂的一个字母或数字，WMI 通过前三位字码的组合保证制造厂识别标志具有唯一性。

（2）VDS　VDS 用以说明车辆的一般特征信息，由六位字码组成（即 VIN 的第 4~9 位）。

如果车辆制造厂不使用其中的一位或几位字码，应在该位置填入车辆制造厂选定的字母或数字占位。

VDS 的第 1~5（即 VIN 的第 4~8 位）是对车型特征进行的描述，其代号及顺序由车辆制造厂决定。

VDS 从车辆类型、车辆结构特征（如车身类型、驾驶室类型、货箱类型、驱动类型、轴数及布置方式等）、车辆装置特征（如约束系统类型、发动机特征、变速器类型、悬架类型、制动形式等）和车辆技术特性参数（如车辆最大总质量、车辆长度、轴距、座位数等）对车型特征进行描述。

对于以下不同类型的车辆，在 VDS 中描述的车型特征应包括表 1-13 中规定的内容。

表 1-13　VDS 的第 1~5 位（即 VIN 的第 4~8 位）的含义

车辆类型	车型特征
乘用车	车身类型、发动机特征
载货车（含牵引车）	车身类型、车辆最大总质量、发动机特征

(续)

车辆类型	车型特征
客车	车辆长度、发动机特征
挂车	车身类型、车辆最大总质量
摩托车和轻便摩托车	车辆类型、发动机特征
非完整车辆	车身类型、车辆最大总质量、发动机特征

注：1. 发动机特征至少应包括对燃油类型、排量和（或）功率的描述。
2. 用于制造成为货车的非完整车辆的描述项目。
3. 用于制造成为客车的非完整车辆的描述项目，此时发动机特征至少应包括对燃油类型、发动机布置型式、排量和（或）功率的描述。

VDS 的最后一位（即 VIN 的第 9 位）为检验位。检验位可为 0~9 中任一数字和字母 X，用以核对 VIN 记录的准确性，检验位按照以下步骤计算得出：

① VIN 中的数字和字母对应值见表 1-14 和表 1-15。

表 1-14 VIN 中的数字对应值

VIN 中的数字	0	1	2	3	4	5	6	7	8	9
对应值	0	1	2	3	4	5	6	7	8	9

表 1-15 VIN 中的字母对应值

VIN 中的字母	A	B	C	D	E	F	G	H	J	K	L	M	N	P	R	S	T	U	V	W	X	Y	Z
对应值	1	2	3	4	5	6	7	8	1	2	3	4	5	7	9	2	3	4	5	6	7	8	9

② 按表 1-16，给 VIN 中的每一位字码指定一个加权系数。

表 1-16 VIN 中每一位字码的加权系数

VIN 中的位置	1	2	3	4	5	6	7	8	9	10	11	12	13	14	15	16	17
加权系数	8	7	6	5	4	3	2	10	*	9	8	7	6	5	4	3	2

③ 将检验位之外的 16 位中每一位的加权系数乘以此位数字和字母的对应值，再将各乘积相加，求得的和被 11 除。

④ 检验位在表中用"*"表示。除得的余数即为检验数。如果余数是 10，检验位就为字母 X。

（3）VIS　VIS 为车辆出厂特征的指标部分，由八位字码组成（即 VIN 的第 10~17 位）。

VIS 的第一位字码（即 VIN 的第 10 位）应代表年份。年份代码按表 1-17 的规定使用。

表 1-17　VIN 中的年份与字码

年份	字码	年份	字码	年份	字码	年份	字码	年份	字码
1971	1	1981	B	1991	M	2001	1	2011	B
1972	2	1982	C	1992	N	2002	2	2012	C
1973	3	1983	D	1993	P	2003	3	2013	D
1974	4	1984	E	1994	R	2004	4	2014	E
1975	5	1985	F	1995	S	2005	5	2015	F
1976	6	1986	G	1996	T	2006	6	2016	G
1977	7	1987	H	1997	V	2007	7	2017	H
1978	8	1988	J	1998	W	2008	8	2018	J
1979	9	1989	K	1999	X	2009	9	2019	K
1980	A	1990	L	2000	Y	2010	A	2020	L

第二节　汽车使用的相关知识

一、汽车的使用寿命

所谓汽车的使用寿命是指从汽车开始使用到不能使用之间的整个时期，它可以用累计使用年数或累计行驶里程数表示。汽车在使用过程中，由于机械磨损、老化、使用不当和事故损伤等各种原因，致使汽车的性能指标逐渐下滑，到了一定程度就应该报废这是自然规律。但是，从不同的角度研究汽车的使用寿命是不同的。不同的使用寿命，带来的经济效益是大不一样的，因此，研究汽车的使用寿命有着重要的经济意义。

1. 汽车的使用寿命分类

汽车的使用寿命可分为汽车的技术使用寿命、经济使用寿命和合理使用寿命。

（1）汽车的技术使用寿命　汽车的技术使用寿命是指汽车从全新状态投入使用，直到主要机件达到技术极限状态且无法通过修理继续使用，致使汽车丧失使用价值所经历的总时间或总行驶里程。汽车的技术使用寿命主要取决于汽车总成及零部件的设计水平、制造工艺及技术、使用条件和保养维修水平。所以，对车辆进行修理已不能恢复汽车的主要使用性能，即汽车达到技术寿命时，应对车辆进行报废处理，并且其零部件也不能再作为配件使用。在使用过程中，合理的保养维修能够使汽车的技术寿命适当延长，但是，随着汽车技术的进步和汽车使用时间的延长，车辆维修的费用也会增加，所以，汽车技术进步越快，汽车的技术寿命越短。

(2) 汽车的经济使用寿命　汽车的经济使用寿命是指从全新状态投入使用,到年平均总费用最低时之间的年限。超过这个年限,汽车在技术角度上仍可继续使用,但年平均总费用上升,在经济角度上不宜继续使用。

从汽车使用总成本出发,分析车辆制造成本、使用与维修费、管理费、车辆当前的折旧以及市场价格变化等因素,经过分析做出综合经济评定后,才能确定汽车经济使用寿命。在汽车更新政策允许的情况下,汽车用户在更新车辆时应以经济使用寿命为依据。

(3) 汽车的合理使用寿命　汽车的合理使用寿命是以汽车的经济使用寿命为基础,考虑国民经济的发展和节约能源等因素,由国家和企业采取某些技术政策和方针制定出符合我国实际情况的使用期限。也就是说,虽然汽车已经达到了经济使用寿命,但是否要更新换代,还要视国家和当地的实际情况而定,如更新汽车的市场供求状况、更新资金和相关政策等因素。因此,国家根据我国的实际情况制定汽车更新的技术政策,考虑国民经济的可能性并加以修正,规定汽车的合理使用年限。

一般情况下,三者之间的关系为

汽车的技术使用寿命 > 汽车的合理使用寿命 > 汽车的经济使用寿命

2. 汽车经济使用寿命常用的评价指标

汽车经济使用寿命常用的评价指标主要包括使用年限、行驶里程和大修次数。

(1) 使用年限　所谓使用年限就是指汽车从投入运行开始直到报废期间的年数。这种方法的优点是除了考虑运行时的损耗外,还考虑闲置的自然损耗,计算简单。但是,其缺点也很明显,不能充分和真实地反映汽车的使用强度和使用条件,导致使用年数相同的车辆之间技术状况差异很大。

考虑上述原因,可采用折合使用年限这一指标。所谓折合使用年限就是汽车累计总的行驶里程与年均行驶里程之比,计算公式为

$$T_Z = \frac{L_Z}{L_n}$$

式中,T_Z 为折合使用年限(年);L_Z 为累计总的行驶里程(km);L_n 为年均行驶里程(km/年)。

年均行驶里程是根据各个行业的经营情况,用统计方法得出的,与整个行业车辆的技术状态、完好率、出勤率、行驶速度、行驶路线和道路状况等因素有关。对于专营车辆和社会零散车辆,使用强度差别很大,年行驶里程相差也很大,采用折合使用年限,其使用年限也就不同,因此,采用折合使用年限更为合理。

(2) 行驶里程　行驶里程是指汽车从投入运行开始到报废期间总的累计行驶里程。这种方法的优点是反映了汽车的真实使用强度,缺点是不能反映出运行条件的差异以及汽车停驶期间的自然损耗。

对于不同的营运车辆,运行条件不同,虽然使用年数大致相同,但是其累计行程可能差异很大,甚至悬殊,所以作为考核指标,行驶里程比使用年限更为合理。大多数的汽车

运营企业都采用行驶里程作为车辆考核的指标。在二手车评估过程中，会遇到里程表损坏的情况（有时也可能是卖主故意行为），此时里程表上的累计行驶里程已不可靠，仅供参考。

（3）大修次数　汽车在使用过程中，随着行驶里程的增加，动力性和经济性逐渐下降，当下降到一定程度时，正常的维护和小修无法恢复车辆正常的技术状况，就要对车辆进行大修。汽车报废前，就需要权衡"买新车的费用加上旧车折旧造成的损失"与"大修费用加经营费用损失"两者的得失，综合衡量后决定是否要进行大修。可见，经济合理的大修次数是一项重要的技术指标。

3. 影响汽车经济使用寿命的因素

汽车经济使用寿命的长短主要受车辆的损耗、使用强度、使用条件和当地的经济水平等因素的影响。

（1）车辆的损耗　车辆的损耗包括有形损耗和无形损耗。

1）有形损耗是指汽车在使用以及闲置过程中的损耗，如磨损、锈蚀、腐蚀、零件变形和疲劳损坏等。有形损耗会导致车辆使用成本增加。

2）无形损耗是指由于技术进步、生产率的提高，使得生产同样车型汽车的成本降低，从而导致原车型价格的下降；或者是由于技术进步、生产率的提高，出现了性能更好、效率更高的新车型，使得原车型价格下跌，促使旧车提前更新。这实际上是原车型相对贬值。

（2）使用强度　不同的汽车、不同的用途、不同的使用者，导致汽车的使用强度差异很大，汽车的经济使用寿命也不一样。各种车辆年均行驶里程从1万~15万km不等，年均行驶里程越长，汽车的使用强度越大，经济使用寿命也越短。表1-18中列出了几种常见车辆大致的使用强度。

表1-18　几种常见车辆大致的使用强度　　　　（单位：万km/年）

私家车	商用车	出租车	公交车	长途客车	大货车
1~3	2~5	10~15	8~12	10~20	8~12

从表1-18中看出，私家车使用强度最低，长途客车的使用强度最高。当然，经常超载的大货车使用强度要大于正常运载的车辆。

（3）使用条件　汽车的使用条件包括道路条件及自然条件。

1）道路条件。道路条件对汽车的有形损耗与汽车的经济使用寿命影响很大。道路对车辆使用寿命的影响主要是道路等级和路面情况等因素。如果道路条件差，一方面使得车速慢，燃油消耗增加；另一方面使汽车的磨损增加，最终导致汽车的经济使用寿命下降。

2）自然条件。自然条件的差异主要是由于我国幅员辽阔，各地自然条件和地理环境相差较大，如各地温度、湿度、海拔、空气密度、含氧量以及空气中沙尘含量等都各不相同，使得不同地区汽车的经济使用寿命存在一定的差异。

（4）当地的经济水平　不同的国家或地区经济发展水平不同，我国各地的经济发展速度及发展水平有很大的差异。东南沿海各省经济发达，中西部地区经济相对落后，从而影响了汽车的经济使用寿命，如各地出租车的使用年限相差较大，为 3~8 年不等，某些地区 8 年后的出租车可以照常使用。

二、汽车的主要技术参数和性能指标

1. 汽车的主要技术参数

（1）车长　车长是指车辆纵向最外端突出部位的两垂直面之间的距离，如图 1-23 所示。

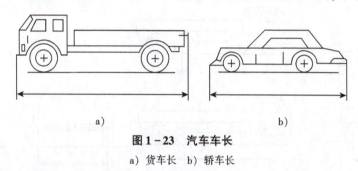

图 1-23　汽车车长
a）货车长　b）轿车长

（2）车宽　车宽是指平行于车辆纵向对称平面，车辆横向最外固定突出部位（除后视镜、侧面标志灯、方位灯、转向指示灯、挠性挡泥板、折叠式踏板、防滑链及轮胎与地面接触部分的变形）的两垂直面之间的距离，如图 1-24 所示。

（3）车高　车高是指车辆没有装载且处于可运行状态，车辆最高点与车辆支撑平面之间的距离，如图 1-25 所示。

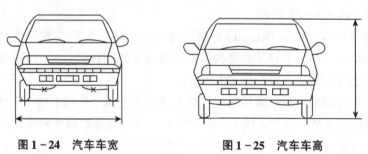

图 1-24　汽车车宽　　　　图 1-25　汽车车高

（4）其他尺寸规定　《汽车、挂车及汽车列车外廓尺寸、轴荷及质量限值》（GB 1589—2016）及《机动车运行安全技术条件》（GB 7258—2017）还有以下规定：

①当汽车或汽车列车处于满载状态、外后视镜底边离地高度不足 1800mm 时，其单侧外伸量不得超出汽车或汽车列车最大宽度处 200mm。当外后视镜底边离地高度不小于 1800mm 时，其单侧外伸量不得超过汽车或汽车列车最大宽度处 250mm。

②当汽车的顶窗和换气装置等处于开启状态时，不得超出车高 300mm。

③汽车的后座和挂车前轴之间的距离不得小于 3000mm（牵引中置轴挂车除外）。

④挂车及两轴货车的货箱栏板高度不得超过 600mm，两轴自卸车、三轴及三轴以上货

车的货箱栏板高度不得超过 800mm，三轴及三轴以上自卸车的货箱栏板高度不得超过 1500mm。

(5) 轴距　轴距是指通过车辆同一侧相邻两车轮的中点，并垂直于车辆纵向平面的两垂线之间的距离。对于三轴以上的车辆，其轴距由从最前面的相邻两车轮之间的轴距分别表示，总轴距则是各轴距之和，如图 1-26 所示。

(6) 轮距　当汽车轴的两端是单车轮时，轴距为车轮在支撑平面上留下轨迹的中心线之间的距离。当汽车车轴的两端是双车轮时，轮距为车轮中心平面（双轮车中心平面为外车轮轮辋内缘等距的平面）之间的距离，如图 1-27 所示。

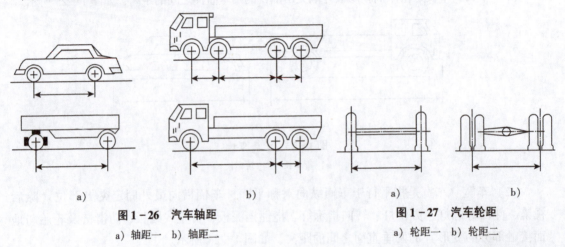

图 1-26　汽车轴距
a) 轴距一　b) 轴距二

图 1-27　汽车轮距
a) 轮距一　b) 轮距二

(7) 前悬　前悬（Front Overhang）是指通过两前轮中心的垂面与抵靠在车辆最前端（包括前拖钩、车牌及任何固定在车辆前部的刚性件），并且垂直于车辆纵向对称平面的垂面之间的距离，如图 1-28 所示。

(8) 后悬　后悬（Rear Overhang）是指通过车辆最后车轮轴线的垂面与抵靠在车辆最后端（包括牵引装置、车牌及固定在车辆后部的任何刚性部件），且垂直于车辆纵向对称平面的垂面之间的距离，如图 1-29 所示。

(9) 最小离地间隙　最小离地间隙是指车辆支撑平面与车辆上的中间区域内最低点之间的距离。中间区域是平行于车辆纵向对称平面，且与其等距离的两平面之间所包含的部分，两平面之间的距离是同一轴上两端车轮内缘最小距离（b）的 80%，如图 1-30 所示。

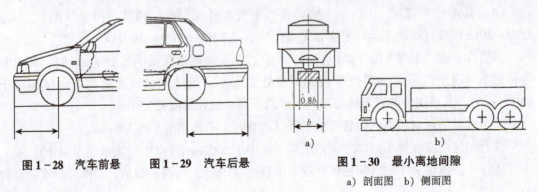

图 1-28　汽车前悬　　图 1-29　汽车后悬　　图 1-30　最小离地间隙
a) 剖面图　b) 侧面图

(10) 接近角　接近角是指车辆静载下,地平面与前车轮轮胎相切平面之间的最大夹角,这样在车辆前轴的前方,车辆的所有点都位于切平面之上,而且车辆上的所有刚性部件(除踏板外),也都应位于此切平面之上,如图1-31所示。

(11) 离去角　离去角是指车辆静载下,地平面与后车轮轮胎切平面之间的最大夹角,这样在车辆最后走的后部,车辆上所有点和刚性部件都位于这个平面上,如图1-32所示。

(12) 转弯半径 r　车辆的转弯半径是指将车辆的转向盘转到极限位置,外侧转向轮的中心平面轨迹圆半径(mm)。最小转弯半径说明汽车通过狭窄弯曲地带或绕过障碍物的能力。转弯半径越小,车辆的机动性越高,弯道通过性越强,掉头和停车越方便,如图1-33所示。

 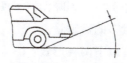 

图1-31　接近角　　　　图1-32　离去角　　　　图1-33　汽车转弯半径

(13) 质量 m

1) 最大总质量。汽车满载时的质量(kg)。

2) 整车装备质量。指完整的设备和辅助设备(燃油、润滑油、冷却液及随车工具)的质量之和(kg)。

3) 最大装载质量。最大总质量和整车装备质量之差(kg)。

4) 最大轴载质量。汽车单轴所承载的最大总质量(kg)。

2. 汽车的主要性能指标

汽车的主要性能指标包括汽车的动力性、燃油经济性、制动性、通过性操纵稳定性、行驶平顺性和环保性等。

(1) 汽车的动力性　动力性是汽车首要的使用性能指标。汽车必须要有足够的牵引力才能克服各种行驶阻力,保证车辆能够以尽可能高的平均速度行驶。从获得尽可能高的平均行驶速度的观点出发,汽车的动力性可用以下三个指标来评定:

1) 汽车的最高车速。汽车的最高车速是指在平直良好的路面上(水泥路面和沥青路面)汽车所能达到的最高行驶速度。

2) 汽车的加速能力。汽车的加速能力是指汽车在行驶中迅速增加行驶速度的能力。汽车的加速能力常用汽车的原地起步加速性和超车加速性来评价。

①原地起步加速时间是指汽车由停车状态起步后以最大的加速强度加速,并恰当地选择最有利的换档时机,逐步换至最高档后达到某一预定的距离或车速所需的时间。一般常用0~400m的所需时间来表示,也可以用0~100km/h所需的时间来表示。原地起步加速时间越短,汽车动力性能越好。

②超车加速时间是指汽车用最高档或次高档由某一预定车速（该档最低稳定车速或30km/h）全力加速至某一高速所需的时间。这段时间越短，说明超车加速能力越强，从而可以减少超车过程中两车的并行时间，相对提高安全性。

3）汽车的爬坡能力。汽车的爬坡能力是指汽车满载时在良好的路面上以最低前进档所能爬行的最大坡度。

不同类型的汽车对上述三项指标要求有所不同。乘用车偏重于最高车速和加速能力，而商用车特别是载重汽车和越野汽车对最大爬坡度要求较高。

(2) 汽车的燃油经济性　汽车在一定的使用条件下，以最少的燃油消耗量完成单位运输工作的能力，称为汽车的燃油经济性。为降低汽车使用成本，要求汽车以最少的燃油消耗，行驶尽量远的路程和完成尽量多的运输量。

汽车的燃油经济性评价指标有以下两种形式：

①汽车在一定的使用条件下，每行驶100km消耗掉的燃油量，单位为L/100km。我国及欧洲常用此指标。此数值越大，说明汽车的燃油经济性越差。

②汽车在一定的使用条件下，一定的燃油量能使汽车行驶的里程，单位为mile/USgal（英里/加仑），即每加仑燃油使汽车能够行驶的里程数。美国常用此值，此值越高，表明汽车的燃油经济性越好。

(3) 汽车的制动性　汽车的制动性直接关系着汽车的行驶安全。只有在保证行车安全的前提下才能充分利用汽车的其他使用性能，如提高汽车的行驶速度，提高汽车的机动性能等。

汽车的制动性主要通过制动效能、制动抗热衰退性和制动时汽车的方向稳定性来评定。

1）制动效能。制动效能是指汽车迅速降低行驶速度直至停车的能力。制动效能是制动性能最基本的评价指标，它由一定初速度下的制动距离、制动减速度和制动时间来评定。制动距离与行车安全有直接关系，而且最直观，因此管理部门通常按制动距离制定安全法规。

2）制动抗热衰退性。汽车的制动抗热衰退性是指汽车高速制动、短时间多次重复制动和下长坡连续制动时，制动效能的热稳定性。

3）制动时汽车的方向稳定性。制动时汽车的方向稳定性是指汽车在制动时按指定轨迹行驶的能力，即不发生跑偏、侧滑或失去转向的能力。通常规定一定宽度的试验通道，制动稳定性良好的汽车，在试验时不允许产生不可控制的效能使它偏离这条通道。

(4) 汽车的通过性　通过性是指汽车在一定装载质量下，汽车能以足够高的平均速度通过各种坏路及无路地带和克服各种障碍的能力。所谓坏路及无路地带，是指松软土壤、沙漠、雪地、沼泽等松软地面及坎坷不平地段；各种障碍是指陡坡、侧坡、台阶和壕沟等。

各种汽车的通过能力是不一样的。轿车和客车由于经常在市区或在路面较好的公路（高速或国道）上行驶，通过能力要求相对较低。而越野汽车、军用车辆、自卸汽车和载货汽车等，行驶工况较差，必须设计有较强的通过能力。

(5) 汽车的操纵稳定性　汽车的操纵稳定性包括相互联系的两方面内容，即操纵性和稳定性。

1) 操纵性。汽车的操纵性是指驾驶人能够以最小的修正而维持汽车按指定的路线行驶，以及按照驾驶人的愿望转动转向盘，以改变汽车行驶方向的响应能力，其直接影响行车安全。

2) 稳定性。汽车的稳定性是指汽车抵抗力图改变其位置或行驶方向的外界影响能力，即汽车在受到外界扰动（路面扰动或突然的阵风扰动）后，能自动地尽快恢复到原来的行驶状态和方向，而不发生失控，以及抵御倾覆和侧滑的能力。

对汽车来说，侧向稳定性尤为重要。当汽车在横向坡道上行驶、转弯、侧向风力较大以及受到其他侧向力时，容易发生侧滑或者侧翻。汽车重心的高度越低，稳定性越好。

(6) 汽车的行驶平顺性　当汽车正常行驶时，由于路面不平所产生的冲击会造成汽车的振动，使驾驶人和乘客感到疲劳和不舒服，或者使车载货物发生碰撞甚至损坏；同时，车轮的振动还会对车轮与地面间的附着性能产生不良影响，进而影响到操纵稳定性。振动还会加速汽车零部件的磨损，缩短汽车的使用寿命。汽车一般行驶速度范围内对路面不平的隔振和降振程度就称为汽车的行驶平顺性。

> 汽车行驶平顺性的评价指标如下：
> ①客车和轿车采用"舒适降低界限"，当汽车速度超过此界线时，就会降低乘坐舒适性，使人感到疲劳和不舒服。该界限值越高，说明汽车的平顺性越好。
> ②货车采用"疲劳-工效降低界限"，在此界限内，驾驶人能够正常进行驾驶，保持较高的工作效率；如果超过此界线，驾驶人就会感到疲劳，工作效率降低。良好的轮胎弹性、性能优越的悬架装置和座椅的减振性等都能提高汽车的行驶平顺性。

(7) 汽车的环保性　汽车的环保性主要包括排放和噪声两个方面：

1) 汽车的排放。目前，由于混合动力汽车、燃料电池汽车和电动汽车正处于起步阶段，所以汽车的发动机主要是内燃机，且燃料以汽油和柴油为主，研究汽车的排放污染问题其实就是研究内燃机的排气污染问题。

汽车废气主要有尾气、曲轴箱窜气和油箱油气蒸发三个排放源：汽车排出的尾气并不全是有害气体，如水蒸气对人体和生物不会直接造成危害；尾气中所含的有害物质主要是一氧化碳（CO）、N_2、CO_2、O_2、H_2、烃类化合物（HC）、氮氧化物（NO_x）等；柴油车除了上述有害物之外，还有大量的颗粒物。曲轴箱窜气和油箱油气蒸发已经得到了比较好的控制，被充分循环利用，所产生的污染物很小。目前汽车的排放污染物主要来自尾气。

GB 18352.1/2—2001是轻型汽车国家第Ⅰ/Ⅱ阶段排放标准。目前，与广大消费者和汽车生产厂家关系密切的是实施的GB 18352.6—2016《轻型汽车污染物排放限值及测量方法》(中国第六阶段)。

2)汽车的噪声。相关资料表明,城市噪声的70%来源于交通噪声,而交通噪声主要是汽车噪声。汽车噪声严重地影响着人们的生活、工作和健康。可见噪声的控制,不仅关系到汽车的乘坐舒适性,还关系到环境的保护。因此,噪声也是汽车设计和使用的一项重要指标。

汽车噪声是一个综合噪声源,包括发动机噪声(由发动机工作引起的燃烧噪声、机械噪声、进气噪声、排气噪声、风扇噪声等)、传动系统噪声(变速器噪声、传动轴噪声、驱动桥噪声等)、轮胎噪声(车内噪声、花纹噪声、道路噪声、弹性振动噪声、风噪声等)和车身噪声(共鸣噪声、鼓动噪声、连接件碰撞噪声等)等。

三、汽车的使用可靠性

可靠性是汽车最重要的基本性能之一。高度的可靠性不仅能保证汽车充分发挥其各项性能,而且还能减少使用费用和维修费用,延长汽车的使用寿命。

汽车的可靠性包括制造和使用两方面的因素,分别用固有可靠性和使用可靠性表示。在设计与生产制造过程中确立的可靠性称为固有可靠性,与使用过程有关的可靠性统称为使用可靠性。

汽车的使用可靠性是指汽车在实际使用过程中所表现出来的可靠性,它体现了使用、维修、保养和使用环境等因素对汽车可靠性的影响。正确的维修方法与工艺能使汽车保持较高的使用可靠性,若维修不当会降低汽车的使用可靠性,特别是汽车大修,大修可以看作是汽车的第二次生产,其质量好坏对大修后汽车的使用可靠性有直接的影响。

汽车的使用可靠性分为狭义的可靠性和广义的可靠性。广义的可靠性是指汽车在规定的使用条件下,在整个寿命期间内完成规定功能的能力。广义的可靠性包括可靠性(狭义)、耐久性和维修性。

(1)可靠性(狭义) 狭义的汽车可靠性是指汽车在规定的使用条件下和规定时间或者规定的行程内完成规定功能的能力,即汽车在规定的使用条件和规定行程内,汽车主要的使用性能指标不降低,不发生损坏停车性的故障或发生的故障容易排除。可靠性高的汽车,在使用过程中发生故障少,汽车的利用率和经济性能都能够维持在较高的水平上。可靠性是评价汽车技术水平综合性的使用性能指标。

汽车的可靠性主要取决于汽车零件的材料特性、零部件结构的合理性、机构调整的稳定性、各总成的技术水平、生产制造工艺水平和质量以及驾驶水平、汽车维修技术水平和质量。由于零部件结构缺陷和工艺缺点所引起的故障有一定的规律性并具有普遍性,而对于车辆的使用水平所导致的故障具有偶然性。

汽车可靠性的优劣均是用在汽车的一定行程内由结构原因所引起的故障数量来评价的。《汽车可靠性行驶试验方法》(GB/T 12678—1990)规定了汽车可靠性的评价指标,常用的评价指标有平均首次故障里程、平均故障间隔行程、当量故障率、1000km维修时间、1000km维修费用和有效度等。

消费者购买汽车最关注的问题之一就是汽车质量，而汽车质量的重要指标就是汽车的可靠性。

（2）耐久性　汽车在正常使用期间（没达到技术文件规定极限值的状况之前）需要进行维修保养，进行预防性维修（不包括更换主要总成），以维持其正常工作能力的性能。

汽车的耐久性就是指汽车在规定的使用和维修条件下，从投入使用直到某种技术或经济指标达到极限时，完成规定功能的能力。

《汽车耐久性行驶试验方法》（GB/T 12679—1990）规定了汽车耐久性的综合评价指标是耐久度。

汽车的耐久度是指汽车在规定的使用和维修条件下，能够达到预定的初次大修里程而又不发生耐久性损坏的概率。

汽车的耐久性损坏是指汽车构件的疲劳损坏已变得异常频繁、磨损超过限值、材料锈蚀老化、汽车主要技术性能下降超过规定限值、维修费用不断增长，并已达到继续使用时经济上不合理或不能保证安全的程度。汽车耐久性损坏的结果是更换主要总成或对汽车进行大修。

汽车耐久性的具体评价指标主要有第一次大修前的平均行程（大修里程）和大修间的平均行程（大修间隔里程）。大修间隔里程是指车辆两次大修之间的行程，主要用来评价车辆大修的质量。在修理技术水平和配件供应水平相等的条件下，车辆大修间隔里程取决于车辆原有技术水平。由于部分基础件老化变形，车辆第二次大修间隔里程一般低于第一次大修里程。

（3）维修性　汽车的维修性是指汽车产品在规定的条件和规定的时间内，按照规定的程序和方法进行维修时，保持或恢复汽车规定状态的能力。所谓规定的条件是指进行汽车维修所需要的机构和场所，以及相应的人员与设备、设施、工具、备件和技术资料等资源。规定的程序和方法是指按技术文件规定的维修工作内容、步骤和方法。

汽车维修性的评价指标有汽车的技术利用系数、完好率、汽车工作能力被修复的概率、机构和总成以及汽车的技术维护周期、技术维护和修理的劳动量（单位运行里程的维修工时）、技术维护和修理的比费用（单位运行里程的维修费用）。

第三节　车辆认证管理和证照识别

一、汽车公告制度

汽车公告又称为机动车公告，由国家发展和改革委员会（2008年8月7日起由工业和信息化部发布）对外发布关于所有我国合法机动车的型号和参数标准。汽车公告是机动车辆上牌的唯一依据，没有批准公告的机动车辆不得生产和对外销售，车管部门也不予上牌。

二、强制性产品认证制度

强制性产品认证制度是各国政府为保护广大消费者人身和动植物生命安全，保护环境、保护国家安全，依照法律、法规实施的一种产品合格评定制度，它要求产品必须符合国家标准和技术法规。我国国家认证认可监督管理委员会将进口汽车管理从 CCIB 许可证改为 CCC 强制性产品认证，同时要求国产车也要进行 CCC 认证，简称"3C"认证，CCC 认证标志强制认证标志如图 1-34 所示。2003 年 5 月 1 日所有汽车产品必须符合 CCC 认证要求并通过认证，未通过认证的产品不得生产和销售。CCC 认证是我国新的安全许可制度，统一并规范了原来的 CCIB 认证和长城认证，符合国际贸易通行规则，是我国质量认证体制与国际接轨的重要政策之一，既能从根本上强制企业提高管理水准和产品质量，又有利于建立公平、公正的市场准入秩序。

图 1-34　CCC 认证标志强制认证标志

三、机动车登记制度

《车辆登记证书》是车辆所有权的法律证明，由车辆所有人保管，不随车携带。此后办理转籍和过户等任何车辆登记时都要求出具，并在其上记录车辆的有关情况，相当于车辆的户口本。

四、机动车年检制度

车辆年检就是指每个已经取得正式号牌和行驶证的车辆都必须要的一项检测，相当于每年一次按《机动车运行安全技术条件》给车辆进行体检，及时消除车辆安全隐患，督促加强汽车的维护保养，减少交通事故的发生，车辆年检也就是平时所说的验车。

（1）2018 年年检最新规定　2018 年年检最新规定强制标配反光背心和电动窗防夹。从 2018 年 1 月 1 日开始，年检除检查三角警示架之外，将同时检查反光背心，数量是一件，因为这是新标准要求的，机动车检验新政如图 1-35 所示。同时，电动车车窗应具备防夹功能。所有乘用车和专用校车在车辆锁止的情况下，喇叭要求正常可以用。

图 1-35　机动车检验新政

当儿童被遗忘在车内，可以通过按响喇叭来告知外界。

车辆年检规定如下：

1) 非营运轿车（包括非营运小型和微型载客汽车，但面包车和 7 座及 7 座以上的车辆除外）6 年内免检政策。"6 年内的新车免予上线检测"，每两年申请检验标志；在 2012 年 9 月以后注册登记的符合条件的私家车可以享受免检政策，以后每年验车一次。6~15 年的每年上线检验 1 次，15 年以上的每半年上线检验 1 次。

2) 营运载客汽车 5 年以内每年检验 1 次；超过 5 年的，每 6 个月检验 1 次。

3) 载货汽车和大型、中型非营运载客汽车 10 年以内每年检验 1 次，超过 10 年的每 6 个月检验 1 次。

4) 摩托车 4 年以内每 2 年检验 1 次；超过 4 年的，每年检验 1 次。

备注：

1) 车辆出厂 4 年未办理注册登记的，不在免检范围。

2) 办理车检时需提供机动车行驶证，交通事故责任强制保险、车船税证明，并处理完交通违法和交通事故。

(2) 年检须知

1) 年检所需资料。

① 车辆年检（个人）所需资料：行驶证原件、交强险副本、身份证复印件、车辆。

② 车辆年检（单位）所需资料：行驶证原件、交强险副本、代理人身份证复印件、车辆。

2) 年检最佳时间。机动车在年审日前的三个月，都可接受检测申请年审，最好提前两个月或一个多月。其次，每月 10 日前，检测站业务量相对偏少，是过线免排队的最佳时间，中旬开始车辆增多，下旬是扎堆期。

3) 车的外表不能有改装，注意事项如下：

① 不能加包围。

② 不能改变车身颜色。

③ 玻璃太阳膜防爆膜颜色不能过深（1m 以外能看清车内物品，主要指面包车、载货汽车，五座以下的小车没关系）。

④ 面包车和载货汽车都要有尾部扩大号。

⑤ 弹簧弓片的片数不能增减。

⑥ 面包车座不能多或者少，要有灭火器。

⑦ 厢式货车车厢不能改装（不能开侧门，不能开顶，不能加尾板）。

⑧ 轮胎大小不能有改动，同轴轮胎的花纹要一致。

⑨ 车辆有未处理的交通违章，或车辆被法院查封的，不可以年审。

(3) 年检分类

1) 初次年检。机动车辆为了申领行驶牌照而进行的检验称为初次年检。初次年检的目的在于审核机动车是否具备申领牌证的条件，年检的内容如下：

① 是否有车辆使用说明书、合格证（进口车辆的商检证明），车体上的出厂检验标记是否齐备。

② 对机动车内外轮廓尺寸进行测量。测量的具体项目是车长、车宽、车高、车厢栏板高度及面积、轮距、轴距等。

③ 按技术检验标准逐项进行。合格后，填写"机动车初检异动登记表"，并按原厂规定填写空车质量、装载质量、乘载人数和驾驶室乘坐人数。

2) 定期年检。

① 检查发动机、底盘、车身及其附属设备是否清洁、齐全、有效，漆面是否均匀美观，各主要总成是否更换，与初检记录是否相符。

② 检验车辆的制动性、转向操纵性、灯光、排气及其他安全性能是否符合《机动车安全运行技术条件》的要求。

③ 检验车辆是否经过改装、改型和改造，行驶证、号牌、车辆档案所有登记是否与车况相符，有无变化，是否办理了审批和异动、变更手续。

④ 号牌、行驶证及车上喷印的号牌放大字样有无损坏、涂改字迹不清等情况，是否需要更换。

⑤ 大型汽车是否按照规定在车门两边用汉字仿宋体喷写单位名称或车辆所在地街道、乡、镇名称和驾驶室限坐人数；载货汽车后栏板（包括挂车后栏板）的外侧是否按规定喷写放大 2~3 倍的车号；个体或联营户的汽车，门的两侧是否喷写有"个体"字样，字迹要求清晰，不得喷写单位代号或其他图案（特殊情况需经车辆管理所批准）。

(4) 具体流程　车辆年检流程如图 1-36 所示。

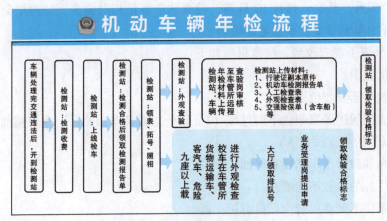

图 1-36　车辆年检流程

第一步：尾气检测。先排好队，到收费窗口交检测费，等候上线。主要是核对发动机号与行驶证是否一致，再简单查看外观和车况等，然后填写尾气检测表。如果不合格，需要到汽修厂调试后重新上线，当然要再交一次检测费。

第二步：查违章。查询窗口领取并填写"机动车定期检验登记表"，可凭行驶证领取。填好表中事项交工作人员查询有无违章记录，没问题的表上会加盖"已核对，可验车"

章，有违章的，拿着违章告知单尽快处理违章。

第三步：交押金。押金窗口交押金，拿好押金条，领取并填写外观检验单。

第四步：外观检验。核验第三者保险（强制性保险）是否在有效期内。手续查完之后才开始外观检验，这项检查主要查看前照灯有无破损、车身外观是否符合原样、悬架有无变动，还有天窗和轮胎的检验等。

第五步：上线检测。外观检验没问题，排队等候上线检测。检测线负责制动、前照灯（远光）和底盘等内容的检测，开下线就可以领到一张计算机打印的表，包含制动、灯光和喇叭等项目，合格的项目打印"O"，不合格的项目打印"X"。制动调整后要重新上线，灯光不用，调完以后盖个章就行。

第六步：总检审核。都过关了，准备一张身份证复印件，到大厅总检处签字盖章。

第七步：交费，领标。各窗口交相关费用，退回押金，交工本费领"机动车检验合格标志"，标后和行驶证副证上均打印有效期。绿标背后会写上有效期，就是下一次检验的月份。检字会打孔，有孔的月份就是下次检验的月份。

五、机动车牌照

汽车牌照是汽车号牌与汽车行车执照的简称，1972年发布的《城市和公路交通管理规则（试行）》，把行车执照改称为行驶证。一般为两面，分别按规定安装在汽车前后部指定位置上，如图1-37所示。

图1-37 汽车号牌

车主一定要亲自到所在区县的车辆管理所办理牌照补领手续。办理车牌补领手续的具体流程如下：

①除了车辆的行驶证和自己的身份证外，已经办理了机动车登记证的一定要带上，公车还要带好组织机构代码。

②车主先到车辆管理所填一张补领牌证申请表，公车要加盖单位公章后交给车辆管理所，车辆管理所将给一张警务回执单和一张临时牌照。临时牌照贴在车辆前风窗玻璃明显位置，以便民警查验。使用临时牌照不影响年检。如果该车只丢失了一个牌照，则还要在办理申请补领牌照手续时把旧牌照交回。

③30个工作日以后，到车辆管理所领取新牌照。新车牌上的号码与原车牌号相同，行驶证仍可使用。

六、机动车驾驶证

机动车驾驶证又叫作"驾照"，是依照我国法律而制定的机动车辆驾驶人所必须申领的证照，如图1-38所示。机动车驾驶证记载持证人的身份证件号码、姓名、性别、出生日期、长期住址、国籍、准驾（学）车型代号、初次领证日期、有效

图1-38 机动车驾驶证

期和管理记录,并有发证机关印章、档案编号和持证人的照片。

准驾车型及代号见表1-19。

表1-19 准驾车型及代号

准驾车型	代号	准驾的车辆	准予驾驶的其他准驾车型
大型客车	A1	大型载客汽车	A3、B1、B2、C1、C2、C3、C4、M
牵引车	A2	重型、中型全挂、半挂汽车列车	B1、B2、C1、C2、C3、C4、M
城市公交车	A3	核载10人以上的城市公用汽车	C1、C2、C3、C4
中型客车	B1	中型载客汽车(含核载10人以上、19人以下的城市公共汽车)	C1、C2、C3、C4、M
大型货车	B2	重型、中型载货汽车,重型、中型专项作业车	
小型汽车	C1	小型、微型载客汽车以及轻型、微型载货汽车,轻型、微型专项作业车	C2、C3、C4
小型自动档汽车	C2	小型、微型自动档载客汽车以及轻型、微型自动档载货汽车	
低速载货汽车	C3	低速载货汽车	C4

七、机动车行驶证

1)机动车行驶证是准予机动车上道路行驶的法定证件。机动车经公安机关交通管理部门登记后,方可上道路行驶。尚未登记的机动车,需要临时上道路行驶的,应当取得临时通行牌证。驾驶机动车上道路行驶,应当悬挂机动车号牌,放置检验合格标志、保险标志,并随车携带机动车行驶证。机动车行驶证如图1-39所示。

图1-39 机动车行驶证

2)机动车行驶证识伪办法如下:

①查看识伪标记。
②查看汽车彩照与实物是否相符。
③查看行驶证的纸质、印刷质量、字体、字号,与车辆管理机关核发的行驶证进行比对,对有怀疑的行驶证可以去发证的公安车辆管理机关核实。最常见的伪造是行驶证副页上的检验合格章。

3）二手车评估师要特别重视行驶证上的号牌号码、品牌型号、发动机号码、汽车识别码等信息与汽车上标有的相关信息是否相符，依次作为识别真伪的一个信息。另外还要特别重视行驶证上的注册登记日期，这是鉴定汽车使用年限的依据。行驶证上车辆背景一般为白色，从车辆右边45°拍摄，能较为清楚地看到汽车外形、号牌、品牌标志、汽车颜色和车内座位等。《机动车管理规定》规定，汽车所有人改变车身颜色应在10日内向登记地车辆管理所申请变更登记，并重新拍照。

提示

相关内容的学习，还可以扫码观看视频1《证件检查》进行学习。

第四节　二手车鉴定评估的基础知识

一、汽车报废标准与相关车辆术语介绍

1. 报废汽车

报废汽车是指已达到国家《机动车强制报废标准规定》以及各地制定的有关机动车报废规定、报废标准的；或虽未达到报废年限或行驶里程，但因交通事故或车辆超负荷使用造成发动机和底盘严重损坏，经检验不符合国家《机动车运行安全技术条件》规定的有关汽车安全、尾气排放要求的各种汽车、摩托车、农用运输车、拖拉机和轮式专用机械车等机动车辆。

国家实施汽车强制报废制度，依照《报废汽车回收管理办法》和《汽车贸易政策》的规定，报废汽车是一种特殊商品，报废汽车所有人应当将报废汽车及时交售给具有合法资格的报废汽车回收拆解企业，任何单位或者个人不得将报废汽车出售、赠予或者以其他方式转让给非报废机动车回收企业的单位或者个人。国家鼓励老旧汽车报废更新，并制定了老旧汽车报废更新补贴资金管理办法，符合有关规定的报废汽车所有人可申请相应的资金补贴。

报废机动车回收企业严禁从事下列活动：明知是盗窃、抢劫所得机动车而予以拆解、改装、拼装、倒卖，回收没有公安机关交通管理部门出具的"机动车报废证明"的机动车，利用报废机动车拼装整车。

报废汽车的五大总成是指从报废汽车上拆解下来的发动机，前、后桥，变速器，转向机和车架。国家禁止报废汽车整车及其五大总成流入社会。报废汽车的五大总成应作为废钢铁，交售给钢铁企业作为冶炼原料。报废机动车回收企业对按有关规定拆解的可出售的配件，必须在配件的醒目位置标明其为报废汽车回用件（拆车件）。

报废机动车回收企业凭公安机关交通管理部门出具的"机动车报废证明"收购报废汽车,并向报废汽车拥有单位或者个人出具"报废汽车回收证明"。依据《机动车修理业、报废机动车回收业治安管理办法》,报废机动车回收企业回收报废机动车应如实登记下列项目:报废机动车车主姓名、送车人姓名、居民身份证号码,按照"机动车报废证明"登记报废车车牌号码、车型代码、发动机号码、车架号、车身颜色及收车人姓名等。报废机动车拥有单位或者个人凭"报废汽车回收证明",向汽车注册登记地的公安机关办理注销登记。

除上述规定外,国家机关法规还规定下述车辆应该报废:
①因各种原因造成严重损坏或技术状态低劣、无法修复的车辆。
②车型已淘汰,已无配件来源的车辆。
③长期使用,油耗超过国家地区出厂标准值15%的车辆。
④经修理和调整仍达不到国家标准的车辆。

2. 汽车报废标准

新的《机动车强制报废标准规定》已于2013年5月1日起实施。凡达到报废标准的机动车,其所有人可以将机动车交售给报废机动车回收拆解企业,由报废机动车回收拆解企业按规定进行登记、拆解和销毁等处理,并将报废的机动车登记证书、号牌和行驶证交公安机关交通管理部门注销。

《机动车强制报废标准规定》从累计行驶里程数和使用年限两个方面,对各类汽车的报废年限(里程)做了具体规定,见表1-20。

表1-20 机动车使用年限及行驶里程参考值

			车辆类型与用途		使用年限(年)	行驶里程/万 km
汽车	载客	营运	出租客运	小型、微型	8	60
				中型	10	50
				大型	12	60
			租赁		15	60
			教练	小型	10	50
				中型	12	50
				大型	15	60
			公交客运		13	40
			其他	小型、微型	10	60
				中型	15	50
				大型	15	80
			专用校车		15	40

（续）

车辆类型与用途				使用年限（年）	行驶里程/万 km
汽车	载客	非营运	小型、微型客车，大型轿车	无	60
			中型客车	20	50
			大型客车	20	60
	载货		微型	12	50
			中型、轻型	15	60
			重型	15	70
			危险品运输	10	40
			三轮汽车、装用单缸发动机的低速货车	9	无
			装用多缸发动机的低速货车	12	30
	专项作业		有载货功能	15	50
			无载货功能	30	50
挂车		半挂车	集装箱	20	无
			危险品运输	10	无
			其他	15	无
		全挂车		10	无
摩托车		摩托车	正三轮	12	10
			其他	13	12
		轮式专用机械车		无	50

注：对小型、微型出租客运汽车（纯电动汽车除外）和摩托车，省、自治区、直辖市人民政府有关部门可结合本地实际情况，制定严于表中使用年限的规定，但小型、微型出租客运汽车不得低于 6 年，正三轮摩托车不得低于 10 年，其他摩托车不得低于 11 年。

针对上述规定，《机动车强制报废标准规定》还做了如下相关说明：

①机动车使用年限起始日期按照注册登记日期计算，但自出厂之日起超过两年未办理注册登记手续的，按照出厂日期计算。

②部分机动车的使用期限既规定了累计行驶里程数，又规定了使用年限，那么当其中的一个指标达到报废标准时，即认为该车辆已达到报废年限。

③营运载客汽车与非营运载客汽车相互转换的，按照营运载客汽车的规定报废。但小型、微型非营运载客汽车和大型非营运轿车转为营运载客汽车的，应按照如下公式核算累计使用年限，且不得超过 15 年。

$$累计使用年限 = 原状态已使用年限 + \left(1 - \frac{原状态已使用年限}{原状态使用年限}\right) \times 状态改变后年限$$

式中，"原状态已使用年限"不足 1 年的按 1 年计，如已使用 2.5 年的，按 3 年计；"原状态使用年限"取定值 17；"累计使用年限"计算结果向下圆整为整数，且不超过 15 年。

④不同类型的营运载客汽车相互转换的，按照使用年限较严的规定报废。

⑤小型、微型出租客运汽车和摩托车需要转出登记所属地省、自治区、直辖市范围的，按照使用年限较严的规定报废。

⑥危险品运输载货汽车、半挂车与其他载货汽车、半挂车相互转换的，按照危险品运输载货汽车、半挂车的规定报废。

⑦据本规定要求使用年限1年以内（含1年）的机动车，不得变更使用性质、转移所有权或者转出登记地所属地市级行政区域。

3. 拼装汽车

拼装汽车是指使用报废汽车的发动机，前、后桥，变速器，转向机，车架以及其他零部件组装的机动车辆。自2019年6月1日起施行的《报废机动车回收管理办法》第十五条规定，禁止任何单位或者个人利用报废机动车"五大总成"和其他零部件拼装机动车，禁止拼装的机动车交易。除机动车所有人将报废机动车依法交售给报废机动车回收企业外，禁止报废机动车整车交易。

《中华人民共和国道路交通安全法》第十六条中规定，任何单位或个人不得有下列行为：

> ①拼装机动车或擅自改变机动车已登记的结构、构造或特征。
> ②擅自改变机动车型号、发动机号、车架号或VIN。
> ③伪造、变造或使用伪造、变造的机动车登记证书、号牌、机动车行驶证、检验合格标志、保险标志。
> ④使用其他机动车的登记证书、号牌、机动车行驶证、检验合格标志、保险标志。如果车主打算变更车身颜色和车身车架，则需向车辆管理所提出申请，获得批准后方能改变，而且还要由修理厂出具合法证明和变更手续。除了改变机动车车身颜色外，更换车身和车架的，更换发动机以及整车的，都必须先向车管所提出申请。对准予变更的，机动车所有人应当在车体变更后向车辆管理所交验机动车，车辆管理所确认变更后的机动车后，要收回原行驶证，重新核发行驶证。

非法拼装汽车的另一种形式是企业采取进口全散件（Completely Knocked Down，CKD）或进口半散件（Semi—Knocked Down，SKD）模式，将整车分拆，并以零部件的名义报关，在缴纳了相对整车低得多的零部件关税进口后，再组装成整车出售，以逃避整车进口的高关税，牟取暴利。CKD与SKD的区别在于，前者是指汽车以完全拆散的状态进口，再把全部零部件组装成整车，后者则是指进口汽车总成（如发动机、底盘等），再装配成整车。

4. 改装汽车

改装汽车有两种基本类型，一是厂家的改装，使用的是经国家鉴定合格的零配件，对原车重新设计和改装；二是消费者自己或委托汽车改装公司在已购买汽车（主要是轿车和越野汽车等）的基础上，做一些外形、内饰和性能的改装（二手车交易市场经常讲的改装汽车就是指这一类）。改装汽车与拼装汽车是两个不同的概念，前者是合法的，后者则属于违法。车辆改装在法规里的描述是车辆变更，其行为是受法律约束的。

《机动车强制报废标准规定》和《报废汽车回收管理办法》等法律、法规中的下列几点规定和精神，从事旧车鉴定估价和交易的业务人员，应给予特别的关注：

> ①严禁已报废汽车和拼装汽车继续上路行驶。
> ②严禁给已报废汽车办理注册登记。
> ③严禁已报废汽车整车、五大总成和拼装汽车进入市场交易或者以其他任何方式交易。
> ④车辆达到报废标准后，在定期检验时连续三次不合格，车辆管理所将收回机动车号牌和机动车行驶证，强制车辆报废（各地规定不尽相同）。
> ⑤对排气检测不达标的机动车不予办理年审，对尾气超标却拒不整改或经治理无法达标的车辆将强制报废（各地规定不尽相同）。
> ⑥汽车改装后的尾气排放要达标，不能对车的外观大幅改动，要与行驶证上的照片一致，不能改变汽车的发动机号和底盘号。
> ⑦保险公司只按照车辆原来承保的样子进行理赔，对于车主自己改装的部分，保险公司不予赔付。

二、二手车评估基本知识

1. 二手车

在《二手车流通管理办法》中，首次明确地将"二手车"的内涵与"旧机动车"等同。为了与《二手车流通管理办法》保持一致性，以及人们习惯的叫法，本书全部采用二手车的叫法。其实，二手车并不等同于旧车，只要上了牌照再交易的车就是二手车。现实生活中，有很多七八成新甚至九成新的车进入二手车市场。

在发达国家特别是欧美国家，二手车确实不等于旧车，不少国家对新车销售年限有严格的规定，如年生产600万辆新车，卖掉了500万辆，剩下的100万辆过了规定的新车销售时间，就不能再进入新车的渠道销售，这些车子能进入拍卖市场，也就归入二手车了。

2. 二手车交易

二手车交易是指以二手车作为交易对象，在国家规定的二手车交易市场或其他经合法审批的交易场所中进行的二手车商品交换和产权交易。

二手车交易中由于车辆技术状况各不相同，判断难度大，交易价格复杂，因此二手车交易在技术和管理难度上远远超过一般的旧货交易行为。为了规范交易双方的行为，保证交易双方的合法权益，1998年，国家贸易部发布了《旧机动车交易管理办法》，首次对二手车交易做出了规范。

为了适应市场发展，2005年10月1日商务部颁布施行了《二手车流通管理办法》，对二手车交易做出了调整，所有的交易车辆必须是办理了机动车注册登记等手续，距报废标准规定年限一年以上的汽车（包括摩托车）及特种车辆。交易完成后，还应到相关部门办理过户登记的手续，以确保该交易车辆在今后使用过程中责任和权利的明确。

二手车的经营行为包括经销、拍卖、经纪和鉴定评估等。

①二手车经销是指二手车经销企业收购和销售二手车的经营活动。

②二手车拍卖是指二手车拍卖企业以公开竞价的形式将二手车转让给最高应价者的经营活动。

③二手车经纪是指二手车经纪机构以收取佣金为目的，为促成他人交易二手车而从事居间、经纪或者代理等经营活动。

④二手车鉴定评估是指二手车鉴定评估机构（二手车评估师）对二手车技术状况及其价值进行鉴定评估的经营活动。

近年来，市场上出现了一种新的二手车交易模式——二手车置换，并在一些乘用车的品牌专营店中迅速成长起来。置换的概念源于海外，狭义的置换就是"以旧换新"业务，即经销商通过二手商品车的收购与新商品车的对等销售获取利益。广义的置换则是指在以旧换新业务的基础上，还同时兼容二手车的整新、跟踪服务、二手车再销售乃至折抵、分期付款等项目的一系列业务组合，从而成为一种有机而独立运营的经营模式。与以往二手车交易不同的是，由于可以推动新车销售，二手车置换业务依托汽车品牌专营店，其背后获得汽车制造厂商的强大技术支持，经销商为二手车的再销售提供一定程度上的质量担保，这大大降低了二手车交易中消费者的购买风险，规范了交易双方的交易行为，其将来发展潜力十分巨大。

3. 二手车交易市场

二手车交易中，每辆二手车在技术状况、使用环境和交易条件上千差万别。交易信息不对称，使交易过程复杂、交易风险增大。为了保护交易双方的合法权益，防止道德风险的发生，国家制定了一系列的法律、法规，以规范二手车交易市场和交易双方的行为。

二手车交易必须在依法设立的二手车交易市场进行。根据《二手车流通管理办法》的规定，二手车交易市场是指依法设立，为买卖双方提供二手车集中交易和相关服务的场所，是二手车信息和资源的集散地，是买卖双方进行二手车商品交换和产权交易的场所。二手车交易市场经营者应当为二手车经营主体（从事二手车经销、拍卖、经纪、鉴定评估的企业）提供固定场所和相关设施，并为客户提供办理二手车鉴定、评估、转移登记、保险和纳税等手续的条件。二手车经销企业、经纪机构应当根据客户要求，代办二手车鉴定评估、转移登记、保险和纳税等手续。

二手车交易市场经营者和二手车经营主体应建立备案制度。凡经工商行政管理部门依法登记，取得营业执照的二手车交易市场经营者和二手车经营主体，应当自取得营业执照之日起两个月内向省级商务主管部门申请备案。省级商务主管部门应当将二手车交易市场经营者和二手车经营主体有关备案情况定期报送国务院商务主管部门。

二手车交易市场经营者和二手车经营主体应当定期将二手车交易量和交易额等信息通过所在地商务主管部门报送省级商务主管部门。省级商务主管部门将上述信息汇总后报送国务院商务主管部门。商务主管部门定期向社会公布全国二手车流通信息。工商行政管理部门会同商务主管部门建立二手车交易市场经营者和二手车经营主体的信用档案，定期公布违规企业名单。

4. 二手车鉴定评估机构

（1）二手车鉴定评估机构的职能

1）评估职能。评估即评价和估算，是指对二手车进行评判和预估。评估职能是二手车评估机构的基本职能，也是关键职能。广义地讲，二手车鉴定评估机构的评估职能包括评价职能、勘验职能、鉴定职能和估价职能等。

2）公证职能。二手车鉴定评估机构对二手车评估结论做出符合实际、可以信赖的证明。二手车鉴定评估机构之所以具有公证职能，是因为以下两点：

① 二手车鉴定评估人员具有丰富的二手车评估知识和技能，在判断二手车评估结论准确与否上具有资格和权威性。

② 作为当事人之外的第三方，二手车鉴定评估机构完全站在中立、公正的立场上就事论事、科学办事。

公证职能是二手车鉴定评估机构的重要职能，具有以下特征：

① 公证职能虽不具备定论作用，但却有促成司法结案、买卖成交的作用，因为当事人双方难以找出与评估结论完全不同的原因或理由。

② 公证职能虽不具备法律效力，但该结论可以接受法律的考验。这是因为二手车鉴定评估机构的评估结论确定之后，必须经双方当事人接受才能结案和买卖成交。如果双方当事人中的某一方不能接受，则可选择其他途径解决，如调整协商、仲裁或诉讼。期间，二手车鉴定评估机构可以接受委托方的委托出庭辩护，甚至可被聘请为诉讼代理人出庭诉讼，本着对委托方特别是对评估报告负责的原则，促成双方接受既定结论。

3）中介职能。二手车鉴定评估机构作为中介人，从事评估经济活动，不参与相关利益的分配，只为当事人提供服务，具有鲜明的中介职能。这是因为二手车鉴定评估机构可以委托于双方当事人的任何一方；二手车鉴定评估机构以第三方身份从事二手车评估经营活动，从当事人任何一方获得委托，即可以中间人立场进行二手车评估，并收取合理费用。

这样，二手车鉴定评估机构以中间人的身份，独立地开展二手车评估，从而得出评估结论，促成双方当事人接受该结论，为当事人提供中介服务，从而发挥其中介职能。

（2）二手车鉴定评估机构的地位　二手车鉴定评估机构的地位是独立的，主要表现在以下几方面：

①二手车鉴定评估机构在进行评估业务时，既不代表双方当事人，也不受行政权力等外界因素干扰。

②在进行二手车评估业务的整个过程中，二手车评估执业人员保持着独立的思维方式和判断标准。

③二手车鉴定估价人员的评估分析和结论保持独立性，这一特征在二手车鉴定评估机构所出具的评估报告中得以充分体现。

④二手车鉴定估价人员具有知识密集性和技术密集性的特征，在二手车评估领域具有一定的权威地位，但从法律的角度看，这种权威地位是相对的。从市场地位而言，二手车鉴定估价人员必须坚持独立的立场，无论针对哪一方委托的事物都应做出客观和公平的评判。

(3) 设立二手车鉴定评估机构的条件和程序

1) 二手车鉴定评估机构应具备的条件。根据《二手车流通管理办法》第九条规定，二手车鉴定评估机构具备如下条件：

> ①经营者必须是独立的中介机构。
> ②有固定的经营场所和从事经营活动的必要设施。
> ③有三名以上从事二手车鉴定评估业务的专业人员（包括本办法实施之前取得国家职业资格证书的二手车鉴定评估师）。
> ④有规范的规章制度。

2) 设立二手车鉴定评估机构程序。根据《二手车流通管理办法》第十条规定，设立二手车鉴定评估机构，应当按下列程序办理：

①申请人向拟设立二手车鉴定评估机构所在地省级商务主管部门提出书面申请，并提交相关材料。

> a. 经营者是独立中介机构的证明。
> b. 经营场所说明材料。
> c. 所配置的设施说明材料。
> d. 公司人员配备情况说明材料。
> e. 公司所建立的各项规章制度。

②省级商务主管部门自收到全部申请材料之日起 20 个工作日内做出是否予以审核的决定。对予以核准的，颁发"二手车鉴定评估机构核准证书"；不予核准的，应当说明理由。

③申请人持"二手车鉴定评估机构核准证书"到工商行政管理部门办理登记手续。

外商投资设立二手车交易市场、经销企业、经济机构、鉴定评估机构的申请人（外资并购二手车交易市场和经营主体及已设立的外商投资企业增加二手车经营范围的），应当分别持符合《二手车流通管理办法》第八条、第九条和《外商投资商业领域管理办法》中有关外商投资法律规定的相关材料报省级商务主管部门。

省级商务主管部门进行初审后，自收到全部申请材料之日起一个月内上报国务院商务主管部门。合资中方有国家计划单列企业集团的，可直接将申请材料报送国务院商务主管部门。国务院商务主管部门自收到全部申请材料三个月内会同国务院工商行政管理部门，做出是否予以批准的决定。对予以批准的，颁发或者换发"外商投资企业批准证书"；不予批准的，应当说明理由。申请人持"外商投资企业批准证书"到工商行政管理部门办理登记手续。

三、二手车评估的专业术语

（1）二手车 二手车原来也称为"旧机动车"。二手车是指办理完注册登记手续在达到国家制度报废标准之前进行交易并转移所有权的汽车（包括三轮汽车和低速载货汽车）、挂车和摩托车。

（2）事故车 事故车就是指那些经过严重撞击、泡水和火烧等，即使修复但仍存在安全隐患的车辆。如符合以下任何一条，即属事故车：

①经过严重撞击，损伤到发动机舱和驾驶舱的车辆。
②散热器支架有碰撞损伤的车辆。
③车身后侧板撞击损伤超过其1/2的车辆。

（3）非事故车 非事故车就是指那些经轻微撞击，只损伤到前后保险杠及其相关附件（包括车身外覆盖件）的车辆。

（4）零千米新车与次新车 零千米是国外传入我国的汽车销售名词。意为汽车自生产线上组装后直到用户手中，行驶里程极少，几乎为零。国际工程协会规定，新车下线后，行驶记录不超过50mile（约80km）才算新车。一年3万km以内，没事故的车称为类似型车；一年1万km以内无事故的车为次新车；没有理赔记录，保养很好，正常年里程在3万km左右的车成为非常好的车；两年6万km以内没事故的车称为精品车。

（5）成新率 在《资产评估操作规范意见（试行）》中，将成新率定义为"反映评估对象的现行价值与其全新状态重置价值的比率"，也叫作综合成新率；在《资产评估操作规范意见（试行）》颁布前，教科书及有关文件材料中一般都把成新率定义为"成新率是指资产新旧程度的比率"，也叫作实体成新率。

（6）汽车使用寿命 汽车从投入使用，到不宜再继续使用的总运行年限或总行驶里程，称为汽车使用寿命。

（7）实体性贬值 实体性贬值也叫作有形损耗，是指机动车在存放和使用过程中，由于物理和化学原因而导致的车辆实体发生价值损耗，即由自然力的作用而发生的损耗，如车辆的锈蚀和零部件的变形等。

（8）功能性贬值　功能性贬值是由于科学技术的发展导致的车辆贬值，即无形损耗，如新车型的出现导致老旧车型的贬值。

（9）经济性贬值　经济性贬值是由于外部经济环境变化所造成的车辆贬值。

（10）静态检查　当车辆处于静止状态时，评估人员根据自己的经验和技能，辅以简单的工具，对车辆的技术状况进行直观检查和鉴定。

（11）动态检查　当车辆处于运动状态或发动机处于运转状态时，评估人员根据自己的经验和技能，辅以简单的工具，对车辆的技术状况进行直观检查和鉴定。

（12）重置成本法　重置成本法是指在现时条件下重新购置一辆全新状态的被评估车辆所需的全部成本（即完全重置成本，简称重置全价），减去该被评估车辆的各种陈旧贬值后的差额作为被评估车辆现时价格的一种评估方法。

（13）收益现值法　收益现值法是将被评估的车辆在剩余寿命期内预期收益，折现为评估基准日的现值，借此来确定车辆价值的一种评估方法。现值既为车辆的评估值，现值的确定依赖于未来预期收益。

（14）现行市价法　现行市价法也称为市场比较法，是根据目前公开市场上与被评估车辆相似的或可比的车辆的价格来确定被评估车辆的价格。现行市价法是一种最简单、最有效的方法，是因为评估过程中的车辆资料直接来源于汽车市场，同时又为即将发生的车辆行为估价。

（15）清算价格法　清算价格法是根据企业清算对资产可变现的价值，评定资产重估价值的方法。

（16）快速折旧法　快速折旧法也称为递减费用法，是指在固定资产使用初期计提折旧较多而在后期计提折旧较少，从而相对加速折旧的方法，也就是说，在固定资产的使用寿命内以递减状态来分配其成本的方法。

第二章 二手车鉴定工作流程

第一节 二手车鉴定评估概述

在二手车交易中,如何准确、客观地评估二手车的价值,在二手车交易中是至关重要的。二手车的价值除受车型档次、市场供求关系、国家宏观政策的影响外,最为主要的是二手车当前技术状况的好坏。汽车在长期的使用中,由于机件之间的摩擦和自然力的作用,使汽车处于不断损耗的过程中。随着行驶里程和使用年限的增加,汽车实体的有形损耗和无形损耗加剧。其损耗程度的大小,视其使用强度、使用条件、使用性质和维修保养水平而定。不同的汽车,差异性很大,这就要求进行二手车的鉴定。

1. 二手车鉴定评估的定义

二手车的鉴定评估是指依法设立具有执业资质的二手车鉴定评估机构和二手车鉴定评估人员,接受国家机关和各类市场主体的委托,按照特定的目的,遵循法定或公允的标准和程序,运用科学的方法,对经济和社会活动中涉及的二手车所进行的技术鉴定,并根据鉴定结果对二手车在鉴定评估基准日的价值进行评定估算的过程。

二手车评估属于资产评估,因此其理论和方法皆以资产评估学为基础。二手车鉴定估价应当本着买卖双方自愿的原则。二手车鉴定评估机构应当遵循客观、真实、公正和公开的原则,依据国家法律、法规开展二手车鉴定评估业务,出具车辆鉴定评估报告,并对鉴定评估报告中车辆技术状况,包括是否属于事故车辆等评估内容负法律责任。

正确认识二手车鉴定评估,其中最核心的是把握以下两点:

1)正确的二手车技术状况鉴定,二手车价格的估计、推测与判断,必须依赖于一套科学严谨的二手车鉴定评估理论和方法。但又不能完全拘泥于有关的理论和方法,还必须依赖于评估人员的经验,因为二手车价格形成的因素复杂、多变,不是任何人用数学公式能够计算出的。

2)二手车鉴定评估不是对评估对象的主观给定,而是把二手车客观实在的价值通过评估活动，正确地反映出来，即二手车鉴定评估是基于对二手车客观实在的价值认识以后，运用科学的评估理论、方法和长期积累的评估经验将其表达出来。而不是把某一个主观想象的数据强加给评估对象，尽管评估表现为一种主观活动，甚至带有一些主观色彩。

做好二手车鉴定评估工作，不仅有利于引导企业正确做出价格决策，有利于保障司法诉讼和行政执法等活动的顺利进行，有利于维护法人和公民合法权益，而且对维护正常的社会经济秩序，促进经济发展具有重要意义。因此，深入认真研究、探讨二手车鉴定评估问题，建立一套完整、科学、适用的二手车鉴定评估方法，以保证其鉴定评估结论客观、公正、合理，就显得更为重要。

2. 二手车评估要素

由二手车鉴定评估定义可知，在二手车鉴定评估过程中，涉及了八个基本要素，即鉴定评估主体、鉴定评估客体、鉴定评估依据、鉴定评估目的、鉴定评估原则、鉴定评估程序、鉴定评估价值和鉴定评估方法。

（1）鉴定评估主体　鉴定评估主体是指从事二手车鉴定评估的机构和人员，它是二手车鉴定评估工作中的主导者，在二手车鉴定评估业务中，对二手车鉴定评估的主体资格有严格的限制条件。如鉴定评估人员必须取得我国汽车流通协会颁布的二手车鉴定评估岗位资格证书，才能获得相应的职业资格。

（2）鉴定评估客体　鉴定评估客体是指评估的车辆，是鉴定评估的具体对象。被评估车辆可以按照不同的标准分为汽车、电动汽车、摩托车、农用运输车、拖拉机和挂车等几类；按照车辆的使用用途，可以将机动车分为营运车辆、非营运车辆和特种车辆，其中营运车辆又可以分为公路客运、公交客运、出租客运、旅游客运、货运和租赁几种类型，特种车辆又可以分为警用、消防、救护和工程抢险等若干种车型。合理科学地对机动车进行分类，有利于在评估过程中进行信息资料地搜集和应用。如同一种车型，由于其使用用途不同，车辆在用状态所需要的税费可能就会有较大的差别，其重置成本的构成也差异较大。

（3）鉴定评估依据　鉴定评估依据是指二手车鉴定评估工作所遵循的法律、法规、经济行为文件、合同协议以及收费标准和其他参考依据。

（4）鉴定评估目的　鉴定评估目的是指车辆鉴定评估所要服务的经济行为，车辆鉴定评估的目的影响着车辆评估方法的选择。

（5）鉴定评估原则　鉴定评估原则是指车辆鉴定评估的行为规范，是调节车辆评估当事人各方关系，处理鉴定评估业务的行为准则。

（6）鉴定评估程序　鉴定评估程序是指二手车鉴定评估工作从开始到最后结束的工作程序。

（7）鉴定评估价值　鉴定评估价值是指对车辆评估价值质的规定，它对评估方法的选择具有约束性。如要评估车辆的现行市价，则宜选择现行市价法进行评估；如要评估车辆的重置成本，则要使用重置成本法。

（8）鉴定评估方法　鉴定评估方法是指二手车鉴定评估所运用的特定技术，它是实现二手车鉴定评估价值的手段和途径。目前就四种评估方法的可操作性而言，常采用重置成本法对车辆的价值进行评定和估算。

以上八种要素构成了二手车鉴定评估活动的有机整体。它们之间相互依托，是保证二手车鉴定评估工作正常进行和评估价值科学性的重要因素。

3. 二手车鉴定评估的特点

（1）二手车评估以技术鉴定为基础　由于汽车本身具有较强的工程技术特点，其技术含量高。汽车是集机械、电子、自动控制和信息技术于一身的产品。对汽车进行鉴定评估涉及对其技术状况的了解。因此，要评估出汽车当前的实际价值，需要通过技术检测来鉴定其损耗程度。

（2）评估以单台为评估对象　因汽车品牌型号较多，结构较复杂，配置都较现代化，单位价值有时相差较大。一般评估时，都需要分整车或部件逐台、逐件地进行。但有时为了简化评估程序，节省时间，提高评估的效率，对于以产权转让为目的，单位价值又较低的汽车，也不排除采取"提篮"作价的评估方法。

（3）评估要考虑附加值　国家对汽车实施户籍管理，使用中需缴纳的税、费较多，税、费附加值较高。因此，对二手车评估时，除考虑其实体性价值外，还要考虑户籍管理的手续费用及使用过程中各种规定费用的价值。

一、二手车鉴定评估的主体和客体

1. 二手车鉴定评估的主体

二手车评估主体是指二手车评估业务的承担者，即从事二手车评估的机构及专业评估人员。由于二手车评估直接涉及当事人双方的权益，是一项政策性、专业性都很强的工作，因此无论是对专业评估机构，还是对二手车鉴定评估师都有较高的要求。

二手车评估机构是由二手车鉴定评估师构成的。二手车鉴定评估师的素质，对评估工作和评估结果的质量有重要影响。

2. 二手车鉴定评估师需要具备的素质

二手车鉴定评估师必须获有省级以上国有资产评估资格证书，才能从事国有资产评估。

对二手车鉴定评估师要求如下：

（1）掌握资产评估业务知识　二手车鉴定评估师必须掌握一定的资产评估业务理论，熟悉并掌握资产评估的基本原理和方法，尤其要掌握特定资产二手车评估的基本原理和方法。

（2）掌握二手车的专业知识　二手车鉴定评估师要有一定的二手车专业知识和实际的检测技能，能够借助必要的检测工具，对二手车的技术状况进行准确的判断和鉴定。

（3）掌握机动车尤其是二手车的相关政策法规　二手车鉴定评估师要熟悉并掌握国家颁布的与二手车交易有关的政策、法规、行业管理制度及技术标准。

(4) 掌握二手车市场的最新动态　二手车鉴定估价是一种市场行为，而二手车市场变化很快，且不同地方市场情况不同，这对二手车价格的确定有很大影响。所以二手车鉴定评估师要熟悉当地及全国的市场行情，时刻置身市场之中，掌握二手车市场的最新动态。

> **提示**
>
> 二手车鉴定评估师还要具有较高的收集、分析和运用信息资料的能力及一定的评估技巧；具备经济预测、财务、市场、金融、物价和法律等多方面知识；具有良好的职业道德，遵纪守法，公正廉明，以保证二手车的评估质量。

3. 二手车鉴定评估的客体

二手车评估的客体是指被评估的车辆。二手车评估的一个主要目的，就是在二手车交易的过程中，准确地确定二手车价格，并以此作为买卖成交的参考底价。不允许进行交易的车辆有明文规定，参见商务部、公安部、工商总局、税务总局2005年第2号令《二手车流通管理办法》第二十二、二十三条的规定。

1）二手车交易完成后，卖方应当及时向买方交付车辆、号牌及车辆法定证明、凭证，主要包括机动车登记证书、机动车行驶证、有效的机动车安全技术检验合格标志、车辆购置税完税证明、车船使用税缴付凭证和车辆保险单。

2）下列车辆禁止经销、买卖、拍卖和经纪：

①已报废或者达到国家强制报废标准的车辆。
②在抵押期间或者未经海关批准交易的海关监管车辆。
③在人民法院、人民检察院、行政执法部门依法查封、扣押期间的车辆。
④通过盗窃、抢劫和诈骗等违法犯罪手段获得的车辆。
⑤发动机号码、VIN或者车架号码与登记号码不相符，或者有凿改迹象的车辆。
⑥走私、非法拼（组）装的车辆。
⑦不具有《二手车流通管理办法》第二十二条所列证明、凭证的车辆。
⑧在本行政辖区以外的公安机关交通管理部门注册登记的车辆。
⑨国家法律、行政法规禁止经营的车辆。

二手车交易市场经营者和二手车经营主体发现车辆具有《二手车流通管理办法》第二十三条中（四）、（五）、（六）情形之一的，应当及时报告公安机关和工商行政管理部门等执法机关。对交易违法车辆的行为，二手车交易市场经营者和二手车经营主体应当承担连带赔偿和其他相应的法律责任。

二、汽车鉴定评估的依据和原则

1. 二手车鉴定评估的依据

二手车鉴定评估主要依据如下：

（1）理论依据　二手车鉴定评估的理论依据是资产评估学，相关操作方法按国家规定进行。

（2）政策法规依据　二手车鉴定评估的政策法规依据包括《国有资产评估管理办法》《国有资产评估管理办法施行细则》《机动车强制报废标准规定》《二手车鉴定评估技术规范》等。

（3）价格依据　二手车鉴定评估的价格依据主要有历史依据和现实依据。历史依据主要是二手车的账面原值和净值等资料，它具有一定的客观性，但不能作为估价的直接依据。现实依据指在二手车进行鉴定评估估值时要以评估时日这一时点的现时条件为准，也就是当前的价格和当前的车辆使用状况。

2. 二手车鉴定评估的原则

（1）合法性原则　二手车鉴定评估行为必须符合相关法律、法规，必须遵循对机动车户籍管理、报废标准和税费征收等政策要求，这是开展这项经营活动的前提。

（2）公平性原则　公平、公正是二手车鉴定评估师必须遵守的一项基本道德规范。评估人员应公正无私，公道合理，绝对不能偏向任何一方。

（3）独立性原则　二手车鉴定评估师在评估车辆时，应按照有关规章制度及可靠真实的数据资料，对被评估车辆独立自主做客观评估，不应受到外界干扰或受委托人的影响，确保评估工作客观公正。应回避有亲属关系的人对相关车辆进行评估。

（4）客观性原则　客观性原则是指评估结果应以充分的事实为依据，对车辆的技术状况分析应实事求是，所采用的数据资料必须真实可靠。

（5）科学性原则　在二手车评估过程中，必须根据评估的目的，选择相应的评估方法和价值类型，按规定的评估程序进行评估，使评估结果准确合理。

（6）专业性原则　二手车鉴定评估师是一个专业性程度比较高的专业，它要求二手车鉴定评估工作尽量由专业的二手车鉴定评估机构进行，同时要求二手车鉴定评估行业内部有专业技术上的竞争，以便为委托方（即二手车鉴定评估的客体）有比较大的选择空间。

（7）规范性原则　规范性原则要求二手车鉴定评估机构建立完整、完善的管理制度，完整的鉴定评估工作流程。在管理上要建立回避制度、审复制度、监督制度，作业流程要科学、严谨。

（8）评估时点原则　评估时点又称为评估基准日、评估时日、评估期日，是一个具体日期，通常用年、月、日表示。因为二手车市场是不断变化的，二手车价格具有很强的时效性。在不同时点，同一辆二手车有不同的价格。评估时点原则是要说明，评估实际只是求取某一时点的价格，所以在评估一辆二手车的价格时，必须假定市场情况停止在评估时点，同时评估对象（即二手车的状况）通常也是以其在该时点的状况为准。"评估时点"并非总是与"评估作业日期"（进行评估的日期）相一致的。一般将二手车鉴定评估师进行实车查勘的日期定为评估时点，或因特殊需要将其他日期指定为评估时点。确立评估时点原则的意义在于，评估时点是责任交代的界限和评估二手车时值的界限。

三、二手车鉴定评估的目的和范围

1. 二手车鉴定评估的目的

二手车鉴定评估的目的是正确反映二手车的价值及其波动,为将要发生的经济行为提供公平的价格尺度。具体而言,二手车鉴定评估的目的有以下几点:

(1) 车辆交易 车辆交易即二手车的买卖,是二手车业务中最常见的一种经济行为。在二手车的交易过程中,买卖双方对交易价格的期望值是不同的。而二手车鉴定评估师对要交易的二手车进行的鉴定估价是作为第三方估价,可以作为双方议价的基础,从而起到协助确定二手车交易成交额的作用,进而协助二手车交易的达成。

(2) 车辆置换 随着2005年《汽车贸易政策》的颁布,越来越多的品牌专卖店(4S店)开展以旧换新的置换业务。为使车辆置换顺利进行,必须对待置换的二手车进行鉴定评估并提供合理的评估值。

(3) 企业资产变更 在公司合作、合资、联营、分设、合并和兼并等经济活动中,涉及资产所有权的转移,车辆作为固定资产的一部分,自然也存在产权变更的问题,在产权变更时,必须对其价值进行评估。

(4) 车辆拍卖 法院罚没车辆、企业清算车辆、海关获得的抵税和放弃车辆、个人或单位的抵债车辆、公车改革的公务用车均需经过拍卖市场公开拍卖变现,拍卖前必须对车辆进行评估,提供拍卖的底价。

(5) 抵押贷款 银行为了确保放贷安全,要求贷款人以一定的资产作为抵押,如以用汽车为抵押物,给予贷款人与汽车价格相适应的贷款。因此,需要二手车鉴定评估师对汽车的价值进行评估。汽车价格评估值的高低,对贷款人而言,决定其可申请款的额度;对放贷者而言,评估的准确性在一定程度上影响着贷款回收的安全性。

(6) 机动车保险 保险公司要根据财产价值的大小以及相应的费率收取保费,故车辆投保时必须对车辆进行评估。

(7) 司法鉴定 当事人遇到涉及车辆的诉讼时,委托二手车鉴定评估师对车辆进行评估,有助于了解事实真相;同时,法院判决时,可以依据评估结果进行宣判。这种评估也可由法院委托评估机构进行。评估机构也可以接受法院等司法部门或个人的委托,鉴定和识别走私车、盗抢车和非法拼装车等非法车辆。

(8) 修复价格评估 汽车修理厂应根据保险公司查勘人员提供的定损清单资料(也就是事故车的损失评估),确定更换部件的名称、数量、金额和修理部件的范围、工时定额及附加费,从而控制事故车辆总的修理费用,防止修理范围任意扩大。

2. 二手车鉴定评估的范围

随着汽车与经济和社会活动联系的紧密及功能的拓展,车辆鉴定评估行为也逐步渗透到社会的各个领域,成为资产评估的重要组成部分。通过二手车评估目的可知,二手车评估的范围包括以下领域:

1）在流通领域，二手车在不同消费能力群体中互相转手，需要鉴定估价。

2）有关企业开展收购、代购、代销、租赁、置换、回收（拆解）等二手车经营业务需要鉴定估价。

3）在金融系统，银行、信托商店及保险公司开展抵押贷款、典当、保险理赔业务时，需要对相关车辆进行鉴定估价。

4）有关单位通过拍卖形式处理罚没车辆、抵押车辆和企业清算等车辆时，需要对车辆进行鉴定评估，以获取拍卖底价。

5）司法部门在处理相关案件时，也需要以涉案车辆的鉴定评估结果作为裁定依据。

6）企业或个人在公司注册、合资、合作、联营及合并、兼并、重组过程中也会涉及二手车鉴定评估业务。

除此以外，二手车鉴定评估的一个重要任务就是要鉴定、识别走私、盗抢、报废、拼装等非法车辆，防止其通过二手车市场重新流入社会。

四、二手车鉴定评估的业务类型和特点

1. 二手车鉴定评估的业务类型

按鉴定评估服务对象的不同，把鉴定评估的业务类型分为交易类业务和咨询服务类业务。交易类业务是服务于交易市场内部的二手车交易，主要目的是判定二手车的来历，确定收购价格，为交易双方提供交易的参考价格等。咨询服务类业务是服务于交易市场外部的非交易业务，如资产评估（涉及车辆部分）、抵押贷款估价和法院咨询等。

交易类业务和咨询服务类业务一般都是有偿服务，其评估的程序和作业内容并没有太大的差别，但评估的目的不同，其评估作业的侧重点有所不同，如交易类评估的侧重点是二手车的来历、能否进入二手车市场流通及二手车的估价；而咨询服务类牵涉识伪判定、交易程序解答、市场价格咨询、国家相关法规咨询等方面的内容多些，当然也有一些要求提供正式的车辆评估价。

2. 二手车鉴定评估的特点

由于汽车是高科技产品，二手车流通又属于特殊商品流通，与其他资产评估相比，二手车鉴定估价具有以下特征：

（1）涉及知识面广　汽车鉴定估价理论和方法以资产评估学为基础，涉及经济管理、市场营销、金融、价格、财会及机械原理、汽车构造等多方面知识，技术含量高，因此汽车技术鉴定的依赖性较强。

（2）政策性强　对于从事鉴定的评估人员既要熟知《中华人民共和国拍卖法》《国有资产评估管理办法》《机动车强制报废标准规定》《二手车流通管理办法》等政策法规，还要掌握车辆管理有关规定及各地相关的配套措施。

（3）判断二手车外观和总成的基本状况　能够通过路试判断发动机、传动系统、转向系统、制动系统、电路和油路等工作情况，甚至对汽车主要部件功能和更换也要有一定的

了解。

(4) 动态特征明显　目前汽车产品更新换代快，结构升级、技术创新层出不穷，加之市场经济条件下市场行情的多变难测，使二手车鉴定估价工作具有极强的动态性和时效性。要求从业人员在具体工作中不仅要掌握有关的账面原值、净值和历史依据，更要结合评估基准日这一时点的现实价格和行情，才能准确做出评估结果。

此外，由于被评估对象的类似性和重复性，要求评估机构在评估过程中加强自律性，克服随意性，而且由于汽车产品在不同的环节价值属性比较复杂，决定了二手车评估的多样性。

第二节　二手车鉴定

二手车鉴定评估流程：接受委托→核对证件→静态检查→动态检查→仪器检查→车辆拍照。

二手车鉴定工作可按照二手车鉴定评估作业表的项目进行，主要包括检查核对证件，核查被评估车辆的结构特点，鉴定车辆现时技术状态并做出鉴定结论，同时给车辆拍照存档。

二手车鉴定评估师通过现场查勘鉴定二手车现时技术状况，其目的是公正、科学地确定委托评估车辆的技术现状及价值，这项工作完成后，二手车鉴定评估师应客观地给出鉴定评估过程的描述和评估结论。

一、二手车接受委托

二手车接受委托是二手车鉴定评估的首要环节。它包括以下几点：

1. 业务洽谈

业务洽谈方式有面谈和电话洽谈两种方式，与客户洽谈的主要内容有：车主基本情况、车辆情况、委托评估的意向和时间要求等。通过业务洽谈，应该初步了解下述情况：

(1) 车主单位（或个人）名称、隶属关系、所在地等　车主即机动车所有人，指车辆所有权的单位或个人。了解洽谈的客人是否是车主，是车主的即有车辆处置权，否则，无车辆处置权。

(2) 评估目的　评估目的是评估所服务经济行为的具体类型，根据评估目的，选择计算标准和评估方法。一般来说，委托二手车交易市场评估的大多数是属于交易类业务，车主要求鉴定评估的目的大都是作为买卖双方成交的参考底价。

(3) 评估对象及其基本情况

1) 二手车类别。是汽车，还是拖拉机或是摩托车。

2）机动车名称、型号、生产厂家、出厂日期。

3）机动车管理机关初次注册登记的日期和行驶里程。

4）新车来历。是市场上购买，还是走私罚没处理或是捐赠免税车。

5）车籍。车辆牌证发放地。

6）使用性质。是公务用车、商用车，还是专业运输车或是出租营运车。

7）手续是否齐全，是否年检和保险。

在洽谈中，上述基本情况已摸清楚以后，就应该做出是否接受委托的决定。如果不能接受委托，应该说明原因，客户对交易中有不清楚的地方，应该接受咨询，耐心地解答和指导；如果接受委托，就要签订二手车鉴定评估委托书。

2. 签订二手车鉴定评估委托书

二手车鉴定评估委托书又称为二手车鉴定评估委托合同，是受托方与委托方对各自权利责任和义务的协定，是一项经济合同性质的契约，二手车鉴定评估委托书见表2-1。二手车鉴定评估委托书应写明的内容如下：

1）委托方和二手车交易中心（市场）的名称、住所、工商登记注册号、上级单位、二手车鉴定评估师资格类型及证件编号。

2）鉴定评估目的、车辆类型和数量。

3）委托方需做好的基础工作和配合工作。

4）鉴定评估工作的起止时间。

5）鉴定评估收费金额及付款方式。

6）反映协议双方各自的责任、权利、义务以及违约责任的其他内容。

表2-1 二手车鉴定评估委托书

委托书编号：
评估公司名称：
因 □交易 □转籍 □拍卖 □置换 □抵押 □担保 □咨询 □司法裁决
需要，特委托你所对车辆（牌照号：＿＿＿＿＿＿＿＿
车架号：＿＿＿＿＿ 发动机号：＿＿＿＿＿＿＿）进行鉴定并出具鉴定评估报告书。
附：委托评估车辆基本信息

车　主		车主电话	
车主证件号		经办人	
地　　址		联系电话	
车辆情况	厂辆型号	所有权性质	
	载重量/座位/排量	燃料种类	
	初次登记日期	车辆颜色	
	已使用年	累计行驶里程	
	发动机大修次数	整车大修次数	

二手车鉴定评估委托书必须符合国家法律、法规和资产评估业的管理规定。涉及国有资产占有单位要求申请立项的二手车鉴定评估业务，应由委托方提供国有资产管理部门关于评估立项申请的批复文件，经核实后，方能接受委托，签署二手车鉴定评估委托书。

二、证件核对

二手车的法定证件主要有机动车来历证明、机动车行驶证、机动车登记证、汽车号牌、道路运输证、有效的机动车安全技术检验合格标志、车辆保险单和交纳税费凭证等。

（1）机动车来历证明　机动车来历证明是二手车来源的合法证明。机动车来历证明主要包括以下几个方面：

1）在我国购买机动车的来历凭证可分为新车来历证明和二手车来历证明。在国外购买的机动车，其来历凭证是该车的销售单位开具的销售发票及其翻译文本。

① 新车来历证明。新车来历证明是指经国家工商行政管理机关验证（加盖工商验证章）的机动车销售发票（即原始购车发票），如图2-1所示。通常在购买新车时，可在当地的工商行政管理局机动车市场管理分局办理工商验证手续。

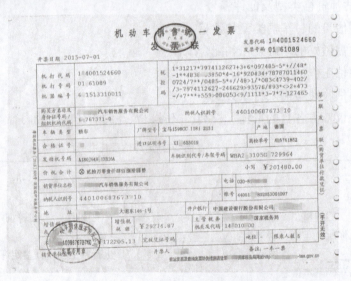

图2-1　机动车新车销售发票

② 二手车来历证明。二手车来历证明是指经国家工商行政管理机关验证（加盖工商验证章）的二手车销售发票，如图2-2所示。二手车销售发票反映了即将交易的车辆曾是一辆已经交易过的合法使用的二手车。2005年10月《二手车流通管理办法》颁布施行，全国统一了二手车销售发票，目前我国大部分地区都使用了新版的"二手车销售统一发票"。而在统一发票之前，各地的二手车交易发票样式繁多，也造成了管理上的难度。

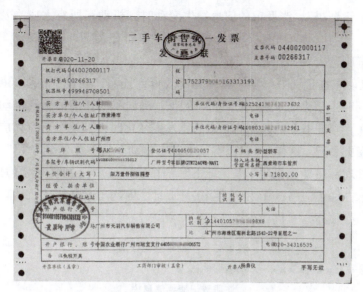

图 2-2　二手车销售发票

2）人民法院调解、裁定或者判决转移的二手车，其来历证明是人民法院出具的已经生效的"调解书""裁定书"或者"判决书"以及相应的"协助执行通知书"。

3）仲裁机构仲裁裁决转移的二手车，其来历证明是"仲裁裁决书"和人民法院出具的"协助执行通知书"。

4）继承、赠予、中奖、协议离婚和协议抵偿债务的二手车，其来历证明是继承、赠予、中奖、协议离婚、协议抵偿债务的相关文书和公证机关出具的"公证书"。

5）资产重组或者资产整体买卖中包含的二手车，其来历证明是资产主管部门的批准文件。

6）机关、企业、事业单位和社会团体统一采购并调拨到下属单位未注册登记的二手车，其来历证明是全国统一的二手车销售发票和该部门出具的调拨证明。

7）机关、企业、事业单位和社会团体已注册登记并调拨到下属单位的二手车，其来历证明是该单位出具的调拨证明。被上级单位调回或者调拨到其他下属单位的二手车，其来历证明是上级单位出具的调拨证明。

8）经公安机关破案发还的被盗抢且已向原机动车所有人理赔完毕的二手车，其来历证明是保险公司出具的"权益转让证明书"。

9）更换发动机、车身、车架的来历凭证，是销售单位开具的发票或者修理单位开具的发票。

（2）机动车行驶证　机动车行驶证是二手车过户和转籍必不可少的证件。

（3）机动车登记证书　机动车登记证书如图 2-3 所示。机动车所有人申请办理机动车各项登记业务时均应

图 2-3　机动车登记证书

出具"机动车登记证书",当登记的信息发生变动时,机动车所有人应当及时到车辆管理所办理相关手续,当机动车所有权转移时,原机动车所有人应当将"机动车登记证书"随车交给现机动车所有人。

现在,"机动车登记证书"还可以作为有效资产证明,到银行办理抵押贷款。"机动车登记证书"同时也是机动车的"户口本",所有机动车的详细信息及机动车所有人的资料都记载在上面,当证书上所记载的原始信息发生变化时,机动车所有人应携带该证到车辆管理所进行变更登记。这样,"户口本"上就有机动车从"生"到"死"的一套完整记录。公安车辆管理部门是"机动车登记证书"的核发单位。凡2001年10月1日之后新购机动车,都随车办好了证书;凡2001年10月1日之前购车未办理"机动车登记证书"的机动车所有者,必须补办"机动车登记证书"见表2-2。

表2-2 机动车登记证书

机动车登记证书编号:××××××××××××××××

注册登记摘要信息栏

Ⅰ	1. 机动车所有人/身份证明名称/号码				
	2. 登记机关		3. 登记日期		4. 机动车登记编号	

过户、转入登记摘要信息栏

Ⅱ	机动车所有人/身份证明名称/号码				
	登记机关		登记日期		机动车登记编号	
Ⅲ	机动车所有人/身份证明名称/号码				
	登记机关		登记日期		机动车登记编号	
Ⅳ	机动车所有人/身份证明名称/号码				
	登记机关		登记日期		机动车登记编号	
Ⅴ	机动车所有人/身份证明名称/号码				
	登记机关		登记日期		机动车登记编号	
Ⅵ	机动车所有人/身份证明名称/号码				
	登记机关		登记日期		机动车登记编号	
Ⅶ	机动车所有人/身份证明名称/号码				
	登记机关		登记日期		机动车登记编号	

注册登记机动车信息栏

5. 车辆类型		6. 车辆品牌	
7. 车辆型号		8. 车身颜色	
9. VIN/车架号		10. 国产/进口	
11. 发动机号		12. 发动机型号	
13. 燃料种类		14. 排量/功率	mL/kW

(续)

注册登记机动车信息栏						
15. 制造厂名称			16. 转向形式			
17. 轮距	前 后 mm		18. 轮胎数			
19. 轮胎规格			20. 钢板弹簧片数		后轴片	
21. 轴距	mm		22. 轴数			
23. 外廓尺寸		长 宽 高 mm				
24. 货箱内部尺寸		长 宽 高 mm				
25. 总质量	kg	26. 核定载质量		kg	33. 发证机关章	
27. 核定载客	人	28. 准牵引总质量		kg	34. 发证日期	
29. 驾驶室载客	人	30. 使用性质				
31. 车辆获得方式		32. 车辆出厂日期				

（4）汽车号牌　汽车号牌是由公安车辆管理机关依法对汽车进行注册登记核发的号牌。它和机动车行驶证一同核发，其号码与行驶证应该一致。号牌不得转借、涂改和伪造。现在使用的汽车号牌有两种，一种为"1992"式，另一种为"2002"式。自 2008 年 10 月 1 日起，汽车号牌的选取采用新方式，汽车所有人可通过计算机公开自动选择或自行编排的方式选取汽车号牌号码。

汽车号牌的识伪方法：一是看号牌的防伪标记，二是看油漆是否含反光材料。

对有怀疑的号牌可去发号牌的公安车辆管理机关核实。除临时行驶车辆的号牌为纸质，其余号牌均为铝质反光。号牌上字的尺寸大小也都有明确的规定，可查阅 GA 36—92 标准附件。

号牌在安装方面设有固封装置，并规定该装置将由发牌机关统一负责装、换，任何单位和个人都无权拆卸，并作为车辆检验的一项内容。对于号牌的固封有被破坏痕迹的汽车，汽车评估人员要引起必要的重视，查明原因，确认号牌真伪。

汽车号牌分类、尺寸、颜色、适用范围见表 2-3。

表 2-3　汽车号牌分类、尺寸、颜色、适用范围

序号	分类	外廓尺寸/mm×mm	颜色	数量	适用范围
1	大型汽车号牌	前：440×140 后：440×220	黄底黑字黑框线	2	中型（含）以上载客、载货汽车和专项作业车；半挂牵引车；电车
2	挂车号牌	440×220		1	全挂车和不与牵引车固定使用的半挂车

(续)

序号	分类	外廓尺寸/mm×mm	颜色	数量	适用范围
3	小型汽车号牌	440×140	蓝底白字白框线	2	中型以下的载客、载货汽车和专项作业车
4	使馆汽车号牌		黑底白字,红"使"、"领"字白框线		驻华使馆的汽车
5	领馆汽车号牌				驻华领事馆的汽车
6	港澳入出境车号牌		黑底白字,白"港"、"澳"字白框线		港澳地区入出内地的汽车
7	教练汽车号牌		黑底黑字,黑"学"字黑框线		教练用汽车
8	警用汽车号牌		白底黑字,红"警"字黑框线		汽车类警车
9	临时行驶车号牌	220×140	天(酞)蓝底纹黑字黑框线	1	行政辖区内临时行驶的机动车
			棕黄底纹黑字黑框线		跨行政辖区临时移动的机动车

三、静态检查

1. 识伪检查

识伪检查主要是指对通过走私或非官方正规渠道进口的汽车和配件,进行识别和判断。这些汽车和配件有的是整车,有的是散件和境内组装成整车,甚至有些是旧车拼装成整车的。

一般,正品汽车的风窗玻璃上贴有黄色商检标志。按我国产品质量法,正品汽车都带有中文的使用手册或维修手册各一份,而走私车、拼装车一般没有。

目前,在我国汽车市场上使用假冒伪劣汽车配件的情况还比较严重。识伪检查可从以下几个方面来进行:

(1)查看外观 看汽车外观是否有重新涂装的痕迹,其曲线部分的接合部线条是否流畅,大面积是否有凹凸不平。拼装的非法车辆,车身覆盖件的小曲线接合部不可能处理好,一定会留下再加工痕迹,用手触摸,会有不平整的感觉。且其车门和发动机舱盖与车身接合部的缝隙会不均匀,间隙大小不一,很不整齐。外观检查如图2-4所示。

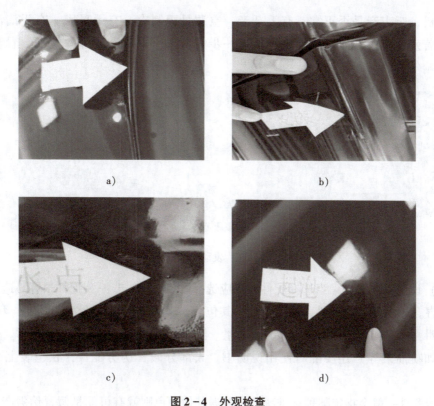

图 2-4 外观检查

a）覆盖件边缘 b）飞漆痕迹 c）水点痕迹 d）起泡痕迹

（2）查看内饰 看车内的内饰装饰材料表面是否干净，是否平整，如图 2-5 所示。特别是内饰压条边沿部分是否有明显的手指印迹，或其他工具碾压过后留下的痕迹，这些都是可疑的印迹。若发现这些问题，并与其他方面的检查情况结合判断，还是很有效果的。

图 2-5 内饰检查

（3）检查发动机舱 检查发动机舱，仔细查看电路、管路布置是井井有条还是杂乱无章，如图 2-6 所示；发动机和其他零部件是否有重新拆卸和安装过的痕迹。起动发动机,听声音是否正常,有无杂音。空调是否制冷,有无暖风;有无漏油和漏水现象。若发现有可疑问题,则需进行进一步的检查。最后进行行驶检查,看整个车身有无异响等。

图 2-6　发动机舱检查

(4) 识别真假配件　当选择配件时,应选择原装配件,非原装配件很容易造成车辆机体的损害。对汽车配件识别,首先要观察其包装,真品外包装盒上字迹清晰,套印准确,色彩鲜明,标有产品名称、规格型号、数量、注册商标,有合格证和检验员章。一些重要部件(如喷油泵等)还要配有使用说明书。大部分假冒伪劣配件,在包装上总能找到破绽。

原装配件一般会指定某种标准颜色,若遇其他颜色则就有可能是假冒伪劣产品。有些商贩将废旧配件经过简单加工、拼凑、涂装和包装后冒充合格产品,这些配件从外观的油漆上就可以看出来。细心观看配件的材料,如发现配件上有锈蚀和斑点,橡胶件老化和龟裂,接合处有脱焊和脱胶现象,这样的配件多半都有问题。

此外,大多数配件出厂时都有防护层,如活塞销、轴瓦用石蜡保护;活塞环、缸套表面涂有防锈油,并用包装纸包裹气门和活塞等,并再用塑料袋封装。若无此防护措施,这样的配件一定有问题。

最后,就是价格问题,常用汽车配件的价格较稳定,若发现配件价格远低于印象中的价格,就要提高警惕,一定要弄清楚是折价、降价还是假件。

案例:空气滤清器的真假配件识别 ▶▶▶

下面是宝马某空气滤清器的一些外观和内包装等细节的对比:

从外包装图可以看到,正品印刷更规范、更清楚,图案颜色更纯净,且防伪措施更多,能看到有反光条和二维码,如图 2-7 所示。

从侧包装图可以看到,印刷字体有较大差异,假货的"W"字样明显不规不矩,另外"MANN"标志字样也存在印刷不清晰的漏洞,如图 2-8 所示。在大多数情况下,如果无法同时拿出真假配件进行有效的对比判断,只要牢记一点,若印刷字样显得扭捏不正规,那十有八九是假的配件。

图2-7 空气滤清器外包装，左为正品　　图2-8 空气滤清器侧包装，上为正品

从空气滤清器本体图（图2-9）可以看到，右边的假货看起来更新更干净，这会造成消费者的一个辨误区，片面地认为看上去靓丽的、新的就是真的，而黯淡的是假的。这对于假货的生产厂家而言，他们更愿意简单地做新配件用于迷惑消费者。汽车配件，归根结底是要装到车上并发挥相应的功能，作为消费者不应以貌取物。

从密封乳胶圈的质地图可以看到，如图2-10所示，正品的密封乳胶圈变形更明显，也就是说它的质地更柔软，从而更好地和安装框密封贴合。而从外貌品相上来说，假货的乳胶颜色和表面效果显得更加靓丽一些，再一次进行提醒，千万不要以新旧、颜色靓丽好看程度来判断汽车配件的真假。

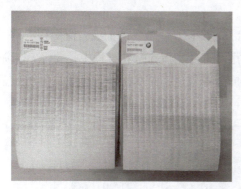 

图2-9 空气滤清器实体对比，左为正品　　图2-10 密封乳胶圈质地，左为正品

识伪检查专业性很强，需要有丰富的实践经验和专业知识，需要在长期的实践中积累经验，方能做到得心应手。

> **提示**
>
> 使用假汽车配件的危害如下：
> 1）空气滤清器的尺寸与车上实际密封框尺寸不合，无法安装。
> 2）空气滤清器能顺利装上去，但进气阻力大，使发动机动力下降，油耗上升。
> 3）空气滤清器破损脱落，其碎片进入发动机的燃烧室。

2. 车辆外部检查

1) 检查车身的周正情况。汽车制造时，汽车车身及各部件的装配是由生产线上经过严格调试的夹具保证的，装配出的车辆车身对称、周正，而维修企业对车身的修复是靠维修人员目测和手工操作，装配难以精确保证。因此检查车身是否发生过碰撞，可通过对车的前部来观察车身各部的周正和对称状况。车身各接缝的焊接情况，如出现不直、缝隙大小不一、线条弯曲、装饰条脱落或新旧不一，说明该车可能出现过事故或修理过。

> 在目测检查时，如发现有较严重的横向或纵向歪斜，可用高度尺和水平尺来检查车体歪斜是否超过规定值。此时，还应考虑到车架和车身是否变形，悬架刚度是否下降，轮胎气压是否正常。若有异常，应及时排除；否则，车体歪斜会越来越严重，最终引起汽车行驶跑偏，重心转移，操纵失灵不稳，轮胎磨损加剧等种种不良后果。《机动车运行安全技术条件》规定，车体应周正，左右对称部位高度差不得大于40mm。

2) 检查车身碰撞受损的情况。观察车身各覆盖件和钣金件，可绕车一周，看各处钣金件是否平整和整齐，有无凹凸不平；车身各接缝是否大小不一、线条弯曲；装饰条是否有脱落，或新旧不一，钣金件有无烧焊的痕迹。如有异常情况，说明该车可能出现过事故，碰撞过或修理过。

3) 检查车身锈蚀的情况。如图2-11所示，主要检查底板、防护板、窗框和水槽等。特别是轿车车门下面的底板边框往往锈蚀较为严重。车身底板在行驶过程中，要经常与泥水接触，并与飞溅的沙粒和石子发生碰撞摩擦，漆面受损脱落，泥水浸蚀，极易发生锈蚀。若锈蚀严重，说明该车较旧，或使用地区雨水较多，或为沿海地区，易引起底板较快锈蚀。

图2-11 底盘检查

4) 检查车身油漆脱落情况。首先应检查风窗玻璃四周边缘的油漆是否平整，有无起皱，如不平整、有起皱，则说明该车已涂装或翻新过。其次，要注意车身和车门等表面局部补灰的情况。局部补灰的地方，其表面粗糙度有差别，反光不一样，甚至出现凹凸不平，或有明显的桔皮状，这说明该处车身有过补灰。

5)检查车门。检查车门是否关闭严密、合缝;车门窗框是否变形、翘曲;门缝是否均匀整齐,密封条是否硬化和脱落,以防车门漏水和透气,如图2-12所示。检查开关车门是否有不正常的响声;检查门窗玻璃升降是否灵活,检查门锁是否开关灵活有效。若有上述问题存在,就应分析其缺陷原因,判断其对评估价格有多大影响,做到心中有数。

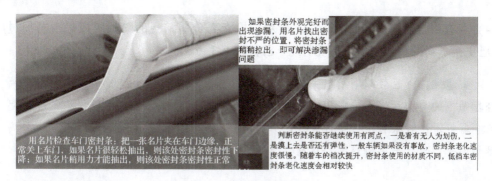

图2-12 密封条检查

3. 车辆内部检查

(1)驾驶操纵机构检查

1)检查转向盘。汽车处于直线行驶的状态,左右转动转向盘,最大游动间隙由中间位置向左或向右不超过15°。如果间隙超过标准,说明转向系统的各部分间隙过大,转向系统需要保养维修。两手握住转向盘,将转向盘上下、前后、左右方向摇动推拉,应无松旷的感觉。如果有松旷的感觉,说明转向机内轴承松旷,需要调整。

2)检查加速踏板。如图2-13所示,观察加速踏板是否因磨损而过度发亮,若磨损严重,说明此车行驶里程已很长。踩下加速踏板,测试踏板有无弹性。若踩下很轻松,说明节气门拉索松弛,需要检修;若踩下加速踏板较费劲,说明节气门拉索有阻滞和破损,可能需要更换。

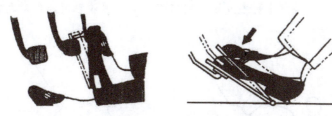

图2-13 检查加速踏板运动情况

3)检查制动踏板。检查制动踏板的踏板胶皮是否磨损过度,通常制动踏板胶皮的寿命是3万km左右,如果换了新的,说明此车已经行驶了3万km以上。

具体操作：用手轻压制动踏板，自由行程应在规定范围内，如超过标准，则应调整踏板自由行程。将制动踏板踩到底，检查制动踏板与地板之间应有一定的距离。当踩下液压制动系统的制动踏板时，踏板反应要适当，过软说明制动系统有故障；过硬则可能是真空助力有问题，如图2-14所示。

4）检查离合器踏板。如图2-15所示，检查离合器踏板的踏板胶皮是否磨损过度，如果已更换了新的踏板胶皮，则说明此车已行驶1.3万km以上。

具体操作：轻轻踩下或用手推下离合器踏板，试一试踏板有没有自由行程，离合器踏板的自由行程一般在30~45mm。如果没有自由行程或自由行程小，会引起离合器打滑；如果自由行程过大，则会引起分离不彻底。可能离合器摩擦片或分离轴承磨损严重，需要检修离合器及其操纵机构。

图2-14 检查制动踏板自由行程　　图2-15 检查离合器踏板自由行程

5）检查驻车制动操纵杆。检查驻车制动操纵杆是否灵活，有没有失效，锁止机构是否正常。

具体操作：如图2-16所示，放松驻车制动操纵杆，再拉紧驻车制动操纵杆，大多数驻车制动操纵杆拉起时应在发出3~5次"咔嗒"声后使后轮制动。多次"咔嗒"声后不能拉起驻车制动操纵杆可能是因为太紧的缘故。脚踏板操纵驻车制动器释放机构在踏下时，应发出5~6次"咔嗒"声。如果用踏板操纵的驻车制动器系统施加制动时，会发出更多或更少"咔嗒"声，则说明驻车制动器需要检修和调整。

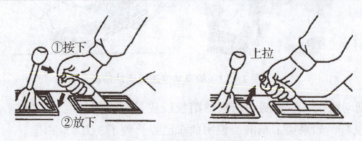

图2-16 检查驻车制动操纵杆

6)检查变速器操纵杆。用手握住变速器操纵杆球头,根据档位,逐一将变速器换至各个档位,检查变速器换档操纵机构是否灵活。观察变速器操纵机构防护罩是否破损,若有破损,则必须更换。

(2) 开关检查 汽车一般有点火开关、转向灯开关、车灯总开关、变光开关、刮水器开关和喇叭开关等,图2-17所示为中控台各种开关检查。分别依次开启这些开关,检查这些开关是否完好,能否正常工作。

图2-17 中控台各种开关检查

(3) 仪表及指示灯检查 如图2-18所示,一般汽车设有气压表(气压制动)、车速里程表、燃油表、机油压力表(或机油压力指示器)、冷却液温度表和电流表等仪表。应分别检查这些仪表是否能正常工作,有无缺失损坏。

汽车上有很多指示灯和警告灯,如制动警告灯、机油压力警告灯、充电指示灯、远光指示灯、转向指示灯、燃油量警告灯和驻车制动指示灯等,应分别检查这些指示灯和警告灯是否能正常工作。

> **提示**
>
> 新型轿车上采用了大量的电子控制设备,这些电子控制设备均设有故障灯,当这些灯亮时,表明此电子控制系统有故障,需要维修,因此应特别注意观察。
>
> 汽车上电子控制设备主要故障灯有发动机故障灯和自动变速器故障灯、ABS(防抱死制动系统)故障灯、SRS(安全气囊)故障灯和电控悬架故障灯等。电控系统的故障灯一般在仪表盘上,其检查方法是:打开点火开关,观察这些故障灯是否亮3s后自动熄灭。若在3s内自动熄灭,则表明此电子控制系统自检通过,系统正常;若在3s内没有熄灭,或根本就不亮,说明此电子控制系统有故障。由于电控系统的故障较复杂,对汽车价格的影响很大,若有故障,应借助于专用诊断仪来检查故障原因,并判断出此系统的故障位置。

指示灯	说明	指示灯	说明
驻车制动指示灯	该指示灯用来显示车辆驻车制动的状态，平时为熄灭状态。当驻车制动被拉起后，该指示灯自动点亮。当驻车制动被放下时，该指示灯自动熄灭。有的车型在行驶中未放下驻车制动会伴随有警告声	蓄电池指示灯	该指示灯用来显示蓄电池使用状态。当打开钥匙门时，车辆开始自检，该指示灯点亮，车辆起动后自动熄灭。如果起动后蓄电池指示灯常亮，说明该蓄电池出现了使用问题，需要更换
制动盘指示灯	该指示灯是用来显示车辆制动盘磨损的状况。一般该指示灯为熄灭状态，当制动盘出现故障或磨损过度时，该灯点亮，修复后熄灭	机油指示灯	该指示灯用来显示发动机内机油的压力状况。当打开钥匙门时，车辆开始自检，指示灯点亮，车辆起动后熄灭。该指示灯常亮，说明该车发动机机油压力低于规定标准，需要维修
冷却液温度指示灯	该指示灯用来显示发动机内冷却液的温度，当钥匙门打开时，车辆进行自检，会点亮数秒，后熄灭。冷却液温度指示灯常亮，说明冷却液温度超过规定值，需立刻暂停行驶，待冷却液温度正常后熄灭	SRS指示灯	该指示灯用来显示安全气囊的工作状态，当打开钥匙门时，车辆开始自检，该指示灯自动点亮数秒后熄灭，如果常亮，则安全气囊出现故障
ABS指示灯	该指示灯用来显示ABS工作状况。当打开钥匙门时，车辆进行自检，ABS指示灯会点亮数秒，随后熄灭。如果未闪亮或者车辆起动后仍不熄灭，表明ABS出现故障	发动机自检灯	该指示灯用来显示车辆发动机的工作状况，当打开钥匙门时，车辆进行自检，该指示灯点亮后自动熄灭，如常亮则说明车辆的发动机出现了机械故障，需要维修
燃油量指示灯	该指示灯用来显示车辆内储油量的多少，当钥匙门打开时，车辆进行自检，该燃油量指示灯会短时间点亮，随后熄灭。如车辆起动后该指示灯点亮，则说明车内油量已不足	车门指示灯	该指示灯用来显示车辆各车门状况，任意车门未关上，或者未关好，该指示灯都点亮相应的车门指示灯，提示车主车门未关好，当车门关闭或关好时，相应车门指示灯熄灭
清洗液指示灯	该指示灯是用来显示车辆所装玻璃清洁液的多少，平时为熄灭状态，该指示灯点亮时，说明车辆所装载玻璃清洁液已不足，需添加玻璃清洁液。添加玻璃清洁液后，指示灯熄灭	EPC灯	常见于大众品牌车型中。打开钥匙门，车辆开始自检，EPC灯会点亮数秒，随后熄灭。如车辆起动后仍不熄灭，说明车辆机械与电子系统出现故障

图 2-18 部分指示灯及含义

（4）座椅检查　如图 2-19 所示，检查座椅罩是否撕破或裂开，是否有油迹等情况；检查座椅前后是否灵活，能否固定；检查座椅高低能否调节；检查座椅后倾可否调节角度。检查所有座椅安全带数量是否正确，是否在合适位置并工作可靠。坐在座椅上，若感到座椅弹簧松弛，弹力不足，说明该车已行驶了很长的里程。

（5）地毯和地板检查　如图 2-20 所示，抬起车内的地板垫或地毯，检查是否有霉味，是否有被水浸泡或修饰污染的痕迹。检查地板或地板胶是否有残损，若有生锈则说明该车可能漏水。如果发现地板上有被水浸泡的迹象，那么汽车的价格就要大打折扣。

图2-19 座椅检查

图2-20 地毯检查

(6) 杂物箱和托架检查 一般汽车设有杂物箱和托架,用以放置汽车维修手册和汽车维护记录等。手册里面有许多关于汽车上各项操作、油液容量和一般规范的信息,查阅工厂推荐的维护时间表。如果工厂推荐了主要维护项目,并要求多少里程时检查和调整,将它与汽车里程表读数比较。如果汽车接近它们中的一项维护里程,而没有维护记录,那么要维护该车将需要一定的费用。

(7) 电气设备检查

1) 检查刮水器和风窗玻璃洗涤器。打开刮水器和风窗玻璃洗涤器,观察风窗玻璃洗涤器能否喷出洗涤液。观察刮水器是否在所有模式下都能正常工作,挂刷是否清洁,刮水器运转是否平稳,刮水器关闭时,刮片应能自动返回初始位置。一般刮水器有高速和低速两个位置,新型轿车一般还设有间歇位置,当间歇开关打开后,刮水器能以 2~12 次/s 的速率自动刮拭。

2) 检查电动车窗及后视镜。按下电动车窗开关,各车窗升降器应能平稳、安静地工作,无卡滞现象,各车窗能升起和落下。按下电动外后视镜开关上的 UP(上升)按钮,然后再按 DOWN(下降)按钮,后视镜平面应先向上移动,再向下移动。按下电动外后视镜开关上的 LEFT(向左)按钮,再按下 RIGHT(向右)按钮,电动后视镜平面应先向左移动,再向右移动。

3) 检查电动座椅。如果是电动座椅,应检查是否所有调节方向上都能工作。

4) 检查电动门锁。如果汽车有电动门锁,试用一下,确保从外面能打开所有门锁。同时,确保操作门锁按钮能使所有车门开锁。

5) 检查点烟器。按下点烟器,观察点烟器能否正常工作。点烟器插座是许多附件共用的插座,如电动剃刀和冷却器等。点烟器不能工作可能说明其他电路有故障。

6) 检查收音机和音响。用一盒式录音带和一张 CD 唱盘来检查磁带机和音响系统,观察磁带机或 CD 机能否正常工作,音质是否清晰。打开收音机开关,检查收音机能否工作。许多汽车在静止和发动机停机时发出声响,那么应在发动机运转时倾听音响系统或收音机,检查是否有发动机电气系统干扰或由于松动、断裂或低标准天线引起的不良接收信号。如果汽车安装了电动天线,当打开点火开关后或按下天线按钮,天线应能自动升高和降低,否则电动天线需要更换。

7) 检查电动天窗。如果有电动天窗，操作一下观察是否工作平稳，关闭时是否密封良好。当打开天窗时，检查轨道上是否有漏水的痕迹，特别是在二手车上，这是天窗的典型问题。如果天窗上有玻璃板或塑料板，就查看玻璃板或塑料板是否清洁，有没有裂纹。许多天窗上有遮阳板，当不想让阳光射进来时，可以向前滑动或转动从内部遮住天窗。但必须先确保遮阳板良好，工作正常。

8) 检查除雾器。如果汽车配备了后窗除雾器，当系统工作正常时，打开后窗除雾器几分钟后，后窗玻璃摸上去应该是热的。还需检查暖风器（即使是夏天）并确保风速开关在所有速度档都能正常工作。试一试风窗玻璃除霜器位置并在风窗玻璃底部感受一下热空气。如果没有热气，可能意味着除霜器导管丢失或破裂。

9) 检查防盗报警器。先设置报警，然后再振动翼子板，观察防盗报警器能否启动报警，但在试验之前应先确保知道如何解除报警。

(8) 行李箱检查（图2-21）

1) 检查行李箱锁。行李箱锁只能用钥匙才能打开，观察行李箱锁有无损坏。

2) 检查行李箱开启拉锁或电动开关。有些汽车在乘客舱内部有行李箱开启拉锁或电动开关。应确保其能够工作，并能不费劲地打开行李箱。

图2-21 行李箱检查

3) 检查行李箱地板。拉起行李箱中的橡胶地板垫或地毯，观察地板是否铁锈，是否有修理和焊接痕迹，或有因行李箱密封不严引起的发霉迹象。

4) 检查备胎。如果是一辆行驶里程较短的汽车，其备胎上的标记应该是新的，并且与原车上的标记相同。检查轮胎花纹磨损程度。

5) 检查千斤顶、灭火器、警示牌及其他随车工具是否齐全。

4. 发动机静态检查

(1) 发动机外部检查

1) 检查发动机的清洁情况。打开发动机舱盖，观察发动机表面是否清洁，是否有油污，是否锈蚀，是否有零部件损坏或遗失，导线、电缆和真空管是否松动。

如果发动机上灰尘多，说明该车的日常维护不够；如果发动机表面特别干净，也可能是车主在此前对发动机进行了特别的清洗，而不能由此断定车辆状况一定很好。对于车主而言，为了使汽车能更快售出，并卖个好价钱，有的车主会将发动机舱进行专业清洁。

2) 检查发动机铭牌和标牌。

①检查发动机铭牌：如图2-22所示，查看发动机上有无发动机铭牌，如果有，检查上面是否有发动机型号、出厂编号及主要性能指标等，这可以判别发动机是不是正规出厂。

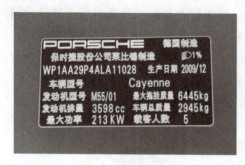 

a)　　　　　　　　　　　　　　　　　　b)

图 2-22　发动机铭牌检查

a）保时捷卡宴的发动机铭牌　b）奔驰 S350 的发动机铭牌

②查看排放信息标牌：排放信息标牌应该在发动机舱盖下的适当位置或在风扇罩上。这会在以后的发动机诊断或调整时需要。

③检查车架号或 17 位编码：一般位于风窗玻璃下或发动机隔墙上，观察是否正确或被更改。

（2）发动机机油检查　发动机润滑系统对发动机各个运动部件进行润滑。若发动机润滑系统不良将严重影响发动机的使用寿命和价值。主要是检查机油质量、机油泄漏和机油滤清器等项目。

1）检查机油质量。取一滴机油，放在一张干净的白纸上，使其充分扩散，如果在用的机油中间黑点里有较多的硬沥青杂质及炭粒等，表明机油滤清器的滤清作用不良，但并不说明机油已变质；如果黑点较大，且油是黑褐色、均匀无颗粒，黑点与周围的黄色油迹界限清晰，有明显的分界线，则说明其中洁净分散剂已经失效，即表明机油已经变质。机油变质的原因有很多，如机油使用时间过长（一般 5000km 应更换机油）或发动机气缸磨损严重，使燃烧废气窜入油底壳，造成机油污染。也可将机油滴在手指上，观察机油的颜色和黏度，如图 2-23 所示。

图 2-23　将机油滴在手指上检查机油质量

2）检查机油气味。车主可能在汽车出售前更换了机油，不能用发动机机油来判定车辆的保养程度。拔下机油尺，闻一下机油尺上的机油有无异味，是新机油还是旧机油，如有汽油味，则说明机油中混入了汽油，可能是个别气缸不工作或发动机混合气过浓的原因。发动机在此条件下长时间运转燃油会冲刷掉气缸壁上的机油油膜，从而造成缸壁过度磨损。如机油有煳味，说明发动机过热。进一步检查机油尺自身的颜色，如果发动机曾严重过热，则机油尺会变色。

3）检查机油油位。如图 2-24 所示，检查之前应将车停放在平坦的场地上。将启动开关钥匙拧到关闭位置，把驻车制动操纵杆（手制动操纵杆）放到制动位置，变速杆放到空档位置，然后打开发动机舱盖，抽出机油尺，将机油尺用抹布擦净油迹后，插入机油尺导孔，拔出查看。油位在上下刻线之间，即为合适。如果超出上刻线，应放出机油；如果低于下刻线,可从加油口处添加,待 10min 后,再次检查油位。补充时应严格注意清洁并检查是否有渗漏现象。若机油油位过低,应观察车底地面上是否有机油。若有机油,说明有机油泄漏现象;若无机油,看排气管在着车时,是否冒蓝烟,如果冒蓝烟则说明发动机烧机油;如果油平面过高,则可能有水混入曲轴箱。这样的发动机技术状况就差,将面临大修。

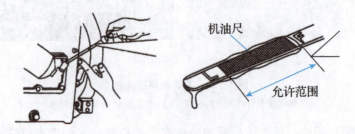

图 2-24 检查机油油位

4)检查机油滤清器。用棘轮扳手拆下机油滤清器,观察机油滤清器有无裂纹,密封圈是否完好。

5)检查机油泄漏。机油泄漏的地方主要有气门室盖,气缸垫,油底壳垫,曲轴前、后油封,油底壳放油螺塞(放油螺塞松动或密封垫损坏,机油渗漏),机油滤清器,机油散热器的机油管,机油散热器和机油压力感应塞。

(3)发动机冷却系统检查 发动机冷却系统对发动机有很大影响,应仔细检查发动机冷却系统的相关零部件,主要应检查冷却液、散热器、水管、冷却风扇及风扇传动带等。

1)检查冷却液 如图 2-25 所示,当检查冷却液时,对于没有膨胀水箱的冷却系统,可以打开散热器盖进行检查,要求液面不低于排气孔 10mm。如果使用冷却液,要求液面高度应低于排气孔 50~70mm(这是为了防止冷却液因温度增高溢出);对于装有膨胀水箱的冷却系统,应检查膨胀水箱的冷却液量应在规定刻线(H~L)范围内。当检查冷却液量时,应在冷车状态下进行,检查后应扣紧散热器盖。当补充冷却液时,应尽量使用软水或同种冷却液。在添加前要检查冷却系统是否有渗漏现象。

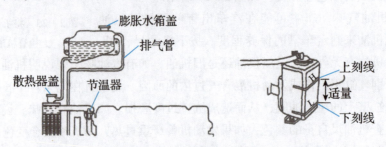

图 2-25 冷却液的检查

2)检查散热器。仔细全面检查散热器上下水室和散热器芯子,查看是不是有褪色或潮湿区域。芯子上的所有散热片应该是同一颜色的。若看到芯子区域呈现浅绿色(腐蚀产生的硫酸铜),这说明在此区域有针孔泄漏,应特别查看水底室部。检查散热器的散热效果，如果发动机温度过高，可能是散热器堵的缘故，外部堵可用高压水冲洗，内部堵则应该通洗散热器。

3) 检查水管。用手挤压散热器和暖风器软管，看是否有裂纹或发脆情况。仔细观察软管上卡紧的两端部，是否有鼓起部分和裂口，是否有锈蚀迹象。暖风器和散热器软管通常可以使用 16 万 km 以上，据此，可对车辆的使用时间做一简单的判断。

4) 检查风扇传动带。汽车散热器风扇有通过传动带来驱动的，也有电子风扇。对于传动带驱动的冷却风扇，应检查散热器风扇传动带的磨损情况。仔细检查风扇传动带的外部，查看是否有裂纹或风扇传动带层片脱落。并且应该检查风扇传动带与带轮接触的工作区是否磨亮，如果磨亮，则说明风扇传动带已经打滑。还应检查风扇传动带的松紧度，如图 2-26 所示。风扇传动带磨损、抛光或打滑可能会引起"尖啸声"，并使蓄电池充电不足，甚至产生过热问题。

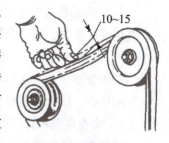

图 2-26　检查风扇传动带的松紧度

5) 检查冷却风扇。检查冷却风扇叶片是否变形或损坏，若变形损坏其排风量会相应减少，并影响发动机冷却效果，使发动机温度升高，此时需要更换冷却风扇。

(4) 发动机点火系统检查　点火系统工作性能的好坏直接影响发动机的动力性和经济性。对点火系统的外观主要是检查蓄电池、点火线圈、高压线、分电器和火花塞等零件的外观性能。

1) 检查蓄电池。检查标牌，确定蓄电池的寿命。如果蓄电池的有效寿命快接近极限，则需要考虑更换蓄电池。蓄电池的寿命一般为两年。检查蓄电池表面是否清洁也可以看出车主对汽车的保养情况。蓄电池盖上有电解液和尘土等异物，或蓄电池端子和接线柱处有严重铜锈或堆满腐蚀物，可能会造成极桩接触不良，使蓄电池自行放电、电解液消耗过快、蓄电池充不进电等情况。

2) 检查高压线。高压线有中央高压线和分缸高压线，高压线应该清洁、布线整齐、无切割口、无擦伤部位、无裂纹或无排气烧焦处，否则高压线可能会漏电，需要更换高压线，高压线需成套更换。

3) 检查分电器。对于有分电器的点火系统，应仔细检查分电器的工作情况，观察分电器盖有无裂纹、炭痕和破损等现象，这些现象均使分电器漏电、点火能量不足，引起发动机动力不足。若有这些现象，则需要更换分电器。

4) 检查火花塞。用火花塞套筒扳手拆下任意一个火花塞，观看火花塞的燃烧情况。若火花塞电极呈现灰白色，而且没有积炭，则表明火花塞工作正常，燃烧良好。若火花塞严重积炭、电极严重烧蚀、绝缘体破裂、漏气和侧电极开裂，都会使点火性能下降，从而造成发动机动力不足，这种情况需要更换火花塞，火花塞需成组更换。

5) 检查点火线圈。观察点火线圈外壳有无破裂，若点火线圈外壳破裂，就容易受潮使点火性能下降，从而影响发动机的动力性。在工作时检查点火线圈是否发热，若发热要检查电路或更换线圈。

(5) 发动机的供油系统检查

1) 检查燃油管路。发动机供油系统有进油管路和回油管路，检查油管是否老化。

2) 检查燃油滤清器。燃油滤清器一般在汽车行驶 5 万 km 后需更换，如燃油滤清器看起来和底盘的其他部件一样脏，可能燃油滤清器还没有更换过。

3) 检查电喷发动机。如果发动机动力性差，还要检查系统压力和油泵压力。

(6) 发动机进气系统检查　发动机进气系统性能的好坏，对发动机工作性能尤其是混合气浓度的控制，有很大影响，因此应仔细检查发动机的进气系统，其中包括以下几点：

1) 检查进气软管（波纹管）。进气软管一般采用波纹管，检查进气软管是否老化变形，是否变硬，是否有损坏或烧坏处，如果进气软管光亮如新，可能喷过防护剂喷射液，应仔细检查，以防必须更换的零部件没有检查出来。

2) 检查真空软管。用手挤压真空软管，检查其情况。这些软管应该富有弹性，而不是又硬又脆。所有这些软管随时间推移而变硬，易于开裂，造成泄漏，从而会在汽车上造成一些故障。许多真空软管用各种各样的塑料 T 形管接头互相连接。随着时间的推移，这些塑料 T 形管接头在发动机工作中容易折断，如果在检查时，塑料 T 形管接头破碎或裂开，就需要更换。在检查真空软管的同时，应注意真空软管的管路布置。查看软管是否是原来出厂时那样的整齐排列，是否有软管从零件上明显拔出、堵住或夹断。这些能说明软管是否有人动过，是否可能隐瞒了某些不能工作的系统或部件。

3) 检查空气滤清器。空气滤清器用于清除空气中的灰尘等杂物，若空气滤清器过脏，进气阻力增大，就会减少发动机进气量，从而影响发动机的动力性。所以应拆开空气滤清器，检查空气滤芯，观察其清洁情况。若空气滤清器脏污，说明此车维护差，可能经常行驶在灰尘较多的地方，车辆使用条件较差。

4) 检查节气门拉索。检查节气门拉索是否阻滞，是否有毛刺等现象。

(7) 发动机附件检查

1) 检查发动机支架。检查发动机支架减振垫是否有裂纹，如有损坏，则发动机振动大，使用寿命会缩短。

2) 检查同步带。轿车采用了顶置凸轮轴，一般采用同步带来驱动。同步带噪声小，且不需润滑，但耐用性不及链条驱动。通常每行驶 8 万 km，必须更换同步带（正时带）。拆下正时罩，仔细检查同步带内、外两侧有无裂纹、缺齿和磨损等现象，若有，表明此车行驶了相当长的里程。对于 V 型发动机，更换同步带的费用高。

3) 检查发动机各种传动带传动附件的支架和调节装置。检查发动机各种传动带传动附件的支架和调节装置是否有松动、螺栓丢失或裂纹等现象。支架断裂或松动可能引起风扇、动力转向泵、水泵、交流发电机和空调压缩机等附件运转失调，这不仅可能使传动带提前损坏，甚至会造成传动带丢失。

(8) 发动机舱内其他部件检查

1) 检查制动主缸及制动液。检查制动主缸是否锈蚀或变色，制动主缸锈蚀和变色表明有制动液泄漏或是主缸盖橡胶垫处泄漏，或是制动液加注量多，使一些油液漏在系统上造成锈蚀。有塑料储液罐的汽车，液面和油液颜色看得比较清楚，上面有一个简单拧开的塑料盖。当在一张白纸上滴一些制动液时，如果看到颜色，说明油液使用的时间长，应及时更换制动液。制动液液面低表示制动衬片或摩擦片衬块的磨损量可能大。

2）检查离合器液压操纵机构。液压操纵的离合器使用与制动主缸一样的油液，应该检查油液是否和制动主缸中的油液相同。

3）检查继电器盒。在发动机舱内有电气系统总继电器盒，它在蓄电池附近或沿着发动机舱壁区域。打开继电器的塑料盖，查看内部。通常在塑料盖上有图，会指明是哪一个继电器属于哪一类系统。对照电路图检查继电器盒内继电器与熔丝的完好情况。

4）检查发动机线束。查看发动机舱中导线是否擦破或是裸线，导线是否露在保护层外，导线是否固定在导线夹中，导线是否用非标准的胶带包裹，是否有旁通原有线束的外加导线。有胶带或外加导线可能预示着早期的电路有问题，或预示着非专业安装了一些附件，如立体声收音机、附件驱动装置或雾灯和防盗报警器等。这些附件如果是专业安装，通常导线电路和线束整齐，固定在原来的线束中，使用非焊接的卷边接头，而不是许多绝缘胶带。

5. 底盘技术状况检查

（1）检查车身底部　将汽车用举升机举起后，可对底下各部件进行检查。而车主在卖车之前，一般不会对车底各部件进行保养。所以，车底下各部件的技术状况更能真实地反映出汽车整体的技术状况。

1）检查泄漏。在汽车底部很容易检查出泄漏源，如冷却液泄漏、机油泄漏、制动液泄漏、变速器油泄漏、动力转向油泄漏、主减速器油泄漏、电控悬架油泄漏、减振器油泄漏和排气泄漏等。

① 冷却液泄漏。冷却液泄漏通常从上部最容易看见，但是如果暖风器芯或软管泄漏，液滴可能只出现在汽车下方，所以应在离合器壳或发动机舱壁周围区域寻找冷却液污迹。注意不要把水滴泄漏和冷却液泄漏混淆。来自空调的水是蒸汽凝结成的，无色无味，而冷却液呈绿色并有一点甜味。

② 机油泄漏。检查油底壳和油底壳放油塞区域是否有泄漏的迹象。行程超过 8 万 km 的汽车有少量污迹是常见的。如果泄漏持续很长时间，则气流抽吸型通风装置和发动机风扇会把油滴抛到发动机、变速器或发动机舱壁下部各区域，所以严重的泄漏不难发现，除非汽车的下侧最近用蒸汽清洁过。

③ 动力转向油泄漏。动力转向油泄漏看起来像变速器油泄漏，因为两种油液相似，但是动力转向泵泄漏通常造成的污迹集中在动力转向泵或转向器（或齿条齿轮）本体附近。

④ 变速器油泄漏。对于自动变速器，一般有自动变速器冷却装置，其管道较长，容易出现泄漏。检查方法如下：在冷却管路连接到散热器底部的地方查看是否

有变速器油泄漏，沿着冷却管路本身及变速器油盘和变速器后油封周围的区域查看是否有变速器油泄漏。返回变速器的金属冷却管应该成对布置，有几个金属夹子沿着管路将它们固定，管路不应该悬下来，还应该检查是否有人在某些地方不切断金属管而用螺钉夹安装橡胶软管进行修理。只有几种具有足够强度和足够耐油、耐热的橡胶软管才可以用在变速器上。像燃油软管那样的常规软管，在这种应用中，短期使用后可能会失效，从而引起变速器故障。

⑤ 制动液泄漏。检查前、后制动器是否有制动油液的痕迹。查找制动钳、鼓式制动器后板和轮胎上是否有污迹。从汽车的前部到后部，寻找制动钢管管路中是否有扭结或凹陷，或查看是否有油液泄漏的痕迹。

⑥ 排气泄漏。排气系统紧固是很重要的，这不仅使汽车行驶时更安静，而且驾驶更舒适。但如果排气系统泄漏，一氧化碳流入汽车内部，驾驶人吸到后，则是致命的。可以在汽车路试前，汽车发动时，注意倾听发出声音的一些特定区域是否有泄漏声。如果没有听到，那么再发动汽车并让另一人稍稍变化发动机转速，同时在汽车旁蹲下，仔细倾听是否有"嘶嘶"声或"隆隆"声。关闭发动机并滑行，进一步注意汽车下侧。注意千万不要让身体的任何部位或衣服接触到很热的排气管道。如有排气泄漏，通常会看到白色、浅灰或者黑色条纹，它们可能来自排气管、三元催化转化器或消声器上的针孔和裂缝。特别应注意查看消声器和三元催化转化器接缝，以及两个管或排气零件的接合处。有排气垫的地方，就有排气泄漏的可能性。如果装有橡胶环形圈，检查橡胶环形圈排气管吊架的情况。检查排气管支座是否损坏，支座损坏容易引起排气系统泄漏或产生噪声。

2）检查排气系统。观察排气系统上的所有吊架，看它们是否都在原来的位置并且是否像原来的部件。现在大多数汽车具有带耐热橡胶环形圈的排气管支撑，它连接车架支架与排气管支架。当这些装置在一些消声器商店里更换为通用金属带时，排放系统将承受更大的应力并产生更多的噪声、热量和振动。要注意查看排放系统零件看上去是否标准，排气管是否被更换，要确保它们离制动管不能太近。在后轮驱动的汽车上，排气管越过后端部，要确保紧靠后桥壳外表的制动钢管没有因为与排放系统上的凸起部分相碰而变形。

（2）检查前、后悬架

1）检查减振弹簧。汽车减振弹簧主要有钢板弹簧和螺旋弹簧两种。对于钢板弹簧，应检查是否有裂纹、断片和碎片现象，两侧钢板弹簧的厚度、长度、片数、弧度和新旧程度是否相同，钢板弹簧U形螺栓和中心螺栓是否松动，钢板弹簧销与衬套的配合是否松旷。对于螺旋弹簧，应检查有无裂纹、折断和疲劳失效等现象，螺旋弹簧上、下支座有无变形损坏。

2）检查减振器。观察四个减振器是否有漏油现象，如果有漏油，说明减振器已失效，需要更换。更换减振器需要全部更换，而不是只更换一个，所以成本较高。观察前、后减振器的生产厂家是否一致，观察减振器上下连接处有无松动和磨损等现象。

3）检查稳定杆。稳定杆主要用于前轮，有时也用于后轮，两端固定于悬架控制臂上。其作用是保持汽车转弯时车身平衡，防止汽车侧倾。检查稳定杆有无裂纹，与车身连接处的橡胶有无损坏，与左、右悬架控制臂的连接处有无松旷现象。

（3）检查转向机构　汽车转向机构性能的好坏对汽车行驶的稳定性和安全性影响很大，因此，应仔细检查转向系统，尤其是转向传动机构。检查转向系统除了检查转向盘的自由行程之外，还应仔细检查以下项目：

1）检查转向盘与转向轴的连接部位是否松旷，转向器垂臂轴与垂臂连接部位是否松旷；纵、横拉杆球头连接部位是否松旷；纵、横拉杆臂与转向节的连接部位是否松旷，转向节与主销之间是否松旷。

2）检查转向节与主销之间是否配合过紧或缺润滑油，纵、横拉杆球头连接部位是否调整过紧或缺润滑油，转向器是否无润滑油或缺润滑油。

3）检查转向轴是否弯曲，其套管是否凹瘪。

4）对于动力转向系统，还应该检查动力转向泵驱动带是否松动，转向泵安装螺栓是否松动，动力转向系统油管及管接头处是否存在损伤或松动等。

5）检查传动轴。对于后轮驱动的汽车，检查传动轴、中间轴及转向节等处有无裂纹和松动；传动轴是否弯曲，传动轴轴管是否凹陷；转向节轴承是否因磨损而松旷；转向节凸缘盘联接螺栓是否松动等。对于前轮驱动的汽车，要密切注意等速转向节上的橡胶套。绝大多数汽车在每一侧都有内、外转向节，每一个转向节都是由橡胶套罩住的，而且它里面填满润滑脂，橡胶套保护转向节避免污物、锈蚀和受潮。用手弯曲或挤压橡胶套，查找是否有裂纹或擦伤。若橡胶套没有润滑脂，有划痕，说明转向节受污物和潮气的侵蚀，需要立即更换。

（4）检查车轮

1）检查车轮轮毂轴承是否松旷。用举升机举起车轮，或用千斤顶支起车轮，用手晃动车轮，感觉有旷动，说明轮毂轴承松旷，车轮轴承磨损严重，需要更换车轮轴承。

2）检查轮胎磨损情况。检查时，应先检查轮胎的外侧，而后检查内侧。检查是否有修理痕迹，是否有割痕或磨损，是否有严重的风雨侵蚀。后轮胎内侧胎面过度磨损是很难从外侧发现的，除非将汽车顶起来。通常，后轮胎内侧胎面磨损说明汽车前轮胎已被更换到后轮胎位置。

3）检查轮胎花纹磨损深度。轿车轮胎胎冠上的花纹深度不得小于 1.6mm，其他车辆转向轮的胎冠花纹深度不得小于 3.2mm，其余轮胎胎冠花纹深度不得小于 1.6mm，如图 2-27 所示。

4）检查车轮横向和径向摆动量。将汽车前桥顶起，用百分表触点触及轮胎前端胎冠外侧，然后用手前后扳动轮胎，测量其横向摆动量。再将百分表移至轮胎的上

图 2-27　轮胎花纹深度测量

方，使表的触点触及胎冠中部，然后用撬杠往上撬动轮胎，测量轮胎的径向摆动量。若车轮横向和径向摆动量超过规定值，则汽车行驶时，就会引起转向盘抖动，导致行驶不稳定。《机动车运行安全技术条件》规定，车轮横向和径向摆动量，小型汽车不大于 5mm，其他车不大于 8mm。

5）车辆密封性检查。综合上述所有的检查之后，如条件许可，做一个车辆的密封性检查。有时从车辆的密封性，能查出修理得很好的事故车。

检查步骤：关上所有的门窗，用高压水枪对准各门缝处、前后各玻璃窗的密封条处、行李箱缝隙处、沿各轮鼓包内周边等处进行喷射。喷射一段时间之后，检查车内、行李箱和发动机舱中相关部位有无渗漏。

四、动态检查

机动车的动态检查是指车辆的路试检查。路试的主要目的在于在一定条件下，通过机动车各种工况，如发动机起动、怠速、起步、加速、匀速、滑行、强制减速和紧急制动，从低速档到高速档和从高速档到低速档的行驶，检查汽车的操纵性能、制动性能、滑行性能、加速性能、噪声和废气排放情况，以鉴定二手车的动态技术状况。

> **提示**
>
> 相关内容的学习，还可以扫码观看视频 2《二手车的动态检查》进行学习。

1. 发动机无负荷工况检查

1）检查发动机工作性能，主要检查发动机的起动、怠速、异响、急加速性、曲轴箱窜气量和排气颜色等项目。

2）检查发动机起动性能，正常情况下，用起动机起动发动机时，应在三次内起动成功。起动时，每次时间不超过 10s，再次起动时间要间隔 15s 以上。若发动机不能正常起动，说明发动机的起动性能不好，磨损致使气缸压力过低和气门关闭不严等。

3）检查发动机怠速运转情况。如图 2-28 所示，发动机起动后使其怠速运转，打开发动机舱盖，观察怠速运转情况，怠速应平稳，发动机振动很小。观察仪表盘上的发动机转速表，此时，发动机的怠速应在（750±50）r/min，不同发动机的怠速转速可能有一定的差别。若开空调或打转向时，发动机转速应上升，在 1000r/min 左右。当发动机怠速时，若出现转速过高、过低和发动机抖动严重等现象，均表明发动机怠速不良，发动机面临检修。

4）检查发动机异响。如图 2-29 所示，让发动机怠速运转，听发动机有无异响及响声大小。然后，用手拨动节气门，适当增加发动机转速，倾听发动机的异响是否加大，或是否有新的异响出现。正常情况下，发动机在各部件配合间隙适当、润滑良好、工作温度正常、燃油供给充分和点火正时准确等条件下运转，无论转速和负荷怎样变化，都是一种平稳而有节奏、协调而又平滑的轰鸣声。在额定转速内，除正时齿轮、机油泵齿轮、喷油

泵齿轮、喷油泵传动齿轮及气门有轻微均匀的响声以外，若发动机发出敲击声、"咔嗒"声、"咯咯"声、尖叫声等均是不正常的响声。如果有来自发动机底部的低频"隆隆"声或爆燃声，则说明发动机严重损坏，需要对发动机进行大修/发动机异响的排除，一般需要较高的费用，尤其是发生在发动机内部的异响应引起二手车鉴定评估师的高度重视。

图2-28　检查怠速运转

图2-29　检查发动机异响

5）检查发动机急加速性。如图2-30所示，待发动机运转正常后，发动机温度达到80℃以上，用手拨动节气门，从怠速到急加速，观察发动机的急加速性能，然后迅速松开节气门，注意发动机怠速是否熄火或工作不稳。通常急加速时，发动机发出强劲且有节奏的轰鸣声。

6）检查发动机曲轴箱窜气量。如图2-31所示，打开发动机曲轴箱通风口，用手拨动节气门，逐渐加大发动机转速，观察曲轴箱的窜气量。正常发动机曲轴箱的窜气较少，无明显油气味，四缸发动机一般在10～20L/min。若曲轴箱窜气量较高，油气味重，说明气缸与活塞磨损严重，汽车行驶里程长，发动机需大修，而发动机大修的费用是很高的；若曲轴箱窜气量大于60L/min，则曲轴箱通风系统不能保证曲轴箱的气体被完全排出，通风系统可能胶结堵塞，曲轴箱气体压力将增大，曲轴箱前后油封可能漏油，表明此发动机需要大修。

图2-30　检查发动机急加速性

7）检查排气颜色。如图2-32所示，正常的汽油发动机排出的气体是无色的，在严寒的冬季可以看见白色的气体，柴油发动机带负荷运转时，发动机排出的气体一般是淡灰色，负荷加重时，排气颜色会深一些。

图2-31　检查发动机曲轴箱窜气量

图2-32　检查排气颜色

2. 汽车路试检查

静态检查后，就可以说已完成了路试前的准备工作，即检查了冷却液、机油、离合器踏板、制动器踏板、转向盘和轮胎气压等。路试工作准备就绪，就可以路试。但路试现场，必须确保人员安全。机动车路试一般进行 15~20min。路试检查的项目包括以下几个方面：

1）检查汽车的动力性。由原地起步后，加速行驶。如果猛踩加速踏板后，提速快，则说明加速性能好。当高速行驶时，看其能否达到额定的最高时速。此外，看汽车行驶时是否平稳，是否有异响。进行爬坡试验，看汽车爬坡行驶是否有劲。若出现提速慢，最高时速与厂定额定最高时速差距较大，上坡无力，则说明汽车的动力性能较差，如图 2-33 所示。

2）检查汽车的操纵稳定性。如图 2-34 所示，在一宽敞的路段上，向左、向右转动转向盘，看转向是否灵敏和轻便，有无自动回正力矩。当高速行驶时，是否跑偏，有无摆动现象发生。

图 2-33 检查汽车动力性

图 2-34 检查汽车操纵稳定性

3）检查制动性能。汽车起步后，加速到 50km/h，迅速将制动踏板踩到底，如图 2-35 所示，看汽车是否立即减速、停车，有无制动跑偏和甩尾现象。制动距离应符合有关规定的标准值。此外，加速到 60km/h 左右，感觉汽车有无抖动。若有，则可能是前悬架或车辆有问题，或传动轴弯曲所致。

4）检查离合器。如图 2-36 所示，起步时看离合器是否平稳接合，分离是否彻底，工作时是否发抖和有响声等。

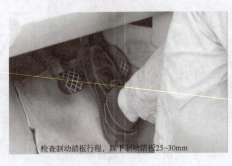

图 2-35 检查制动性能

图 2-36 检查离合器

5) 检查变速器和主减速器。从起步加速到高速档,再从高速档减速到低速档,看变速器换档是否灵活,是否有乱档、跳档,是否有异响。在路试中,当车速达 40km/h 时,突然猛松加速踏板,随后又猛踩下加速踏板,听主减速器是否发出特别大的声响,若声响很大,说明主减速器磨损严重。

6) 滑行试验。在平坦的路面上,将汽车运行到 50km/h 时,踩下离合器踏板,将变速器摘入空档,让汽车靠滑行行驶,根据滑行的距离,来评估汽车传动系统传动效率的高低。滑行的距离长,说明传动系统传动效率较高,否则为低。

路试以后,还应检查的项目如下:

①检查各部件的温度。路试后应检查一下油、水温度。正常的机油温度为 95℃。正常水的温度为 80~90℃。齿轮油的温度不应高于 85℃。齿轮油温主要是变速器和主减速器的温度。最好检查一下轮毂的温度,其温度过高,说明轮毂轴承安装过紧,应调整好轮毂轴承的间隙。此外,还应用手或测温器检查其他有关运动件的过热情况,如制动鼓、传动轴和中间支承的轴承等,都不应有过热现象。

②检查"四漏"情况。检查汽车的漏气、漏电、漏水和漏油情况。在发动机运行及停车以后,散热器、水泵、缸体、缸盖、暖风装置及所有的连接部位,均不得有明显的渗水、漏水现象。检查漏油的情况,应在汽车连续行驶距离不少于 10km 后,停车 5min 后观察,不得有明显的渗漏油现象。对气压制动的汽车,若有漏气则在制动时有所反应,若有漏气现象,就需仔细检查管路系统和气罐、气泵、阀等。

五、仪器检查

一般来说,二手车通过仪器设备检测的主要项目有发动机功率、气缸密封性、排放污染物、制动性能、燃油经济性、前轮定位、动力性和前照灯等。

1. 发动机功率检查

在进行发动机技术状况检测时,首先要检测发动机功率、油耗和磨损情况,因为发动机功率和油耗直接表示其动力性和经济性,发动机运动件的磨损除了影响功率和油耗外,还对机油消耗和废气排放等有影响。发动机的有效功率是指发动机飞轮输出的功率,是发动机的一个综合性评价指标。通过测量发动机的输出转矩和转速,就可计算发动机功率。发动机的有效功率计算公式为

$$P_e = \frac{T_e n}{9550}$$

式中,P_e 为发动机有效功率(kW);T_e 为发动机有效转矩(N·m);n 为发动机转速(r/min)。

检测发动机有效功率的方法通常分为无负荷测功和有负荷测功两类。

1) 无负荷测功。无负荷测功是指发动机在节气门开度和转速均为变动的状况下,测定其功率的一种方法,故又称为动态测功。由于测功时无须对发动机施加外部负荷,因而

又称为无外载测功。其具体方法是:当发动机在低速运转时,突然全开节气门或置节气门齿杆位置为最大(柴油机),使发动机克服惯性和内部各种阻力加速运转,用其加速性能直接反映最大功率。这种方法不加负荷,不需大型测功设备,既可在试验台上进行,也可就车进行,因而提高了检测方便性和检测速度,特别适用在用汽车发动机的功率检测。

无负荷测功结果,可根据国家有关标准,如《机动车运行安全技术条件》《汽车发动机大修竣工出厂技术条件》等有关规定,对其检测结果进行分析判断。在用汽车发动机功率不得低于额定功率的75%,大修后发动机功率不得低于额定功率的90%。

此外,还应根据检测结果对发动机技术状况做出进一步的判断。若发动机功率偏低,系燃料供给系统或点火系统的技术状况调整不佳所致,则应对油路、电路系统进行检查调整。如果调整后仍然较低,则应检查气缸压力和进气管真空度,判断是否是机械部分的故障。如对个别气缸的技术状况有怀疑,可对其断火后再测功,从功率下降的大小,诊断该缸的工作情况。也可利用在单缸断火情况下测得的发动机转速下降值,来评价各缸的工作情况。

工作正常的发动机,在某一转速下稳定空转时,发动机的指示功率与摩擦功率是平衡的,见表2-4。此时,若取消任一气缸的工作,发动机转速就会有相同的下降值。要求最高和最低转速下降之差不大于平均值的30%。如果下降值低于表2-4中的所示值,说明断火的气缸工作不良。转速下降值越小,则单缸功率越小。当下降值为零时,单缸功率也等于零,即该缸不工作了。发动机单缸功率偏小,一般是由于该缸高压分火线或火花塞技术状况不佳,也可能是气缸密封性不良,气缸中窜入机油所致。

值得指出的是,发动机功率与海拔有密切关系。而无负荷测功仪所测结果是实际大气压力下的发动机功率,若要校正到标准大气压力下的功率,应乘以校正系数。

表2-4 转速正常平均下降值

发动机气缸数	转速正常平均下降值/(r/min)
4缸	150
6缸	100
8缸	50

2)有负荷测功。有负荷测功要对发动机施加外部负荷,也叫作有外载测功,是一种稳态测功方法。有负荷测功是在试验台上通过测功器测试功率的方法。它是在发动机节气门开度一定,转速一定和其他参数保持不变的稳定状态下进行测功的。常用的测功器有水力测功器、电力测功器和电涡流测功器等。通过测功器测出发动机的转速n和转矩T_e,然后应用$P_e = \dfrac{T_e n}{9550}$式计算获得发动机功率$P_e$。有负荷测功的结果比较准确可靠,比无负荷测功(即动态测功)的精度要高。

二手车在进行有负荷测功时,通常不会把发动机从汽车上拆卸下来,再安装到发动机台架上进行测功。这样费时、费力且非常不方便。一般均采用底盘测功机来检测汽车的功率。底盘测功的目的,有时是为了获得驱动轮上的输出功率或驱动力,以便评价汽车的动力性；有时则是用获得的驱动轮上的输出功率与发动机飞轮输出功率进行比较，并求出传动系统的效率，以便判断汽车传动系统的技术状况。底盘测功是在滚筒式试验台上进行的。滚筒式试验台是以滚筒表面来代替路面，试验时通过加载装置给滚筒施加负荷，以模拟行驶时的阻力，使汽车在行驶时尽可能接近实际的行驶工况。所以，汽车的动力性、经济性、滑行距离、制动性和车速表指示误差等，均可在滚筒式试验台上测定。

现仅就传动系统效率及其检测结果进行分析。

根据底盘测功机上测得的驱动轮输出功率与发动机飞轮输出功率，就可计算出传动系统的效率，计算公式为

$$\eta_k = \frac{P_k}{P_e}$$

式中，η_k 为驱动轮上输出的功率；P_e 为发动机飞轮输出功率。

把上述计算结果与汽车传动系统的机械传动效率正常值（表2-5）进行比较，就可以评估出传动系统的技术状况。

表2-5 汽车传动系统机械传动效率

汽车类型		传动效率	汽车类型	传动效率
轿车		0.90~0.92	4×4越野汽车	0.85
载货汽车和公共汽车	单级主传动器	0.90	6×4载货汽车	0.80
	双级主传动器	0.84		

当被测汽车传动系统效率低于表2-5中的值时，则说明消耗于传动系统中的离合器、变速器、万向传动装置、主减速器、差速器及轮毂轴承中的功率较多。若要提高传动系统效率，必须正确调整和合理润滑传动系统各运动件。随着汽车使用时间的延长，行驶里程的增加，磨损也逐渐加大，摩擦损失也会逐渐增大，从而使传动效率逐渐减小。故传动效率能为评价汽车底盘技术状况提供重要依据。

2. 发动机气缸密封性检查

气缸密封性是表示气缸组件技术状况的重要参数。其技术状况的好坏，将严重影响发动机的动力性和经济性。在汽车的使用过程中，气缸、活塞、活塞环和进排气门等有磨损、烧蚀、结胶、积炭和气缸垫损坏等现象，都将引起气缸密封性下降。

检测气缸密封性的仪器设备主要有气缸压力表和气缸压力测试仪等。气缸密封性的诊断参数主要有气缸压缩压力、曲轴箱漏气量、气缸漏气量和进气管真空度等。

气缸压力检测结果应符合原设计规定，汽油机各缸压力差应不超过各缸平均压力的8%，柴油机应不超过10%。在用汽车发动机的气缸压力不得低于原设计的25%，此数据可作为诊断标准。有关汽车原设计的规定值，查阅有关车型资料即可获得。

检测结果如若超过原规定值，不一定就是气缸密封性好，要结合使用情况进行分析。这种情况有可能是气缸垫过薄；缸体与缸盖接合平面经多次修理加工过度，使燃烧室容积

变小，压缩比有所升高所致。此外，也有可能是燃烧室积炭过多所致。

若测得结果低于原设计规定值，可向气缸火花塞或喷油器孔内（柴油机）注入适量机油，再用气缸压力表重测其压力。若第二次测的压力比第一次高，且接近标准压力，则表明气缸套、活塞和活塞环磨损过甚，或者是活塞环卡死、断裂，缸壁拉伤，也可能是活塞环切口失去弹性造成气缸不能密封。若第二次测的压力与第一次接近，但仍比标准压力低，则可能是进、排气门或缸垫不密封造成的。如若两次检测结果均表明某相邻两缸压力都相当低，则说明相邻处的气缸垫烧损窜气。表2-6所示为常见的各种车型发动机的气缸压缩压力标准值。

表2-6 常见的各种车型发动机的气缸压缩压力标准值

发动机型号	压缩比	气缸压力标准值/kPa	检测压力时的转速/(r/min)
东风 EQ6100—1	7.2	880	130~150
解放 CA6120	7.4	930	
跃进 NJG427A	7.5	981	
上海桑塔纳 JV	8.5	1000~1300	200~250
上海桑塔纳 AFE	9.0	1000~1300	
一汽奥迪 AAH	10	1099~1593	
红旗 CA488	8.3	≥930	
北京切诺基 HX2.5L	8.6	1275	
广州标致 XNLA	8	1050~1200	
皇冠 2JZ—CE	10.0	1236	

用气缸压力表检测气缸压力，尽管应用极为广泛，但仍存在测量误差大的缺点。特别是在低转速范围内，即使发动机转速差较小，也能引起气缸压力测量值较大变化。即使是同一型号的发动机，由于蓄电池电压、起动机和发动机技术状况不一，其起动转速也不可能完全一致，这就产生了测量转速是否符合规定的问题。这些都是用气缸压力表检测气缸压力误差大的主要原因。所以，在检测气缸压力时，如能监控曲轴转速，将是发现问题、减小测量误差，获得正确分析结果的重要保证。

用气缸压力表检测气缸压力还需要把火花塞或喷油器卸下，一缸一缸地进行，费时、费力，极不方便。除用气缸压力表检测气缸压力外，还可使用压力传感器和起动电流、电压测量仪器来检测。

若用上述两种压力检测仪，有的可以显示出各缸压力的具体数值，并能与规定的标准值对照。有的只能定性地显示出"合格"与"不合格"，也有的只能显示出波形。对于只能显示出压力波形的，如果显示的波形振幅一致，峰值又在规定范围内，说明各缸压力符合要求。若各缸压力波形振幅不一致，某缸峰值低于规定范围，则表明该缸压力不足。应借助其他手段测出具体的压力值，以便分析判断。

3. 曲轴箱窜气量检查

在汽车的使用过程中，随着气缸套与活塞环配合副的磨损，间隙会逐渐增大，因而窜入曲轴箱的可燃混合气与燃烧废气的量也会增加。新的发动机曲轴箱窜气量约为15~20L/min，而磨损后的发动机有时高达80~130L/min。所以，当发动机工作时，单位时间内窜入曲轴箱的气体量，可作为衡量气缸套与活塞、活塞环配合副密封性的诊断尺度。

曲轴箱窜气量的检测通常采用专用的空体流量传感器进行。它除了与气缸套活塞摩擦副的技术状况有关外，还与发动机转速和负荷有关。检测时，发动机应加载，节气门应处于全开状态，柴油机则将供油拉杆推到底，使发动机处于最大转矩转速下进行。其他工况下也可以测试，但所测值不如全负荷最大转矩转速下测得的值大。

对于检测结果的分析，国外有些国家以单缸平均窜气量（检测值除以缸数）作为诊断参数。根据国内外的情况，表2-7列出了单缸平均窜气量值，以供比较分析。

表2-7 曲轴箱单缸平均窜气量值

发动机技术状况	单缸平均窜气量/（L/min）	
	汽油机	柴油机
新发动机	2~4	3~8
需大修发动机	16~22	18~28

4. 制动性能检查

汽车制动性能的好坏，直接影响汽车的行驶安全。评价制动性能的指标主要有制动距离、制动时间、制动减速度和制动力等。而制动距离与行车安全有直接关系。因此，交通管理部门通常按制动距离制定安全法规。

制动性能的检测方法有道路检测和室内检测两种。室内检测方法具有迅速、准确、经济、安全、不受外界气候条件影响、重复性好、能定量检测出各轮制动力和制动距离等优点。

制动性能的道路检测如下：

当道路检测汽车行驶制动性能和应急制动性能时，应在平坦、硬实、干燥的，轮胎与地面间的附着系数不小于0.7的沥青或水泥地面进行。检测时发动机应脱开，使用的仪器设备为第五车轮仪，简称五轮仪。汽车在规定初速度下的制动距离和制动稳定性应符合表2-8的要求。

表2-8 制动距离和制动稳定性的要求

车辆类型	制动初速度/（km/h）	满载检验制动距离要求/m	空载检验制动距离要求/m	制动稳定性要求任何部位不得超过的试车道宽度/m
三轮汽车	20	≤5.0	≤5.0	2.5
乘用车	50	≤20.0	≤19.0	2.5
总质量≤3500kg的低速货车	30	≤9.0	≤8.0	2.5
其他总质量≤3500kg的汽车	50	≤22.0	≤21.0	2.5
铰接客车、铰接式无轨电车、汽车列车（乘用车列车除外）	30	≤10.5	≤9.5	3.0[①]

(续)

车辆类型	制动初速度/(km/h)	满载检验制动距离要求/m	空载检验制动距离要求/m	制动稳定性要求任何部位不得超过的试车道宽度/m
其他列车、乘用车列车	30	≤10.0	≤9.0	3.0①
两轮普通摩托车	30	≤7.0	≤7.0	—
边三轮摩托车	30	≤8.0	≤8.0	2.5
正三轮摩托车	30	≤7.5	≤7.5	2.3
轻便摩托车	20	≤4.0	≤4.0	
轮式拖拉机运输机组	20	≤6.5	≤6.0	3.0
手扶变型运输机	20	≤6.5	≤6.5	2.3

①对于车宽大于 2.55m 的汽车和汽车列车，其试验通道宽度（单位：m）为"车宽（m）+0.5"。

若采用平均减速度检测行车制动性能，则其要求见表 2-9、表 2-10。

表 2-9 制动减速度和制动稳定性要求

车辆类型	制动初速度/(km/h)	空载检验充分发出的平均减速度/(m/s²)	满载检验充分发出的平均减速度/(m/s²)
乘用车	50	≥6.2	≥5.9
其他总质量≤3500kg 的汽车	50	≥5.8	≥5.4
铰接客车、铰接式无轨电车、汽车列车（乘用车列车除外）	30	≥5.0	≥4.5
其他列车、乘用车列车	30	≥5.4	≥5.0

表 2-10 驻车制动操纵力要求

车辆类型	手操纵/N	脚操纵/N
乘用车	≤400	≤500
其他机动车	≤600	≤700

5. 汽车燃油经济性检测

对汽车燃油经济性的评价，一般是通过汽车燃油消耗量试验来确定的。它是用以评价在用汽车技术状况与维修质量的综合性参数，也是诊断和分析汽车故障的重要参考。检测汽车燃油消耗量常通过燃油消耗检测仪测定燃油消耗量的容积或质量来表示。在汽车检测站通过汽车道路试验，更多是在底盘测功试验台上模拟路试来检测其燃油消耗量。

6. 前轮定位参数检查

汽车转向轮（前轮）定位参数包括主销后倾角、主销内倾角、前轮外倾角和前轮前束四个参数。后轮主要有外倾角和前束两个参数。前轮定位的作用是使汽车能稳定地直线行驶，车轮偏转后有自动回正的能力，此外还可使汽车转向轻便，减轻驾驶人的劳动强度。因此，应对前轮定位参数进行检测，以保证汽车正常行驶。转向轮定位参数不正确，会引起车轮承受侧向力而侧滑，尤以前轮外倾和前轮前束两参数对车轮侧滑量的影响最大。

目前，检测车轮定位参数多采用四轮定位仪进行。检测结果应与各车型出厂技术参数相吻合。

在汽车检测线上，若采用滑板式车轮侧滑试验台来检测转向轮定位参数，可根据两块滑板的侧滑量，取单边侧滑量的平均值 S_t，如图 2-37 所示，即

$$S_t = \frac{L' - L}{2}$$

当 $S_t > 0$ 时，两轮向外侧滑，说明前束过大；当 $S_t < 0$ 时，两轮向内侧滑，说明前束过小。此外，《机动车运行安全技术条件》还规定，汽车转向轮引起侧滑量应不大于 5m/km。

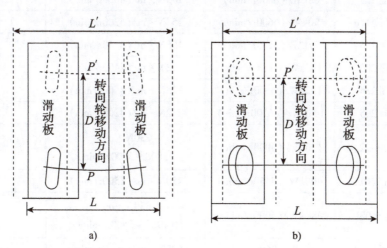

图 2-37 转向轮侧滑的测量原理
a) 前束引起的侧滑　b) 外倾引起的侧滑

7. 汽车排气污染物检查

（1）汽油车排气污染物的检测　汽油车排气污染物主要有一氧化碳、碳氢化合物（HC）和氮氧化合物（NO_x），采用简易瞬态工况法进行检测，主要检测设备有底盘测功机和废气分析仪。汽油车排气污染物的限值标准应符合各地区的标准。

（2）柴油车排气污染物的检测　柴油车排气污染物主要是烟度，采用加载减速工况法进行检测，主要检测设备有底盘测功机、不透光烟度计和发动机转速计等。柴油车排气烟度的限值标准应符合各地区的标准。

汽车的电子控制系统都有故障自行诊断功能，故可采用故障诊断仪来读取故障码。现代汽车电子控制系统的控制电路上都设置有一个专用的故障检测插座，通过电路与 ECU 连接。只要将汽车制造厂提供的该车型的专用微机故障诊断仪或通用型故障诊断仪的检测插头与汽车上的故障检测插座连接，然后打开点火开关，就可以很方便地从微机故障诊断仪的显示屏上读出所有储存在 ECU 中的故障码。再查阅该车型的维修手册，就可以知道这些故障码所表示的故障内容和可能的故障原因。在二手车检测中，利用解码器能快速、准确地对电子控制系统技术状况好坏做出判定。

8. 汽车的动力性检测

汽车动力性的好坏直接影响汽车运输效率的高低，它是汽车使用最重要的基本性能。

(1) 汽车动力性评价指标　汽车检测部门一般常用汽车的最高车速、加速能力、最大爬坡度、发动机最大输出功率和底盘输出最大驱动功率作为动力性评价指标，表 2-11 所示为几种常见轿车最大功率与最大转矩。

表 2-11　几种常见轿车最大功率与最大转矩

车型	最大功率	最大转矩	最高车速/(km/h)
2008 款飞度 1.5	88kW/(6600r/min)	145N·m/(4800r/min)	—
2011 款卡罗拉 1.6	90kW/(6600r/min)	154N·m/(5200r/min)	180.0
2011 款朗逸 1.6	77kW/(5250r/min)	155N·m/(3750r/min)	174.0
2011 款天籁 2.5	136kW/(6000r/min)	232N·m/(4400r/min)	—
2011 款雅阁 2.4	132kW/(6500r/min)	225N·m/(4500r/min)	200
2009 款皇冠 2.5	145kW/(6200r/min)	242N·m/(4200r/min)	219.0
2010 款奥迪 A6L 2.4	130kW/(6000r/min)	230N·m/(3000~5000r/min)	222.0
2010 款宝马 760Li	400kW/(5650r/min)	750N·m/(1500r/min)	250.0
2010 款奔驰 S600L	380kW/(5000r/min)	830N·m/(1900~3500r/min)	250.0
2010 款法拉利 599	456kW/(7600r/min)	608N·m/(5600r/min)	330.0
2010 款布加迪威航	736kW/(6000r/min)	1250~2200N·m/(5500r/min)	407.0

(2) 汽车动力性台架检测　汽车动力性室内台架试验的方式，主要是用无外载测功仪检测发动机功率，底盘测功机检测汽车的最大输出功率、最高车速和加速能力。室内台架试验不受气候和驾驶技术等客观条件的影响，只受测试仪本身测试精度的影响，测试条件易于控制，所以汽车检测站广泛采用汽车动力性室内台架试验方式。

(3) 传动效率检测　将底盘测功机上测得的驱动轮输出功率与发动机飞轮输出功率进行对比，可计算出传动效率为

$$\eta_t = \frac{P_k}{P_e}$$

式中，P_k 为驱动轮输出功率；P_e 为发动机飞轮输出功率。

表 2-12 所示为汽车传动效率的正常值。

表 2-12　汽车传动效率的正常值

汽车类型		传动效率
轿车		0.90~0.92
载货汽车和公共汽车	单级主传动器	0.90
	双级主传动器	0.84
越野汽车		0.85
载重汽车		0.80

9. 汽车前照灯技术状况检测

前照灯是汽车在夜间或在能见度较低的条件下，为驾驶人提供行车道路照明的重要设备，而且也是驾驶人发出警示，进行联络的灯光信号装置，所以前照灯必须有足够的发光强度和正确的照射方向。由于在行车过程中汽车受到振动，可能引起前照灯部件的安装位置发生变动，从而改变光束的正确照射方向，同时灯泡在使用过程中会逐步老化，反射镜也会受到污染而使其聚光的性能变差，导致前照灯的亮度不足。这些变化，都会使驾驶人对前方道路情况辨认不清，或在与对面来车交会时造成对方驾驶人炫目等，从而导致事故的发生。因此，前照灯的发光强度和光束的照射方向被列为机动车运行安全检测的必检项目。

第三节　二手车拍照

一、二手车拍照的技术要求

1. 拍摄距离

拍摄距离是指拍摄立足点与被拍二手车的远近。拍摄距离远，则拍摄范围大，所拍的二手车影像小，一般要求全车影像尽量充满整个像面。

2. 拍摄角度

拍摄角度是指拍摄立足点与被拍二手车的方位关系。根据拍摄角度方位一般分为上下关系与左右关系。

1) 上下关系。拍摄角度的上下关系可分为俯拍、平拍与仰拍三种。俯拍是指在比被拍摄物高的位置向下拍摄。平拍是指拍摄点在物体的中间位置，镜头平置拍摄，此种拍摄方法效果就是人两眼平视的效果。仰拍是指相机放置在较低部位，镜头由下向上仰置拍摄，这种拍摄效果易发生变形。

2）左右关系。拍摄角度的左右关系一般根据拍摄者确定的拍摄方位，分为正面拍摄和侧面拍摄两种。正面拍摄是指面对被拍摄的物体或部位的正面进行拍摄。侧面拍摄是相对于正面拍摄而言的。

3. 光照方向

光照方向是指光线与相继拍摄方向的关系，一般分为正面光、侧面光和逆光三种。对于二手车拍照应尽量采用正面光拍摄，使二手车的轮廓分明、牌照号码清晰和车身颜色真实。

二、二手车拍照的一般要求与拍照位置

1. 二手车拍照的一般要求

①车身要擦洗干净。
②前风窗玻璃及仪表盘上无杂物。
③机动车号牌无遮挡。
④关闭各车门。
⑤转向盘回正，前轮处于直线行驶状态。

2. 二手车的拍照位置

对二手车拍照一般要拍摄前面、侧面和后面三个方向的整体外形照，发动机舱、驾驶室、行李箱等局部位置的照片。

前面照（也称为标准照）是在与车左前侧成45°方向拍摄，如图2-38所示。

侧面照是正侧面拍摄，后面照是在与车右后侧成45°方向拍摄，如图2-39所示。

局部位置照采用俯拍，如图2-40所示。

图2-38　汽车前侧成45°拍摄效果图

图2-39　汽车侧面拍摄效果图

图2-40　汽车局部位置拍摄效果图

第四节　案例分析

刘先生于2012年10月1日购买一辆大众宝来轿车，手动档，中配置，现在想换一辆配置更高的SUV。2016年7月8日，刘先生请二手车鉴定评估师给他的车进行评估，该车如图2-41所示。

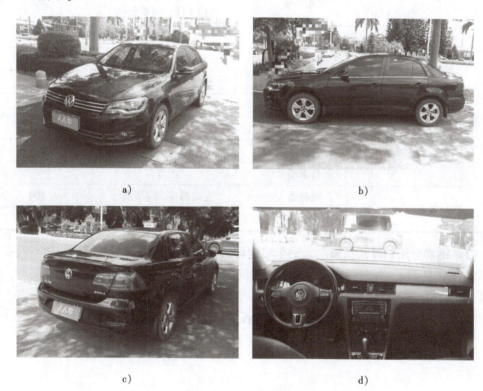

图2-41　待评估车辆

a) 前面照　b) 侧面照　c) 后面照　d) 局部照

（1）静态检查　大众宝来轿车的静态检查结果见表2-13。

表2-13　大众宝来轿车的静态检查结果

检查内容		检查结果	估算维修费用（元）
车辆外观	车身漆面	前保险杠补漆有色差	300
	车身配合间隙	正常	
	车身尺寸	正常	
	车身防腐情况	正常	

（续）

检查内容		检查结果	估算维修费用（元）
发动机检查	发动机外观	正常	
	润滑系统	正常	
	冷却系统	正常	
	点火系统	正常	
	电源系统	正常	
	供给系统	电动油泵回油，性能下降，需要更换	850
	其他部件	正常	
驾驶室和行李箱	驾驶操作机构	正常	
	座椅	正常	
	安全装置	正常	
	内饰	正常	
	开关及仪表	正常	
	行李箱	正常	
底盘外观	减振器	左前漏油，需更换	500
	车轮及轮胎	备胎已坏	400

（2）维修费用估算及结果　二手车鉴定评估师通过对该大众宝来轿车的静态检查，发现存在的一些问题，并一一列出。若需恢复问题部件的使用性能，需要更换或调整，所需费用为

$$300 元 + 850 元 + 500 元 + 400 元 = 2050 元$$

第三章
二手车价格评估的工作流程

第一节　二手车成新率计算方法

成新率是反映二手车新旧程度的指标。二手车成新率是表示二手车的功能或使用价值占全新机动车的功能或使用价值的比率,也可以理解为二手车的现时状态与机动车全新状态的比率。它与有形损耗一起反映了同一车辆的两方面。车辆的有形损耗也称为车辆的实体性贬值,它是由于使用磨损和自然损耗形成的。成新率和有形损耗率的关系为

$$成新率 = 1 - 有形损耗率$$

成新率的计算方法可分为使用年限法、行驶里程法、部件鉴定法、整车观测法、综合分析法和综合成新率法。

一、使用年限法

1. 计算方法

使用年限法是通过确定被评估二手车的尚可使用年限与规定使用年限的比值来确定二手车成新率的一种方法,其计算公式为

$$C_Y = \frac{Y_G - Y}{Y_G} \times 100\% = \left(1 - \frac{Y}{Y_G}\right) \times 100\%$$

式中,C_Y 为使用年限成新率;Y 为二手车实际已使用年限(年或月);Y_G 为车辆规定的使用年限(年或月);$Y_G - Y$ 为被评估二手车的尚可使用年限(年或月)。

2. 已使用年限与规定使用年限

(1) 已使用年限　从理论上讲,综合考虑已使用年限和行驶里程数要符合实际一些,即汽车的已使用年限应采用折算年限,即

$$折算年限 = \frac{总的累计行驶里程}{年平均行驶里程}$$

(2) 规定使用年限　使用年限按《关于调整汽车报废标准若干规定的通知》的规定执行。各类汽车规定使用年限见表3-1。

表3-1　各类汽车规定使用年限

车型	使用年限（年）
一般非营运性9座（含9座）以下载客汽车	15
旅游载客汽车和9座以上非营运载客汽车	10
载货汽车（不含微型载货汽车）	10
微型载货汽车和各类出租汽车	8

(3) 使用年限法的前提条件　使用年限法计算成新率的前提条件是车辆在正常使用条件下，按正常使用强度（年平均行驶里程）使用。我国各类汽车年平均行驶里程见表3-2。

表3-2　我国各类汽车年平均行驶里程

汽车类别	年平均行驶里程/万km
微型、轻型货车	3~5
中型、重型客车	6~10
私家车	1~3
公务、商务用车	3~6
出租车	10~15
租赁车	5~8
旅游车	6~10
中、低档长途客运车	8~12
高档长途客运车	15~25

二、行驶里程法

1. 计算方法

行驶里程法是通过确定被评估二手车的尚可行驶里程与规定行驶里程的比值来确定二手车成新率的一种方法，其计算公式为

$$C_S = \frac{S_g - S}{S_g} \times 100\% = \left(1 - \frac{S}{S_g}\right) \times 100\%$$

式中，C_S为行驶里程成新率；S为二手车实际累计行驶里程；S_g为车辆规定的行驶里程；$S_g - S$为被评估二手车的尚可行驶里程。

2. 累计行驶里程与规定行驶里程

(1) 累计行驶里程　二手车累计行驶里程是指被评估二手车从开始使用到评估基准时

点所行驶的总里程。

（2）规定行驶里程　车辆规定行驶里程是指《机动车强制报废标准规定》中规定的该车型的行驶里程。

3. 行驶里程法计算成新率的前提条件

行驶里程法计算成新率的前提条件是车辆里程表的记录必须是原始的，不能被人为更改过。由于里程表容易被人为变更，因此，在实际应用中，较少直接采用此方法进行评估。

三、部件鉴定法和整车观测法

1）部件鉴定法的计算方法。部件鉴定法（也称为技术鉴定法）是指二手车鉴定评估师在确定二手车各组成部分技术状况的基础上，按其各组成部分对整车的重要性和价值量的大小加权评分，最后确定成新率的一种方法。

采用部件鉴定法估算二手车成新率的计算公式为

$$C_B = \sum_{i=1}^{n}(C_i \beta_i)$$

式中，C_B 为部件鉴定法二手车成新率；C_i 为二手车第 i 项部件的成新率；β_i 为二手车第 i 项部件的价值权重。

2）部件鉴定法的计算步骤。

①先确定二手车各主要总成和部件，再根据各部分的制造成本占整车制造成本的比重，确定其权重的百分比（$i=1, 2, \cdots, n$）。汽车各部分的价值权重参考表见表 3-3。

②以全新车辆对应的各总成和部件功能为满分（100 分），功能完全丧失为零分，再根据被评估二手车各相应总成和部件的技术状态估算出其部件成新率 C_i。

③将各总成和部件估算出的成新率与权重相乘，得到各总成和部件的权重成新率。

④最后将各总成和部件的权重成新率相加，即得出被评估车辆的成新率。

表 3-3　汽车各部分的价值权重参考表

序号	车辆各主要总成和部件名称	价值权重（%）		
		轿车	客车	载货汽车
1	发动机及离合器总成	26	27	25
2	变速器及万向传动装置总成	11	10	15
3	前桥、前悬架及转向系统总成	10	10	15
4	后桥及后悬架总成	8	11	15
5	制动系统	6	6	5
6	车架	2	6	6
7	车身	26	20	9

（续）

序号	车辆各主要总成和部件名称	价值权重（%）		
		轿车	客车	载货汽车
8	电器仪表	7	6	5
9	轮胎	4	4	5
	合计	100	100	100

3）利用整车观测法来对二手车状况进行分级，可参考表3-4。

表3-4 二手车技术状况分级参考

车况等级	新旧情况	有形损耗率（%）	技术状况描述	成新率（%）
1	使用不久	0~10	刚使用不久，行驶里程一般为3万~5万km，在用状态良好，能按设计要求正常使用	100~90
2	较新车	11~35	使用一年以上，行驶15万km左右，一般没有经过大修，在用状态良好，故障率低，可随时出车使用	89~65
3	旧车	36~60	使用4~5年，发动机或整车经过两次大修，大修较好地恢复设计性能，在用状态良好，外观中度受损，恢复情况良好	64~40
4	老旧车	61~85	使用5~8年，发动机或整车经过两次大修，动力性能、经济性能和工作可靠性能都有所下降，外观油漆脱落受损、金属件锈蚀明显；故障率上升，维修费用和使用费用明显上升，但车辆符合《机动车安全技术条件》，在用状态一般或较差	39~15
5	待报废处理车	86~100	基本达到或已达到使用年限，通过《机动车安全技术条件》检查，能使用但不能正常使用，动力性、经济性和可靠性下降，燃料费、维修费和大修费用增长速度快，车辆收益与支出基本持平，排放污染和噪声污染达到极限	15以下

四、综合分析法

1. 估算方法

综合分析法是以使用年限法为基础，综合考虑二手车的实际技术状况、维护保养情况、原车制造质量、二手车用途及使用条件等多种因素对二手车价值的影响，以调整系数形式确定成新率的一种方法，其计算公式为

$$C_F = C_Y K \times 100\%$$

式中，C_F 为综合成新率；C_Y 为使用年限成新率；K 为综合调整系数。

2. 综合调整系数

根据被评估二手车是否需要进行项目修理或换件维修，综合调整系数有两种确定方法：

①当二手车无须进行项目修理或换件时，可直接采用表3-5所推荐的调整系数进行计算。

综合调整系数计算公式为

$$K = K_1 \times 30\% + K_2 \times 25\% + K_3 \times 20\% + K_4 \times 15\% + K_5 \times 10\%$$

式中，K 为综合调整系数；K_1 为二手车技术状况调整系数；K_2 为二手车维护保养调整系数；K_3 为二手车原始制造质量调整系数；K_4 为二手车用途调整系数；K_5 为二手车使用条件调整系数。

表3-5 二手车成新率综合调整系数参考表

序号	影响因素	因素分级	调整系数	权重（%）
1	技术状况	好	1.0	30
		较好	0.9	
		一般	0.8	
		较差	0.7	
		差	0.6	
2	维护保养	好	1.0	25
		较好	0.9	
		一般	0.8	
		差	0.7	
3	制造质量	进口车	1.0	20
		国产名牌车	0.9	
		国产非名牌车	0.8	
4	车辆用途	私用	1.0	15
		公务、商务	0.9	
		营运	0.8	
5	使用条件	好	1.0	10
		一般	0.9	
		差	0.8	

②当二手车需要进行项目修理或换件，或需要进行大修时，可采用"一揽子"评估方法，综合考虑确定表3-5中所列因素的影响。所谓"一揽子"评估方法就是综合考虑修

理后对二手车成新率估算值的影响，直接确定一个合理的综合调整系数而进行价值评估的一种方法。采用"一揽子"评估方法后，综合调整系数的确定不再用上式进行计算。

3. 特点及适用范围

综合分析法较为详细地考虑了影响二手车价值的各种因素，并用一个综合调整系数指标来调整二手车成新率，评估值准确度较高，因而适用于具有中等价值的二手车评估。这是目前二手车鉴定评估最常用的方法之一。

五、综合成新率法

综合成新率法的数学计算公式为

$$C_Z = C_1\alpha_1 + C_2\alpha_2$$

式中，C_Z 为综合成新率；C_1 为二手车理论成新率；C_2 为二手车现场查勘成新率；α_1、α_2 为权重系数，$\alpha_1 + \alpha_2 = 1$。

1. 二手车理论成新率 C_1

二手车理论成新率计算公式为

$$C_1 = C_Y \times 50\% + C_S \times 50\%$$

式中，C_Y 为使用年限成新率；C_S 为行驶里程成新率。

2. 二手车现场查勘成新率 C_2

二手车现场查勘成新率是由二手车鉴定评估师根据现场查勘情况而确定的一个综合评价值。具体确定步骤是：二手车鉴定评估师先对二手车进行技术状况现场查勘（包括静态检查和动态检查），得出鉴定评价意见，然后对整车和重要部件分别进行综合评分，累加评分，其结果就是二手车现场查勘成新率，评定表见表3-6。可见二手车现场查勘成新率是一个定性与定量相结合的结果。

表3-6 二手车成新率评定表

序号	项目名称	达标程度	参考标准分	评分
1	整车 （满分20分）	全新	20	—
		良好	15	15
		较差	5	—
2	车架 （满分15分）	全新	15	12
		一般	7	—
3	前后桥 （满分15分）	全新	15	12
		一般	7	—

（续）

序号	项目名称	达标程度	参考标准分	评分
4	发动机 （满分30分）	全新	30	—
		轻度磨损	25	28
		中度磨损	17	—
		重度磨损	5	
5	变速器 （满分10分）	全新	10	—
		轻度磨损	8	8
		中度磨损	6	
		重度磨损	2	
6	转向及制动系统 （满分10分）	全新	10	—
		轻度磨损	8	8
		中度磨损	5	
		重度磨损	2	
总分［现场查勘成新率（%）］			100	83

第二节 二手车评估的方法

一、重置成本法

1. 重置成本法的基本原理

（1）重置成本法的概念　重置成本法是指在现时市场条件下重新购置一辆全新状态的被评估车辆所需的全部成本，减去该被评估车辆的各种陈旧贬值后的差额作为被评估车辆现时价格的一种评估方法。其评估思路可用数学式概括为

（2）重置成本法的基本要素　重置成本法概念中涉及四个基本要素，即二手车的重置成本、二手车实体有形损耗、二手车功能性贬值和二手车经济性贬值。

1）二手车的重置成本。二手车重置成本是按在现行市场条件下重新购建一辆全新车辆所支付的全部货币总额。简单地说，二手车重置成本就是当前再取得该车的成本。

2）二手车实体有形损耗。二手车实体有形损耗也称为实体性贬值，是指二手车在存

放和使用过程中，由于物理和化学原因（如机件磨损、锈蚀和老化等）而导致的车辆实体发生的价值损耗，即由于自然力的作用而发生的损耗。计量二手车实体有形损耗时主要根据已使用年限进行分摊。

3）二手车功能性贬值。二手车功能性贬值是由于技术进步引起的二手车功能相对落后而导致的贬值。这是一种无形损耗。功能性贬值可分为一次性功能贬值和营运性功能贬值。

4）二手车经济性贬值。二手车经济性贬值是指由于外部经济环境变化所造成的车辆贬值。它也是一种无形损耗。外部经济环境包括宏观经济政策、市场需求、通货膨胀和环境保护等。

(3) 重置成本法应用的理论依据　任何精明的投资者在购买某项资产时，他所愿意支付的价格，绝不会超过现时在市场上能够购买到与该项资产具有同等效用的全新资产所需的最低成本，而不管这项资产的原拥有者当初在购买这项资产时的购置价（历史成本）是多少，这就是重置成本法的理论依据。可见重置成本是现时购买一辆全新的与被评估二手车相同的车辆所支付的最低金额。

2. 重置成本法的应用前提和适用范围

重置成本法作为一种二手车评估的方法，是从能够重新取得被评估二手车的角度来反映二手车的交换价值的，即通过被评估二手车的重置成本反映二手车的交换价值。只有当被评估的二手车处于继续使用状态下，再取得被评估二手车的全部费用才能构成其交换价值的内容。二手车继续使用包含着其使用有效性的经济意义，只有当二手车能够继续使用并且在持续使用中为潜在投资者带来经济利益，二手车的重置成本才能为潜在投资者和市场承认及接受。从这个意义上讲，重置成本法主要适用于继续使用前提下的二手车评估。

3. 重置成本法的优缺点

(1) 重置成本法的优点

①比较充分地考虑了车辆的各方面损耗，反映了车辆市场价格的变化，评估结果更趋于公平合理，在不易估算车辆未来收益，或难以在市场上找到可类比对象的情况下可广泛应用。

②可采用综合分析法确定成新率，将车况和配置以及车辆使用情况用适当的调整系数表示出来，比较清晰地解析了车辆残值的构成，使整个评估过程显得有理有据，有助于增强交易双方对评估结果的信任，可广泛应用于价值较高的中高档车辆评估。

(2) 重置成本法的缺点

①评估工作量较大，确定成新率时主观因素影响较大。

②对极少数的进口车辆，不易查询到现时市场报价，一些已停产或是国内自然淘汰的车型，由于不可能查询到相同车型新车的市场报价，因此难于准确地确定出它们的重置成本或重置成本全价。

4. 应用重置成本法评估的具体方法

（1）重置成本法的计算模型

重置成本法有以下两种基本计算模型：

模型一：评估值 = 重置成本 − 实体性贬值 − 功能性贬值 − 经济性贬值

模型二：评估值 = 重置成本 × 成新率

（2）基于成新率的重置成本法评估计算

1）评估计算公式为

$$P = BC$$

式中，P 为被评估二手车的评估值；B 为被评估二手车的现时重置成本；C 为被评估二手车的现时成新率。

2）重置成本的计算。

①重置核算法。重置核算法是利用成本核算原理，根据重新取得一辆与二手车车型和功能一样的新车所需的费用项目，逐项计算后累加得到二手车的重置成本。二手车的重置成本具体由二手车的现行购买价格、运杂费以及必要的税费构成。根据新车来源方式不同，二手车重置成本可分为国产车和进口车两种不同的构成。

a. 国产二手车重置成本的构成为

$$B = B_1 + B_2$$

式中，B 为二手车重置成本；B_1 为购置全新车辆的市场成交价；B_2 为车辆购置价格以外国家和地方政府一次性缴纳的各种税费总和。

车辆购置税是对在我国境内购置规定车辆的单位和个人征收的一种税，它由车辆购置附加费演变而来。现行车辆购置税法的基本规范是从 2001 年 1 月 1 日起实施的《中华人民共和国车辆购置税暂行条例》。车辆购置税的纳税人为购置（包括购买、进口、自产、受赠、获奖或以其他方式取得并自用）应税车辆的单位和个人，征税范围为汽车、摩托车、电动汽车、挂车、农用运输车，税率为 10%，应纳税额的计算公式为

$$应纳税额 = 计税价格 \times 税率$$

比如，消费者购买一辆 100000 元的国产车，去掉增值税部分后按 10% 纳税，计算公式是 $100000 \div 1.17 \times 0.1$ 元 = 8547 元。

b. 进口二手车重置成本的构成。

根据海关税则和收费标准，进口轿车的重置成本（即现行价格）的税费构成为

$$进口二手车重置成本 = 报关价 + 关税 + 消费税 + 增值税 + 其他必要费用$$

Ⅰ. 报关价：即到岸价，又称为 CIF 价格，它与离岸价 FOB 的关系为

$$CIF 价格 = FOB 价格 + 途中保险费 + 从装运港到目的港的运费$$

FOB 价格是指在国外装运港船上交货时的价格，因此也称为离岸价，它不包括从装运港到目的港的运费和保险费。

Ⅱ. 关税：其计算方法为

$$关税 = 报关价 \times 关税税率$$

Ⅲ．消费税：其计算方法为

$$消费税 = \frac{报关价 + 关税}{1 - 消费税率} \times 消费税率$$

Ⅳ．增值税：其计算方法为

$$增值税 = （报关价 + 关税 + 消费税）\times 增值税率$$

各种进口车增值税税率均为17%。

Ⅴ．其他费：除了上述费用之外，进口车价还包括通关、商检、仓储运输、银行、选装件价格、经销商、进口许可证等非关税措施造成的费用。

②物价指数法。物价指数法也叫作价格指数法，是指根据已掌握历年来的价格指数，在二手车原始成本的基础上，通过现时物价指数确定其重置成本，其计算公式为

$$B = B_0 \frac{I}{I_0}$$

$$B = B_0(1 - \lambda)$$

式中，B 为车辆重置成本；B_0 为车辆原始成本；I 为车辆评估时物价指数；I_0 为车辆当初购买时物价指数；λ 为车辆价格变动指数。

③二手车重置成本全价的确定。在实际工作中，一般根据鉴定估价的经济行为确定重置成本的全价，具体有以下两种处理方法：

a. 对于以所有权转让为目的的二手车交易经济行为，按评估基准日被评估车辆所在地收集的现行市场成交价格作为被评估车辆的重置成本全价，其他费用略去不计。

b. 对企业产权变动的经济行为（如企业合资、合作和联营，企业分设、合并和兼并，企业清算，企业租赁等），其重置成本全价除了考虑被评估车辆的现行市场购置价格以外，还应将国家和地方政府规定对车辆加收的其他税费（如车辆购置附加费和车船使用税等）一并计入重置成本全价中。

5. 重置成本法的实例

（1）使用年限法评估二手车　2010年8月，王女士购置了一辆爱丽舍轿车，作为上下班代步用。购买价格为97800元，初次登记日期是2010年9月。该车于2014年12月进入二手车交易市场估价交易。现场查勘，车身外观较好，发动机运转平稳，无异常响声，制动系统良好。该车行驶里程为10万km，在评估时，该车的现行市场销售价格为79800元，其他税费不计，试评估该车的现时市场价值。

解：根据题意可知以下内容：

①初次登记日期为2010年9月，评估基准日期为2014年12月，已使用年限为4年3个月，即 $Y = 51$ 个月。

②该车为轿车，规定使用年限为15年，即 $Y_g = 180$ 个月。

③该车的现时重置成本为 $B = 79800$ 元。

④该车的年限成新率为 $C_Y = \left(1 - \dfrac{Y}{Y_g}\right) \times 100\% = \left(1 - \dfrac{51}{180}\right) \times 100\% \approx 71.67\%$。

⑤评估值 $P = BC = 79800 \text{ 元} \times 71.67\% \approx 57193 \text{ 元}$。

(2) 综合分析法评估二手车　刘先生于 2010 年 3 月购置一辆国产奥迪 2.4 轿车,作为家庭用车。于 2015 年 3 月到某奥迪专卖店进行二手车置换业务,行驶里程为 9.5 万 km,已知与该车类似的奥迪 2.5 新车市场价格为 428000 元。经评估人员现场查勘,该车技术状况较好,使用维护保养较好,而且主要是在市内行驶。试用重置成本——综合分析法评估该车的价值。

解:根据题意可知以下内容:

①评估价值采用重置成本——综合分析法,计算公式为

$$P = BC_F = B\left(1 - \dfrac{Y}{Y_g}\right)K \times 100\%$$

②初次登记日期为 2010 年 3 月,评估基准日期为 2015 年 3 月,则 $Y = 60$ 个月。

③该车为轿车,规定使用年限为 15 年,即 $Y_g = 180$ 个月。

④该车的现时重置成本为 $B = 428000$ 元。

⑤综合调整系数 K 的确定如下:

技术状况较好,车辆技术状况调整系数为 $K_1 = 0.9$。

使用维护保养好,维护保养调整系数为 $K_2 = 0.9$。

该车为国产名牌,制造质量调整系数为 $K_3 = 0.9$。

该车为私人用车,车辆用途调整系数为 $K_4 = 1.0$。

该车主要在市内行驶,使用条件调整系数为 $K_5 = 1.0$。

⑥则综合调整系数为

$K = K_1 \times 30\% + K_2 \times 25\% + K_3 \times 20\% + K_4 \times 15\% + K_5 \times 10\%$

　$= 0.9 \times 30\% + 0.9 \times 25\% + 0.9 \times 20\% + 1.0 \times 15\% + 1.0 \times 10\%$

　$= 92.5\%$

⑦计算评估值 $P = BC_F = 428000 \text{ 元} \times 61.67\% \approx 263948 \text{ 元}$。

二、收益现值法

1. 收益现值法的概念和基本原理

(1) 收益现值法的概念　收益现值法是通过估算被评估二手车在剩余寿命期内的预期收益,并折现为评估基准日的现值,借此来确定二手车价值的一种评估方法。也就是说,现值在这里被视为二手车的评估值,而且现值的确定依赖于未来预期收益。

(2) 收益现值法的基本原理　收益现值法是基于这样的假设,即人们之所以购买某辆二手车,主要是考虑这辆车能为自己带来一定的收益。任何一个理智的投资者在决定投资购买这辆

二手车时，他所愿意支付的货币金额不会高于评估时求得的该车未来预期收益的折现值。

2. 收益现值法的应用前提

①被评估二手车必须是经营性车辆，且具有继续经营和获利的能力。
②继续经营的预期收益可以预测而且必须能够用货币金额来表示。
③二手车购买者获得预期收益所承担的风险也可以预测，并可以用货币衡量。
④被评估二手车预期获利年限可以预测。

3. 收益现值法的优缺点

（1）收益现值法的优点
①与投资决策相结合，容易被交易双方接受。
②能真实和较准确地反映车辆本金化的价格。
（2）收益现值法的缺点
①预期收益额和折现率以及风险报酬率的预测难度大。
②受主观判断和未来不可预见因素的影响较大。

4. 应用收益现值法评估的具体方法

（1）计算模型

$$P = \sum_{t=1}^{n} \frac{A_t}{(1+i)^t} = \frac{A_1}{(1+i)^1} + \frac{A_2}{(1+i)^2} + \cdots + \frac{A_n}{(1+i)^n}$$

式中，P 为评估值；A_t 为未来第 t 个收益期的预期收益额；n 为收益年期（即二手车剩余使用寿命的年限）；i 为折现率，在经济分析中如果不另外说明，一般指年利率或收益利率；t 为收益期，一般以年计。

当 $A_1 = A_2 = \cdots = A_n$ 时，即 t 在 $1 \sim n$ 年未来收益都相同为 A 时，则有

$$P = A \left[\frac{1}{1+i} + \frac{1}{(1+i)^2} + \cdots + \frac{1}{(1+i)^n} \right] = A \frac{(1+i)^n - 1}{i(1+i)^n}$$

简记为

$$P = A \ (P/A, \ i, \ n)$$

式中反映了收益率为 i，二手车预期在 n 年的收益期内每年的收益为 A，这几年累计收益额"等值于"现值 P，那么，现在可接受的最大投资额应为 P。

（2）收益现值法各评估参数的确定

1）收益年期 n 的确定。收益年期（即二手车剩余使用寿命的年限）指从评估基准日到二手车报废的年限。各类营运车辆的报废年限在国家《机动车强制报废标准规定》中都有具体规定。如果剩余使用寿命期估算得过长，则计算的收益年期就多，车辆的评估价格就高；反之，则会低估价格。因此，必须根据二手车的实际状况对其收益年期做出正确的评定。

2）预期收益额 A_t 的确定。当运用收益现值法时，未来每年收益额的确定是关键。预期收益额是指被评估二手车在其剩余使用寿命期内的使用过程中，可能带来的年纯收益

额。确定车辆预期收益额时应注意以下两点：

①预期收益额是通过预测分析获得的。

②收益额的构成为

$$收益额 = 税前收入 - 应交所得税 = 税前收入 \times (1 - 所得税率)$$

$$税前收入 = 一年的毛收入 - 车辆使用的各种税、费和人员劳务费等$$

3）折现率 i 的确定。折现率是指将未来预期收益额折算成现值的比率。从本质上讲，折现率是一种期望投资报酬率，是投资者在投资风险一定的情况下，对投资所期望的回报率。折现率由无风险报酬率和风险报酬率两部分组成，即

$$折现率 i = 无风险报酬率 + 风险报酬率$$

5. 收益现值法的评估实例

某个体人员拟购买一辆轻型货车从事营运经营。已知该车的剩余使用年限为 4 年，适用的折现率为 8%，经预测 4 年内该车的预期收益分别为 10000 元、9000 元、8000 元和 7000 元，试用收益现值法评估该车辆目前的价格。

解：由于该车每年的预期收益额不相等，根据收益现值法的模型，价格为

$$P = \sum_{t=1}^{n} \frac{A_t}{(1+i)^t} = \frac{A_1}{(1+i)^1} + \frac{A_2}{(1+i)^2} + \cdots + \frac{A_n}{(1+i)^n}$$

$$= \frac{10000}{(1+8\%)^1} + \frac{9000}{(1+8\%)^2} + \frac{8000}{(1+8\%)^3} + \frac{7000}{(1+8\%)^4}$$

$$= 9259 元 + 7716 元 + 6351 元 + 5147 元$$

$$= 28473 元$$

该车评估价值为 28473 元。

三、现行市价法

1. 现行市价法的基本原理

1）现行市价法又称为市场法和市场价格比较法，是指通过比较被评估车辆与最近售出类似车辆的异同，并将类似车辆的市场价格进行调整，从而确定被评估车辆价值的一种评估方法。

2）现行市价法是基于这样的原理：任何一个正常的投资者在购置某项资产时，他所愿意支付的价格不会高出市场上具有相同用途替代品的现行市价。

2. 现行市价法的应用前提和适用范围

（1）现行市价法的应用前提　由于现行市价法是以同类二手车销售价格相比较的方式来确定被评估二手车价值的，因此，运用这一方法时一般应具备以下两个基本的前提条件：

①要有一个发育成熟、交易活跃的二手车交易公开市场，经常有相同或类似二手车的交易，有充分的参照车辆可取，市场成交的二手车价格反映市场行情，这是应用现行市价

法评估二手车的关键。

②市场上参照的二手车与被评估二手车有可比较的指标,这些指标的技术参数等资料是可收集到的,并且价值影响因素明确,可以量化。

(2) 现行市价法的适用范围　现行市价法是从卖者的角度来考虑被评估二手车的变现值的,二手车评估价值的大小直接受市场的制约,因此,它特别适用于产权转让的畅销车型的评估,如二手车收购(尤其是成批收购)和典当等业务。畅销车型的数据充分可靠,市场交易活跃,评估人员熟悉其市场交易情况,采用现行市价法评估二手车时间会很短。

3. 现行市价法的优缺点

(1) 现行市价法的优点
①能够客观反映二手车目前的市场情况。
②结果易于被各方面理解和接受。
(2) 现行市价法的缺点
①需要公开及活跃的二手车市场作为基础,然而在我国很多地方二手车市场建立时间短,发育不完全和不完善,寻找参照车辆有一定的困难。
②可比因素多而复杂,即使是同一个生产厂家生产的同一型号的产品,一同登记,但由于是不同的车主使用,其使用强度、使用条件和维护水平的不同而带来车辆技术状况不同,造成二手车评估价值差异。

4. 应用现行市价法评估的具体方法

(1) 直接市价法
①参照车辆与被评估二手车完全相同:所谓完全相同是指车辆型号、使用条件和技术状况相同,生产和交易时间相近。这样的参照车辆常见于市场保有量大和交易比较频繁的畅销车型,如普通桑塔纳、捷达和夏利等。

②参照车辆与被评估二手车相近:这种情况是参照车辆与被评估车辆类别相同、主参数相同、结构性能相同,只是生产序号不同并只进行局部改动,交易时间相近的车辆,也可近似等同作为评估过程中的参照车辆。这种情况在我国汽车市场上是非常常见的,很多汽车厂商为了追求车型的变化,给消费者一个新的感觉,每年都在原车型的基础上做一些小的改动,如车身的小变化和内饰配置的变化等。

直接市价法评估公式为

$$P = P'$$

式中,P 为评估值;P' 为参照车辆的市场成交价格。

(2) 类比调整市价法

1) 计算模型。类比调整市价法是指评估二手车时,在公开市场上找不到与之完全相同的车辆,但能找到与之相类似的车辆,以此为参照车辆,并根据车辆技术状况和交易条件的差异对参照车辆的价格做出相应调整,进而确定被评估二手车价格的一种评估方法,其基本计算公式为

$$P = P'K$$

式中，P 为评估值；P' 为参照车辆的市场成交价格；K 为差异调整系数。

2）评估步骤。现行市价法评估二手车的步骤如下：

①收集被评估二手车资料。

②选取参照车辆。

③类比和调整。

④计算评估值。

5. 现行市价法的评估实例

在对某辆二手车进行评估时，评估人员选择了三个近期成交的与被评估二手车类别和结构基本相同、技术经济参数相近的车辆作为参照车辆。参照车辆与被评估二手车的一些具体技术经济参数见表 3-7。

表 3-7 参照车辆与被评估二手车的一些具体技术经济参数

序号	技术经济参数	参照车辆 A	参照车辆 B	参照车辆 C	被评估二手车
1	车辆交易价格（元）	50000	65000	40000	待定
2	销售条件	公开市场	公开市场	公开市场	公开市场
3	交易时间	6 个月前	2 个月前	10 个月前	—
4	已使用年限（年）	5	5	6	5
5	尚可使用年限（年）	5	5	4	5
6	成新率（%）	62	75	55	70
7	年平均维修费用（元）	20000	18000	25000	20000
8	每百千米耗油量/L	25	22	28	24

评估步骤如下：

1）对被评估二手车与参照车辆之间的差异进行比较和量化。

①销售时间的差异。搜集到的资料表明，在评估之前到评估基准日之间的一年内，物价指数每月上升 0.5% 左右。各参照车辆与被评估二手车由于时间差异所产生的差额为

a. 被评估二手车与参照车辆 A 相比较晚 6 个月，价格指数上升 3%，其差额为

$$50000 \text{ 元} \times 3\% = 1500 \text{ 元}$$

b. 被评估二手车与参照车辆 B 相比较晚 2 个月，价格指数上升 1%，其差额为

$$65000 \text{ 元} \times 1\% = 650 \text{ 元}$$

c. 被评估二手车与参照车辆 C 相比较晚 10 个月，价格指数上升 5%，其差额为

$$40000 \text{ 元} \times 5\% = 2000 \text{ 元}$$

②车辆性能的差异。

a. 各参照车辆与被评估二手车每年由于燃油消耗的差异所产生的差额，按每日运行 150km，每年平均出车 250 天，燃油价格按 7 元/L 计算。

参照车辆 A 每年比被评估二手车多消耗燃料的费用为

$$(25-24) \times 7 \times (150/100) \times 250 \text{ 元} = 2625 \text{ 元}$$

参照车辆 B 每年比被评估二手车少消耗燃料的费用为

$$(24-22) \times 7 \times (150/100) \times 250 \text{ 元} = 5250 \text{ 元}$$

参照车辆 C 每年比被评估二手车多消耗燃料的费用为

$$(28-24) \times 7 \times (150/100) \times 250 \text{ 元} = 10500 \text{ 元}$$

b. 各参照车辆与被评估二手车每年由于维修费用的差异所产生的差额。

参照车辆 A 与被评估二手车每年维修费用的差额为

$$20000 \text{ 元} - 20000 \text{ 元} = 0$$

参照车辆 B 与被评估二手车每年维修费用的差额为

$$20000 \text{ 元} - 18000 \text{ 元} = 2000 \text{ 元}$$

参照车辆 C 与被评估二手车每年维修费用的差额为

$$25000 \text{ 元} - 20000 \text{ 元} = 5000 \text{ 元}$$

c. 各参照车辆与被评估二手车每年由于运行成本的差异所产生的差额。

参照车辆 A 比被评估二手车每年多花费的运行成本为

$$2625 \text{ 元} + 0 = 2625 \text{ 元}$$

参照车辆 B 比被评估二手车每年少花费的运行成本为

$$5250 \text{ 元} + 2000 \text{ 元} = 7250 \text{ 元}$$

参照车辆 C 比被评估二手车每年多花费的运行成本为

$$10500 \text{ 元} + 5000 \text{ 元} = 15500 \text{ 元}$$

d. 适用的折现率为 20%，则在剩余的使用年限内，各参照车辆比被评估二手车多（或少）花费的运行成本计算如下：

参照车辆 A 比被评估二手车多花费的运行成本折现累加为

$$2625 \text{ 元} \times \frac{(1+20\%)^5 - 1}{20\% \times (1+20\%)^5} = 7850 \text{ 元}$$

参照车辆 B 比被评估二手车少花费的运行成本折现累加为

$$7250 \text{ 元} \times \frac{(1+20\%)^5 - 1}{20\% \times (1+20\%)^5} = 21680 \text{ 元}$$

参照车辆 C 比被评估二手车多花费的运行成本折现累加为

$$15500 \text{ 元} \times \frac{(1+20\%)^4 - 1}{20\% \times (1+20\%)^4} = 40195 \text{ 元}$$

③成新率的差异。

参照车辆 A 与被评估二手车由于成新率的差异所产生的差额为

$$50000 \text{ 元} \times (70\% - 62\%) = 4000 \text{ 元}$$

参照车辆 B 与被评估二手车由于成新率的差异所产生的差额为

$$65000 \text{ 元} \times (70\% - 75\%) = -3250 \text{ 元}$$

参照车辆 C 与被评估二手车由于成新率的差异所产生的差额为

$$40000 \text{ 元} \times (70\% - 55\%) = 6000 \text{ 元}$$

2）根据被评估二手车与参照车辆之间差异的量化结果，确定车辆的评估值。

①初步确定被评估二手车的评估值。

与参照车辆 A 相比分析调整差额，初步评估的结果为

$$\text{车辆评估值} = 50000 \text{ 元} + 1500 \text{ 元} + 7850 \text{ 元} + 4000 \text{ 元} = 63350 \text{ 元}$$

与参照车辆 B 相比分析调整差额，初步评估的结果为

$$\text{车辆评估值} = 65000 \text{ 元} + 650 \text{ 元} - 21680 \text{ 元} - 3250 \text{ 元} = 40720 \text{ 元}$$

与参照车辆 C 相比分析调整差额，初步评估的结果为

$$\text{车辆评估值} = 40000 \text{ 元} + 2000 \text{ 元} + 40195 \text{ 元} + 6000 \text{ 元} = 88195 \text{ 元}$$

②综合定性分析，确定被评估二手车的评估值。

从上述初步估算的结果可知，按三个不同的参照车辆进行比较测算，初步评估的结果最多相差 47475 元（88195 元 - 40720 元 = 47475 元）。其主要原因是三个参照车辆的成新率不同（参照车辆 A 为 62%、参照车辆 B 为 75%、参照车辆 C 为 55%）；另外，在选取有关的技术经济参数时也可能存在误差。为减少误差，结合考虑被评估二手车与参照车辆的相似程度，决定采用加权平均法确定评估值。参照车辆 B 的交易时间离评估基准日较接近（仅隔 2 个月），且已使用年限、尚可使用年限、成新率等都与被评估二手车最相近，由于它的相似程度比参照车辆 A、C 更大，故决定取参照车辆 B 的加权系数为 60%；参照车辆 A 的交易时间、已使用年限、尚可使用年限和成新率等比参照车辆 C 的相似程度更大，故决定取参照车辆 A 的加权系数为 30%；取参照车辆 C 的加权系数为 10%。加权平均后，被评估二手车的评估值为

$$\text{车辆评估值} = 40720 \text{ 元} \times 60\% + 88195 \text{ 元} \times 30\% + 63350 \text{ 元} \times 10\% = 57225 \text{ 元}$$

四、清算价格法

1. 清算价格法的基本概念

清算价格法是根据公司清算时其资产可变现的价值，评定重估价值。它适用于依照《中华人民共和国企业破产法（试行）》规定，经人民法院宣告破产的公司。公司资产中包含车辆则要以清算价格为标准，对二手车进行价格评估。所谓清算价格，指企业由于破产或其他原因，要求在一定的期限内将车辆变现，在企业清算之日预期出卖车辆可收回的快速变现价格。

2. 清算价格法的应用前提和适用范围

（1）清算价格法的应用前提

①以具有法律效力的破产处理文件或抵押合同及其他有效文件为依据。

②车辆在市场上可以快速出售变现。

③所卖收入足以补偿因出售车辆的附加支出总额。

(2) 清算价格法的适用范围　清算价格法适用于企业破产、资产抵押和停业清理时要出售的车辆。

3. 影响清算价格的主要因素

在二手车评估中，影响清算价格的主要因素包括破产形式、债权人处置车辆的方式、车辆清理费用、拍卖时限、公平市价和参照车辆价格等。

4. 确定评估清算价格的具体方法

(1) 现行市价折扣法　首先，根据被评估二手车的具体情况及所获得的资料，选择重置成本法、收益现值法及现行市价法中的一种方法确定被评估二手车的价格，然后，根据市场调查和快速变现原则，确定一个合适的折扣率。用评估价格乘以折扣率，所得结果即为被评估二手车的清算价格。

(2) 模拟拍卖法　模拟拍卖法也称为意向询价法。这种方法是根据向被评估二手车的潜在购买者询价的办法取得市场信息，最后经二手车鉴定评估师分析确定其清算价格的一种方法。用这种方法确定的清算价格受供需关系影响很大，要充分考虑其影响的程度。

5. 清算价格法的评估实例

某法院欲在近期内将其扣押的一辆轻型载货汽车拍卖出售。至评估基准日止，该汽车已使用了1年6个月，车况与其新旧程度相符，试评估该车的清算价格。据了解，本次评估的目的属债务清偿，应采用的评估方法为清算价格法。

根据被评估车辆的实际情况和所掌握的资料，决定首先利用重置成本法确定车辆在公平市场条件下的评估价格，然后，根据市场调查，按一定的折现率确定汽车的清算价格。

求解步骤如下：

①根据题目已知条件，采用重置成本法确定清算价格。

②求已使用年限和规定使用年限：该车已使用年限为1年6个月，折合为18个月；根据国家规定，被评估车辆的使用年限为10年，折合为120个月。

③确定车辆的重置成本全价：据市场调查，全新同型车目前的售价为5.5万元。根据相关规定，购置此型车时，要交纳10%的车辆购置税，3%的货运附加费，故被评估车辆的重置成本全价 B 为

$$B = 55000\ 元 \times (1 + 10\% + 3\%) = 62150\ 元$$

④确定车辆的成新率：被评估车辆的价值不高，且车辆的技术状况与其新旧程度相符，决定采用使用年限法确定其成新率，故被评估车辆的成新率 C_Y 为

$$C_Y = \left(1 - \frac{Y}{Y_g}\right) \times 100\% = \left(1 - \frac{18}{120}\right) \times 100\% = 85\%$$

⑤确定被评估车辆在公平市场条件下的评估值：根据调查了解，被评估车辆的功能性损耗及经济性损耗均很小，可忽略不计，故在公平市场条件下，该车的评估值 P 为

$$P = BC = 62150\ 元 \times 85\% \approx 52828\ 元$$

⑥确定折扣率：根据市场调查，折扣率取75%时，可在清算日内出售车辆，故确定折扣率为75%。

⑦确定被评估车辆的清算价格为

车辆的清算价格 = 52828元×75% = 39621元

五、折旧法

1. 折旧法的基本原理

(1) 二手车折旧的概念　折旧是固定资产的一个基本概念，它是指企业的固定资产在预计的使用年限内由于磨损和损耗而逐渐转移的价值。这部分转移的价值以折旧费的形式计入成本费用，并从企业营业收入中得到补偿。

(2) 折旧法评估的基本原理　评估价用数学式表达为

被评估二手车的评估值 = 重置成本全价 – 累计折旧额 – 维修费用

2. 折旧法的基本方法

(1) 评估模型　其计算公式为

$$P = B - \sum D_t - F_s$$

式中，P 为二手车的评估价；B 为二手车重置成本全价；D_t 为二手车年折旧额；$\sum D_t$ 为二手车已使用年限 t 内的累计折旧额；F_s 为二手车需要的维修费用。

(2) 年折旧额的计算　二手车年折旧额的计算有等速折旧法和加速折旧法两种方法。

1) 等速折旧法。等速折旧法也称为年限平均法，是指用车辆的原值除以车辆使用年限，以求得每年平均计提折旧额的方法，其计算公式为

$$D_t = (K_0 - S_V)/N$$

式中，D_t 为二手车年折旧额；K_0 为二手车原值；S_V 为二手车残值；N 为二手车预计使用年限（年）。

2) 加速折旧法。加速折旧法也称为递减折旧法，是指在汽车使用早期多提折旧，在使用后期少提折旧的一种方法。这种方法的理论依据是：汽车在使用初期发生的故障少，需要的修理费用少，提供的服务多，为企业创造的效益高，理应多提折旧；在汽车的使用后期，随着汽车磨损程度的加剧，需要的修理费用越来越多，单位时间提供的服务量逐年减少，理应少提折旧。这样，可使汽车在各年承担的总费用比较接近，利润比较平稳，也弥补了年限平均法的不足。

加速折旧法求折旧额的方法有年份数求和折旧法和双倍余额递减折旧法。

①年份数求和折旧法。年份数求和折旧法是指每年的折旧额可用车辆原值减去残值的差额乘以一个逐年递减系数，来确定折旧额的一种方法，其计算公式为

$$D_t = (K_0 - S_V)\frac{N+1-t}{\frac{N(N+1)}{2}}$$

式中，D_t 为二手车年折旧额；K_0 为二手车原值；S_V 为二手车残值；t 为二手车到评估基准日止已经使用的年度数；N 为二手车预计使用年限。

②双倍余额递减折旧法。双倍余额递减折旧法是根据每年年初二手车剩余价值和双倍的等速法折旧率计算二手车折旧的一种方法。这种方法计算时不考虑二手车预计净残值，用数学式表示为

$$年折旧率 = \frac{2}{预计使用年限} \times 100\%$$

$$年折旧额 = 该年年初二手车剩余价值 \times 年折旧率$$

3. 折旧法的优缺点

①优点：计算方法简便，适用范围最广泛。

②缺点：忽略了某些固定资产在不同期间使用强度的不均衡性所导致不同期间固定资产有形损耗程度的差异。

4. 折旧法的比较选择与适用范围

（1）折旧方法的比较　采用等速折旧法计提折旧，二手车的转移价值平均摊配于其使用年限中，它的优点是计算简单，容易理解。但是，随着二手车使用时间的推移，一方面，其磨损程度逐渐增加，使用后期的维修费支出将会高于使用前期的维修费支出，即使各个使用年度负担的折旧费相同，但各个使用年度的二手车使用成本（折旧费与维修费之和）也会不同。这种方法没有考虑二手车使用过程中相关支出摊配于各个使用年度的均衡性。另一方面，当代科学技术进步飞快，导致了二手车无形损耗（功能性损耗和经济性损耗）加快，等速折旧法没有反映这种损耗的摊配比例。

采用加速折旧法计提折旧，克服了等速折旧法的不足。因为这种方法前期计提的折旧费较多而维修费较少，后期计提的折旧费较少而维修费较多，一方面，保持了各个使用年度负担的二手车使用成本的均衡性；另一方面，也较多地反映了由于技术进步所带来的价值损耗客观实际。

（2）折旧方法的选择　在二手车估价中，推荐使用加速折旧法。

（3）适用范围　由于折旧法采用的是经济使用年限，且可以采用加速折旧法计算二手车的价值转移，使二手车剩余价值相对比较小，这对二手车收购方来说是比较有利的，因此，折旧法比较适用于二手车的收购。

5. 折旧法的收购估价实例

鉴定估价快速变现法的基本原理是：先运用鉴定估价方法（主要是重置成本法和现行市价法）对二手车进行鉴定估价，然后根据快速变现的原则，结合当地二手车市场销售行情和工作经验，估定一个折扣率，将欲收购的二手车鉴定估算价格做一折扣，即得二手车的收购价格。用数学公式表示为

$$二手车收购价 = 鉴定估价 \times (1 - 折扣率) = 鉴定估价 \times 变现率$$

运用鉴定估价快速变现法确定二手车的收购估价步骤如下：

（1）确定成新率 C　成新率的确定可以用第一节介绍的方法确定，也可以用折旧率的方法确定。下面主要介绍后一种方法。其计算公式为

$$C = 1 - \sum 折旧率$$

（2）计算评估价 P　评估价计算公式为

$$P = BC$$

式中，B 为重置成本。

（3）确定变现价格（收购价）　折扣率由实际工作经验确定，一般可综合确定为 30%，即

$$变现率 = 1 - 30\% = 70\%$$
$$二手车收购价 = P \times 70\%$$

6. 折旧法的收购估价和鉴定估价的区别

（1）二者估价的主体不同　二手车收购估价的主体是买卖双方，它是以购买者的身份与卖方进行价格谈判，根据供求价格规律可以讨价还价，自由定价；而二手车的鉴定估价是公正性和服务性的中间人，遵循独立性的原则，通过对被评估车辆技术鉴定的全面判断来反映其客观价格，不可以随意变动。

（2）二者估价的目的不同　二手车收购估价是购买者估算车辆价格，以把握事实真相，心中有数地与卖主讨价还价，是以经营为目的的；二手车鉴定估价是接受委托人委托，为被评估车辆将要发生的经济行为提供价值依据，是以服务为目的的。

（3）二者估价的思想和方法不同　二手车收购估价接受国家有关评估法规的指导，根据估价目的，参照评估的标准和方法进行，具有灵活性，可以讨价还价；二手车鉴定估价，要求严格遵守国家颁布的有关评估法规，按特定的目的选择与之相匹配的评估标准和方法，具有约束性。

（4）二者估价的价值概念不同　虽然鉴定估价与收购估价其价值概念都具有交易价值和市场价值，但收购价格受快速变现原则的作用，其价格大大低于"市场价格"。

第三节　二手车评估方法的选择

一、二手车评估方法的联系与区别

1. 重置成本法与现行市价法的联系与区别

1）重置成本法与现行市价法的联系。决定重置成本的因素与决定现行市价的最基本因素相同，即现有条件下生产功能相同的车辆所花费的社会必要劳动时间。但是现行市价

的确定还需考虑其他与市场相关的因素，一是车辆功能的市场性，即车辆的功能能否得到市场认可；二是市场供求关系的影响。

2）重置成本法与现行市价法的区别。现行市价以市场价格为依据，车辆价格受市场因素约束，并且其评估值直接受市场检验；而重置成本只是在模拟条件下重置车辆的现行价格。

重置成本法是将被评估车辆与全新车辆进行比较的过程，而且，比较侧重于性能方面。比如，当评估一辆旧汽车时，首先要考虑重新购置一台全新的车辆时需花多少成本，同时还需进一步考虑二手车的陈旧状况和功能、技术情况。只有当这一系列因素充分考虑周到后，才可能给二手车定价。而上述过程都涉及与全新车辆的比较，没有比较就无法确定二手车的价格。

现行市价法的出发点更多地表现在价格上。由于现行市价法比较侧重价格分析，因此对现行市价法的运用十分强调市场化程度。如果市场很活跃，参照物很容易取得，那么运用现行市价法所取得的结论就会更可靠。现行市价法的这种比较性，相对于重置成本法而言，其条件更为广泛。

2. 重置成本法与收益现值法的联系与区别

重置成本法与收益现值法的区别在于，前者是对历史进行分析，后者是对预期进行分析。重置成本法比较侧重对车辆过去使用状况的分析，再加上对现时的比较后才得出结论。如有形损耗就是基于被评估车辆的已使用年限和使用强度等来确定的。因此，如果没有对被评估车辆历史的判断和记录，运用重置成本法评估车辆的价值是不可能的。

收益现值法的评估要素完全是基于对未来收益的分析。收益现值法从不把被评估车辆已使用年限和使用程度作为评估基础，不必考虑被评估车辆过去的情况怎样，所考虑和侧重的是被评估对象未来能给投资者带来多少收益。一般而言，预期收益越大，车辆的价值越大。预期收益的测定，是收益现值法的基础。

3. 现行市价法与收益现值法的联系与区别

现行市价法与收益现值法的联系主要表现在两者在价格形式上有相似之处，都是评估公平市场价格。两者的区别在于，现行市价主要是车辆进入市场的价格计量，而收益现值主要以车辆的获利能力进入市场的价格计量。

从评估的角度看，收益现值法中任何参数的确定，都具有主观性。因为预期收益和折现率等都是不可知的参数，但是这些参数在运用收益现值法评估车辆价值时必须明确，否则收益现值法就不能使用。然而，一旦从估计上来考虑收益现值法中的参数，就涉及估计的依据问题。针对此问题，在市场相对发达的地方，通过选择参照物，进一步计量其收益折现率及预期年限，然后将这些参照物的数据比较有效地运用到被评估车辆上，以确定车辆的价值。

把收益现值法和现行市价法结合起来使用，其目的在于降低评估过程中人为因素的影响，尽量反映客观实际，从而使车辆的评估更能体现市场观点。

4. 清算价格法与现行市价法的联系与区别

清算价格法与现行市价法的联系主要表现在两者均是市场价格。

两者的区别在于，现行市价是公平市场价格，而清算价格是非正常市场上的拍卖价格，一般大大低于现行市价。

5. 折旧法与重置成本法的联系与区别

（1）规定使用年限与规定折旧年限的含义不同　规定使用年限不同于规定折旧年限。规定使用年限由《机动车强制报废标准规定》确定，是一个全国统一的标准；规定折旧年限是企业对某一类资产做出会计处理的统一标准，是一种高度政策化数字，对于该类资产中的每一项资产虽然具有普遍性、同一性和法定性，但不具有实际磨损意义上的个别性或特殊性。

（2）两者的损耗含义不同　折旧是由损耗决定的，但折旧并不完全是真正意义上的实际磨损，而是企业根据国家有关规定，结合本企业的具体经营规模和经营特点等情况，在确定的固定资产折旧年限内，分摊固定资产原值而计提的折旧额。根据《企业会计准则——固定资产》的规定，对入账的固定资产，不管企业使用与否都应计提折旧。因此，折旧是高度政策化了的损耗。

二手车实体有形损耗是指二手车在存放和使用过程中，由于自然力的作用而发生的损耗，是真正的实体磨损。

（3）折旧额与实体性贬值意义不同　折旧额是会计账面上根据固定资产的原始价值和预计使用年限，按照选择的折旧方法合理地分摊固定资产的应提折旧总额。年限折旧法计算的折旧额与固定资产的实际使用强度没有联系。

实体性贬值是由于实体磨损而带来的贬值，不同于折旧额，不能用账面上累计折旧额代替实体性贬值。实体性贬值可以通过折旧得到补偿。在车辆使用过程中，价值的运动依次经过价值损耗、价值转移和价值补偿，折旧作为转移价值，是在损耗的基础上确定的。

（4）重置成本法中成新率的确定与折旧年限确定的基础损耗本身具有差异性　确定折旧年限的损耗包括有形损耗（实体性损耗）和无形损耗；而评估中确定成新率的损耗，包括实体性损耗、功能性损耗和经济性损耗。其中，功能性损耗只是无形损耗的一种形式，而不是无形损耗的全部。

二、二手车评估方法的选用

前面分别介绍了二手车评估的几种基本方法，即重置成本法、收益现值法、现行市价法和清算价格法等。这些方法都有各自的特点，同时又是相互关联的。评估方法的多样性可以让二手车鉴定评估师选择适当的评估方法。选择合适的评估方法，有利于简捷和准确地确定被评估对象的价值。

1）重置成本法的适用范围。重置成本法是二手车评估中一种常用的方法，它适用于继续使用的车辆评估。对在用车辆，可直接运用重置成本法进行评估，无须做较大的调整。在目前，我国汽车交易市场尚需进一步规范和完善，运用现行市价法和收益现值法的客观条件受到一定的制约，而清算价格法仅在特定的条件下才能使用。因此，重置成本法在汽车评估中得到了广泛的应用。

2）收益现值法的适用范围。汽车的评估多数情况下采用重置成本法，但在某些情况下，也可运用收益现值法。运用收益现值法进行汽车评估的前提是被评估车辆具有独立的、能连续用货币计量的可预期收益。由于在车辆的交易中，人们购买的目的不在于车辆本身，而是车辆的获利能力，因此，该方法较适于从事营运车辆的评估。

3）现行市价法的适用范围。现行市价法的运用首先必须以市场为前提，它是借助于参照物的市场成交价或变现价运作的（该参照物与被评估车辆相同或相似）。因此，一个活跃和发达的车辆交易市场是现行市价法得以广泛运用的前提。

此外，现行市价法的运用还必须以可比性为前提。运用该方法评估车辆市场价值的合理性与公允性，在很大程度上取决于所选取参照物的可比性如何。可比性包括以下两方面内容：

①被评估车辆与参照物之间在规格、型号、用途、性能和新旧程度等方面应具有可比性。

②参照物的交易情况（如交易目的、交易条件、交易数量、交易时间、交易结算方式等）与被评估车辆将要发生的情况具有可比性。

以上所述的市场前提和可比前提，既是运用现行市价法进行汽车评估的前提条件，同时也是对运用现行市价法进行汽车评估的范围界定。对于车辆的买卖，以车辆作为投资参股和合作经营，均适用现行市价法。

4）清算价格法的适用范围。清算价格法适用于企业破产、抵押、停业清理时要售出的车辆。这类车辆必须同时满足以下三个条件，方可利用清算价格法进行出售：

①具有法律效力的破产处理文件、抵押合同及其他有效文件为依据。

②车辆在市场上可以快速出售变现。

③清算价格足以补偿因出售车辆所付出的附加支出总额。

5）二手车鉴定估价方法的选择应考虑的因素。选择二手车鉴定估价方法时主要考虑的因素如下：

①二手车鉴定评估方法的选择必须严格与二手车评估的计价标准相适应。

②二手车鉴定评估方法的选择还要受数据收集和信息资料的制约。

③在选择二手车鉴定评估方法时，要充分考虑二手车鉴定估价工作的效率，应选择简单易行的方法。

考虑上述因素，在四种评估方法中，采用现行市价法评估时，由于我国二手车交易市场发育尚不健全，较难寻找与被评估车辆相同的车辆类型、相同的使用时间、相同的使用强度和相同的使用条件的参照物；当采用收益现值法时，投资者对预期收益额预测难度较大，且受较强的主观判断和未来不可预见因素的影响；当采用清算价格法评估车辆时，又受其适用条件的局限。而上述评估方法中，重置成本法具有收集资料信息便捷、操作简单易行、评估理论贴近二手车的实际等特点,故被最常采用。

第四节　二手车鉴定评估报告

一、二手车鉴定评估报告的相关制度

二手车鉴定评估报告制度是规定二手车鉴定评估机构在完成二手车鉴定评估工作后应向委托方出具鉴定评估报告书的一系列有关的规定的制度。

二手车鉴定评估属于专项资产评估,鉴定评估的对象又属于特种资产,因而对这种资产鉴定评估工作的管理有别于其他资产。在鉴定工作结束后,根据《二手车鉴定评估技术规范》(GB/T 30323—2013)、《二手车流通管理办法》以及其他有关法律、法规的要求,出具鉴定评估报告。

根据国家现行有关法律、法规的要求,二手车鉴定评估报告的有关制度主要有以下几个方面:

①二手车鉴定评估报告书必须以《二手车流通管理办法》《二手车鉴定评估技术规范》(GB/T 30323—2013)以及其他有关法律、法规为依据,二手车鉴定评估报告的基本内容和格式必须符合《二手车鉴定评估技术规范》(GB/T 30323—2013)的规定。

②二手车鉴定评估机构接受委托开展二手车鉴定评估工作活动后,要按照有关法规的要求,向委托方出具涉及该评估对象的评估过程、方法、结论、说明、计算过程及各类备查文件等内容的二手车鉴定评估报告书。

③二手车鉴定评估报告书由鉴定评估报告书正文及相关附件组成。

④二手车鉴定评估活动应充分体现鉴定评估机构的独立、客观和公正的原则,鉴定评估报告书的陈述不得带有任何诱导、恭维和推荐的内容,评估报告书正文不得出现鉴定评估机构的介绍性内容。

⑤二手车鉴定评估报告书的数据一般均应采用阿拉伯数字,鉴定评估报告书应用中文撰写打印(手写无效)。如需出具外文评估报告书,外文评估报告书的内容和结果应与中文报告书一致,并需在评估报告书中注明以中文报告为准。

⑥鉴定评估工作完毕后,二手车鉴定评估机构应按鉴定评估委托书及其附件、二手车鉴定评估工作底稿、审核确认文件等,并按有关规定的保存期限进行保管。

⑦委托方和有关单位应依据国家法律、法规有关规定,按照二手车鉴定评估报告书的条款,正确使用二手车鉴定评估报告书。

二、二手车鉴定评估报告书的基本内容

二手车鉴定评估报告书的基本内容如下:

1. 封面

二手车鉴定评估报告书的封面需包含二手车鉴定评估报告书名称、鉴定评估机构出具鉴定评估报告的编号、二手车鉴定评估机构全称和鉴定评估报告提交日期等。有服务商标的，评估机构可以在报告封面载明其图形标志。

2. 首部

鉴定评估报告书正文的首部应包括标题和报告书序号。

3. 绪言

绪言写明该评估报告委托方全称、受委托评估事项及评估工作整体情况。

4. 委托方与车辆所有方简介

1）应写明委托方、委托方联系人的名称、联系电话及住址。
2）车主的名称。

5. 鉴定评估目的

如根据委托方的要求，本项目评估目的为：
□交易　□转籍　□拍卖　□置换　□抵押　□担保　□咨询　□司法裁决

6. 鉴定评估对象

7. 鉴定评估基准日

8. 评估原则

严格遵循"客观性、独立性、公正性、科学性"的原则。

9. 评估依据

评估依据一般包括行为依据、法律法规依据、产权依据和评定及取价依据等。对评估中所采用的特殊依据也应在本节内容中披露。

10. 评估方法及计算过程

11. 评估过程

12. 评估结论

13. 特别事项说明

14. 评估报告法律效力

15. 鉴定评估报告提出日期

16. 附件

附件应包括：二手车鉴定评估委托书、二手车鉴定评估作业表、车辆行驶证、车辆购置税、车辆登记证书复印件、二手车鉴定评估师资格证书影印件、鉴定评估机构营业执照影印件、鉴定评估机构资质影印件和二手车照片等。

17. 尾部

尾部写明出具评估报告的评估机构名称,并盖章;写明评估机构法定代表人姓名并签名;二手车鉴定评估师盖章并签名;高级二手车鉴定评估师审核签章以及报告日期。

三、二手车鉴定评估报告书的编制步骤

1. 资产评估报告书的制作步骤

资产评估报告书的制作是评估机构完成评估工作的最后一道工序,是资产评估工作中的一个重要环节。制作资产评估报告书主要有五大步骤:

1)整理工作底稿和归集有关资料。资产评估现场工作结束后,有关二手车鉴定评估师必须着手对现场工作底稿进行整理,按资产的性质进行分类。同时对有关询证函、被评估资产背景材料、技术鉴定情况和价格取证等有关资料进行归集和登记。对现场未予确定的事项,还需进一步落实和核查。

2)评估明细表的数字汇总。在完成现场工作底稿和有关资料的归集任务后,二手车鉴定评估师应着手评估明细表的数字汇总。明细表的数字汇总应根据明细表的不同级次,先将每个细表汇总,然后分类汇总,再到资产负债表汇总。在数字汇总中应核对有关数字的关联性和各表栏之间数字的关系,预防出错。

3)评估初步数据的分析和讨论。在完成评估明细表的数字汇总,得出初步的评估数据后,应组织参与评估工作的有关人员,对评估报告的初步数据结论进行分析和讨论,比较有关评估数据,复核记录估算结果的工作底稿,对存在作价不合理的部分评估数据进行调整。

4)编写评估报告书。编写评估报告书可分为以下两步:

①在完成资产评估初步数据的分析和讨论,对有关部分的数据进行调整后,由具体参加评估各组负责人草拟出各自负责评估部分资产的评估说明,同时提交全面负责、熟悉本项目评估具体情况的人员草拟出的资产评估报告书。

②将评估基本情况和评估报告书初稿的初步结论与委托方交换意见,听取委托方的反馈意见后,在独立、客观和公正的前提下,认真分析委托方提出的问题和建议,考虑是否应修改评估报告书,对评估报告书中存在的疏忽、遗漏和错误之处进行修正,然后编写资产评估正式报告书。

5)资产评估报告书的签发与送交。评估机构编写出资产评估正式报告书后,经审核无误,按以下程序进行签名盖章:先由负责该项目的注册二手车鉴定评估师签章(两名或两名以上),再送复核人审核签章,最后送评估机构负责人审定签章并加盖机构公章。

资产评估报告书签名盖章后即可送交委托单位。

2. 二手车鉴定评估报告书的编写步骤

编写二手车评估报告书可以分为以下两个步骤:

①在完成二手车鉴定评估数据的分析和讨论，对有关部分的数据进行调整后，由具体参加评估的注册二手车鉴定评估师草拟出二手车鉴定评估报告书。

②将二手车鉴定评估的基本情况和评估报告书初稿的初步结论与委托方交换意见，听取委托方的反馈意见后，在坚持独立、客观和公正的前提下，认真分析委托方提出的问题和建议，考虑是否应该修改评估报告书，对报告书中存在的疏忽、遗漏和错误之处进行修正，待修改完毕后即可撰写正式的二手车鉴定评估报告书。

3. 二手车鉴定评估报告书制作的技术要点

二手车鉴定评估报告书的技术要点是指在二手车鉴定评估报告书中的主要技能要求，它具体包括了文字表达方面、格式与内容方面的技能要求，复核与反馈等方面的技能要求等。

1）文字表达方面的技能要求。二手车鉴定评估报告书既是一份对评估的车辆价值有咨询性和公正性作用的支持，又是一份用来明确鉴定评估机构和评估人员工作职责的文字依据，所以它的文字表达技能要求既要清楚和准确，又要提供充分的依据说明，还要全面地叙述整个鉴定评估的过程。报告文字表达必须清楚，不得使用模棱两可的措辞，其陈述既简明扼要，又要把有关问题说明清楚，不得带有任何诱导、恭维和推荐性的陈述。当然，在文字表达上也不能带着"大包大揽"的语句，尤其是涉及承担责任条款的部分。

2）格式和内容方面的技能要求。对二手车鉴定评估报告书格式和内容方面的技能要求，必须严格按《二手车鉴定评估技术规范》（GB/T 30323—2013）执行。

3）鉴定评估报告书的复核与反馈方面的技能要求。鉴定评估报告书的复核与反馈也是鉴定评估报告书制作的具体技能要求。通过对工作底稿、作业表、技术鉴定资料和鉴定评估报告书正文的文字、格式及内容的复核和反馈，可以将有关错误和遗漏等问题在出具正式报告书之前得到修正。对二手车鉴定评估师来说，由于知识、能力、经验、阅历及理论方法的限制而产生工作盲点和工作疏忽，所以，对鉴定评估报告书初稿进行复核就成为必要。对鉴定评估车辆的情况熟悉程度来说，大多数车辆评估委托方和占有方对委托鉴定评估车辆的成新率、使用强度、保养、车辆性能、维修和事故等情况可能比评估机构和二手车鉴定评估师更熟悉，所以在出具正式报告之前征求委托方的意见，收集反馈意见也很有必要。

对鉴定评估报告书进行复核，必须明确复核人员的职责，防止流于形式的复核。收集反馈意见主要是通过委托方或所有方熟悉车辆具体情况的人员。对委托方或车辆所有方意见的反馈信息，应慎重对待，应本着独立、客观和公正的态度接受其反馈意见。

4）撰写鉴定评估报告书时的注意事项。二手车鉴定评估报告书的制作技能除了需要掌握上述三个方面的技术要点外，还应注意以下几个事项：

①实事求是，切忌出具虚假报告。报告书必须建立在真实和客观的基础上，不能脱离实际情况，更不能无中生有。报告拟定人应是参与鉴定评估并全面了解被评估车辆的主要二手车鉴定评估师。

②坚持一致性做法，切忌出现表里不一。评估报告书文字和内容要前后一致，正文、

评估说明、作业表、鉴定工作底稿、格式甚至数据要相互一致，不能出现相互矛盾的情况。

③提交报告书要及时、齐全和保密。在正式完成鉴定评估报告工作后，应按业务约定书的约定时间及时将报告书送交委托方。当送交报告书时，报告书及有关文件要送交齐全。此外，要做好保密工作，尤其对评估涉及的商业秘密更要加强保密工作。

④评估报告书中应明确评估报告使用者及报告使用方式，提示评估报告使用者合理使用评估报告。注意防止报告书被恶意使用，避免报告书被滥用，规避执业风险。

第五节 案例分析

一、汽车鉴定评估报告书出具流程介绍

在实际鉴定评估工作中，一般按如下流程进行操作：接受委托→核查委托方资料→确定评估人员→制订评估实施方案→确定评估方法→对二手车进行现场查勘、核实→确定二手车成新率→进行市场调查和询证→确定二手车重置成本→确定二手车评估现值→出具"二手车鉴定评估报告书"。

评估事务所接受委托后，需要求委托人填写"二手车鉴定评估委托书"，见表3-8。

在评估项目中，二手车成新率和二手车重置成本直接影响到委托评估车辆的评估结果，因此，公正、科学地确定委托评估车辆的成新率和重置成本就成为确定本项评估结果的关键。

为了达到这一目的，完成评估程序所整理的工作底稿按如下流程进行：二手车现场查勘记录→二手车鉴定评估作业表→车辆成新率评定表→车辆询价表→二手车评估值计算表。

1．对被评估车辆进行现场查勘、核实阶段

公正、科学地确定委托评估车辆的成新率，首先必须对委托评估车辆进行认真的现场查勘、核实，做好现场记录，然后根据现场查勘记录进行分析整理，填写"二手车鉴定评估作业表"。在进行现场查勘时，应全面了解被评估车辆的基本情况，并对被评估车辆的技术状况做出全面合理的判断，见表3-9。

被评估车辆的基本情况主要包括车辆号牌号码、厂牌型号、生产厂家、已行驶里程、购置日期、登记日期、车辆大修情况、改装情况、油耗情况、尾气排放情况和事故情况等。

被评估车辆的技术状况主要有如下内容：

1) 车身外观。是否有碰撞、车辆颜色和光泽有无补漆锈蚀等情况、车灯是否齐全。

2) 底盘。有无变形，有无异响，变速器状况是否正常，前后桥状况是否正常，传动系统工作状况是否正常，是否漏油，转向系统情况是否正常，制动系统工作状况是否正常等。

3）车内装饰。装潢情况、清洁程度、仪表及座位是否完整以及其他有关装饰情况等。

4）发动机工作状况。动力状况、有无更换部件、有无大修现象、有无渗漏现象等。

5）电气系统。电源系统工作是否正常，发动机点火器工作是否正常，空调系统工作是否正常，音响系统工作是否正常等。

表 3-8 二手车鉴定评估委托书

委托书编号：

委托方名称（姓名）：　　　　　　　　　法人代码证（身份证）号：

鉴定评估机构名称：　　　　　　　　　　法人代码证：

委托方地址：　　　　　　　　　　　　　鉴定评估机构地址：

联系人：　　　　　　　　　　　　　　　电话：

因□交易　□转籍　□拍卖　□置换　□抵押　□担保　□咨询　□司法裁决需要，委托人与受托人达成委托关系，号牌号码为＿＿＿＿，车辆类型为＿＿＿＿，VIN 为＿＿＿＿的车辆进行技术状况鉴定并出具评估报告书，＿＿＿＿年＿＿月＿＿日前完成。

委托评估车辆基本信息

车主		身份证号码/法人代码证		联系电话	
住址					
经办人				联系电话	
住址		身份证号码		邮政编码	
车辆情况	厂牌型号			使用用途	
	载重量/座位/排量			燃料种类	
	初次登记日期	年　月　日		车身颜色	
	已使用年限（月）		累计行驶里程/万 km		
	大修次数	发动机（次）		整车（次）	
	维修情况				
	事故情况				
价值反映	购置日期	年　月　日		原始价格（元）	
	车主报价（元）				
备注：					

填表说明：

1）委托方保证所提供的资料客观真实，并负法律责任。

2）仅对车辆进行鉴定评估。

3）评估依据：《机动车运行安全技术条件》《二手车鉴定评估技术规范》等。

4）评估结论仅对本次委托有效，不做他用。

5)二手车鉴定评估师与有关当事人没有利害关系。

6)委托方如对评估结论有异议,可于收到"二手车鉴定评估报告"之日起 10 日内向受托方提出,受托方应给予解释。

委托方:(签字、盖章)   经办人:(签字、盖章)

                 (二手车鉴定评估机构盖章)

_____年___月___日   _____年___月___日

表 3-9　二手车技术状况表(示范文本)

类别	项目		项目		
车辆基本信息	厂牌型号		牌照号码		
	发动机号		VIN		
	初次登记日期	年__月__日	表征里程	万 km	
	品牌名称	□国产　□进口	车身颜色		
	年检证明	□有(至_年_月)□无	购置税证书	□有　　□无	
	车船税证明	□有(至_年_月)□无	交强险	□有(至_年_月)□无	
	使用性质	□营运用车　□出租车　□公务用车　□家庭用车　□其他			
	其他法定凭证、证明	□机动车号牌　□机动车行驶证　□机动车登记证书　□第三者强制保险单　□其他			
	车主名称/姓名		企业法人证书代码/身份证号码		
重要配置	燃料标号		排量	缸数	
	发动机功率		排放标准	变速器形式	
	安全气囊		驱动方式	ABS	□有　□无
	其他重要配置				
是否为事故车	□是　□否	损伤位置及损伤状况			
鉴定结果	分值		技术状况等级		
车辆技术状况鉴定缺陷描述	鉴定科目	鉴定结果(得分)		缺陷描述	
	车身检查				
	发动机检查				
	车内检查				
	起动检查				
	路试检查				
	底盘检查				

二手车鉴定评估师: 鉴定单位:(盖章)

                 鉴定日期:_____年___月___日

声明：本二手车技术状况表所体现的鉴定结果仅为鉴定日期当日被鉴定车辆的技术状况表现与描述，若在当日内被鉴定车辆的市场价值或因交通事故等原因导致车辆的价值发生变化，对车辆鉴定结果产生明显影响时，本技术状况鉴定说明书不作为参考依据。

以上查勘情况一般应由受托方中级二手车鉴定评估师详细填写，高级二手车鉴定评估师复核后再签名，以确认查勘情况是客观的和真实的，不存在与车辆实际状况不相符合的情况。确定查勘情况后，二手车鉴定评估师必须对评估车辆做出查勘鉴定结论。上述资料经过整理后，就可以编制成"二手车鉴定评估作业表"，见表3-10，此表是二手车评估主要的工作底稿之一。

表3-10 二手车鉴定评估作业表

车主		所有权性质	□公 □私	联系电话	
住址				经办人	
原始情况	厂牌型号		号牌号码		车辆类型
	VIN		车身颜色		
	发动机号		车架号		
	载重量/座位/排量		燃料种类		
	初次登记日期	__年__月	车辆出厂日期	__年__月__日	
	已使用年限/月		累计行驶里程	__万km	使用用途
检查核对交易证件	证件	□原始发票 □机动车登记证书 □机动车行驶证 □法人代码证或身份证 □其他			
	税费	□购置附加税 □养路费 □车船使用税 □其他			
结构特点					
现时技术状况					
价值反映	维护保养情况		现时状态		
	账面原值（元）		车主报价（元）		
	重置成本（元）		成新率（%）	评估价格（元）	
鉴定评估目的：					
鉴定评估说明：					

注册二手车鉴定评估师：（签名） 　　　　　　　　　　　　复核人：（签名）
　__年__月__日 　　　　　　　　　　　　　　　　　　　　__年__月__日

备注：1）本报告书和作业表一式三份，委托方两份，受托方一份。
2）鉴定评估基准日即为"二手车鉴定评估委托书"签订的日期。

2. 市场调查和询证阶段

"二手车鉴定评估作业表"完成以后，必须进行市场调查和询证，以确定被评估车辆

的现行市场价格。当进行市场询证时,应重点做好以下工作:

①确定被评估车辆的基本情况(车辆类型、厂牌型号、生产厂家、主要技术参数等)。

②确定询价参照对象及询价单位,并将询价对象与被评估车辆的基本情况进行比较,在两者基本一致的情况下,询到的市场价格才是可比的和可行的。

③确定询价结果。

3. 确定被评估车辆成新率阶段

根据"二手车鉴定评估作业表"确定被评估车辆的成新率就有了比较充足的依据,以此为基础得出的成新率应该是客观的、科学的,也是公正的、合理的。一般情况下,被评估车辆成新率的确定采用综合成新率法较为客观可行。

在确定综合调整系数的时候要考虑的因素有车辆的实际运行时间、实际技术状况、车辆使用强度、使用条件、使用和维护保养情况、车辆的制造质量、车辆的大修、重大事故经历和车辆外观质量等,还要充分考虑影响二手车价值的各种因素。

4. 确定被评估车辆评估结果阶段

在确定了委托车辆的现行市场价格后,就可以计算出委托车辆的重置成本。如果询不到相同型号,只能询到类似型号的新车时,在采用现行市场价格的同时,要把两者的差别仔细对比,用功能性贬值对其现行市场价格进行扣减,就可算出被评估车辆的重置成本,其公式为

$$重置成本 = 新车市场售价 \times (1 - 功能性贬值)$$

确定重置成本后,可以计算出被评估车辆的评估值。以委托评估车辆的评估值为基础,根据委托方确定(也可以根据行业规定或由二手车鉴定评估师根据工作经验和市场行情综合判定)变现折扣率,可以计算出委托评估车辆的拍卖底价,其计算公式为

$$拍卖底价 = 评估现值 \times 变现率$$
$$变现率 = 1 - 变现折扣率$$

通过实施以上的评估程序,完全有理由相信,被评估车辆的评估定价工作是规范的,能够确保二手车评估结果的公正性和科学性。

二、二手车鉴定评估报告书案例

关于川A-×××××北京现代轿车鉴定评估报告书

1. 序言

成都××××二手车评估有限公司接受聂××的委托,根据国家有关资产评估的规定,本着客观、独立、公正和科学的原则,按照公认的资产评估方法,对川A-××××近北京现代牌轿车进行了鉴定评估。本二手车鉴定评估师按照必要的程序,对委托鉴定评估车辆进行了实地查勘与市场调查,并对其在2014年9月8日所表现的市场价值做出了公允反映。

2. 委托方与车辆所有方简介

1）委托方：聂××。

2）根据机动车行驶证所示，委托车辆车主：聂××。

3. 评估目的

根据委托方的要求，本项目评估目的是为车辆处置提供现时价值依据。

4. 评估对象

评估车辆的厂牌型号：北京现代牌，BH7162MY。号牌号码：A-×××××。发动机号：BB258×××。VIN：LBEXDAEB1AX079×××。登记日期：2010年9月。年审检验合格：2016年9月。保险齐全有效，购置附加税证（√），车船使用税（√）。

5. 鉴定评估基准日

鉴定评估基准日期：2014年9月8日。

6. 评估原则

严格遵循"客观性、独立性、公正性、科学性"的原则。

7. 评估依据

（1）法律、法规依据 《国有资产评估管理办法》（国务院令第91号）。

原国家国有资产管理局《关于印发〈国有资产评估管理办法施行细则〉的通知》（国资办发［1992］36号）。

《资产评估操作规范意见（试行）》（国资办发［1996］23号）。

《二手车流通管理办法》（商务部、公安部、工商总局、税务总局令2005年第2号）。

《机动车强制报废标准规定》（商务部、发改委、公安部、环境保护部令2012年第12号）。

（2）产权依据 委托鉴定评估车辆的"机动车登记证书"（编号：510010070×××）。

（3）评定及取价依据 技术标准资料：《机动车运行安全技术条件》（GB 7258—2017)、《轻型汽车污染物排放限值及测量方法（中国第六阶段）》（GB 18352.6—2016）、《二手车鉴定评估技术规范》（GB/T 30323—2013）《中华人民共和国车辆购置税法》（2018年12月29日）。

技术参数资料：《汽车技术参数手册》"机动车登记证书"等。

技术鉴定资料：鉴定评估对象现场查验记录、二手车鉴定其他有关资料。

其他资料：四川××汽车贸易服务有限公司提供新车销售价格。

8. 评估方法

本次价格鉴定采用重置成本法。重置成本法主要用于在现实条件下重新购置一辆与被评估车辆相同或类似的全新状态新车，减去被评估车辆已发生的实体性、功能性和经济性贬值而得到的该车现时价格的一种方法。

计算过程如下：

（1）重置成本的确定　在评估基准日二手车鉴定评估师从四川××汽车贸易服务有限公司得知，与被评估车辆类似的新车售价为 79800 元。由于 2010 年款停售，但是 2011 年款车型仍在售，经比较发现被评估车辆与新车之间一些差异，如发动机和底盘悬架、内饰基本不变，2011 年款的尾灯和前照灯、前保险杠和后保险杠较 2010 年款有些改动，基本被评估车辆与在售车辆改动差异不大，故综合确定被评估车辆的功能性贬值约为新车售价的 10%，所以该车的重置成本为

$$A = 新车售价 \times (1 - 功能性贬值) = 79800 \ 元 \times (1 - 10\%) = 71820 \ 元$$

（2）综合调整系数的确定（表 3 – 11）

表 3 – 11　综合调整系数的确定

影响因素	等级	调整系数取值	权重（%）
技术状况	一般	0.8	30
维护保养	一般	0.8	25
制造质量	国产名牌	0.9	20
工作性质	私用	1	15
工作条件	一般	0.9	10

即

$$0.8 \times 30\% + 0.8 \times 25\% + 0.9 \times 20\% + 1 \times 15\% + 0.9 \times 10\% = 0.86$$

（3）成新率的确定　根据评估基准日执行的《机动车强制报废标准规定》，取该车的规定使用年限为 15 年，且该车已使用了 48 个月。

$$成新率 = \left(1 - \frac{已使用年限}{规定使用年限}\right) \times 综合调整系数 \times 100\%$$

$$= \left(1 - \frac{48}{180}\right) \times 0.86 \times 100\%$$

$$\approx 63.1\%$$

值得注意的是：新修订的《机动车强制报废标准规定》："小微型非营运载客汽车、大型非营运轿车、轮式专用机械车无使用年限限制。"但在实际估价中，"规定使用年限"取 15 年较为接近实际价值。在后面计算中，如无特殊说明，非营运私家车规定使用年限取 15 年。

（4）评估值的计算

$$P = A \times 成新率 = 71820 \ 元 \times 63.1\% \approx 45318 \ 元$$

9. 评估过程

按照接受委托、验证、现场查勘、评定估算和提交报告的程序进行。

10. 评估结论

被评估车辆在评估基准日的评估价格为 45318 元整。

11. 评估报告法律效力

1）本项评估结论有效期为 90 天，自评估基准日期至 2014 年 12 月 7 日止。

2）当评估目的在有效期内，若被评车辆的市场价格或因交通事故等原因导致车辆的价值发生变化时需重新评估。

3）鉴定评估报告书的使用权归委托方所有，其评估结论仅供委托方为本项目评估目的使用，不适用于其他目的；未经委托方许可，本鉴定评估师承诺不将本报告书的内容向他人提供或公开。

××××二手车评估咨询有限公司

公司法人：

二手车中级鉴定评估师：

二手车高级鉴定评估师：

2014 年 9 月 8 日

附件：

①二手车评估委托书。

②二手车鉴定评估作业表。

③机动车行驶证复印件和照片。

④二手车鉴定评估机构营业执照复印件。

⑤二手车鉴定评估师执业资格证书复印件。

二手车鉴定评估委托书

委托书编号：2014 - 0906

××××二手车评估有限公司

因车辆处置需要，特委托你公司对车辆（车牌号码为川 A - ×××××，车辆类型为小型轿车，发动机号为 BB258×××，VIN 为 LBEXDAEB1AX079×××）进行技术状况鉴定并出具评估报告书。

附：委托评估车辆基本信息

车主		×××	联系方式	×××
住址		四川省成都市锦江区		
车辆情况	厂牌型号	北京现代牌 BH7162MY	使用用途	私用
	座位/载重	5 座	燃料种类	汽油
	初次登记日期	2010 年 9 月	车身颜色	灰色
	已使用年限（月）	48	累计行驶里程/km	92385
	大修次数	发动机（次） —	整车（次）	—
	车主报价（元）		—	
备注		2010 年款已停售，2011 年款在售		

填表说明：

1）若被评估车辆使用用途曾经为营运车辆，需在备注栏中予以说明。

2）委托方必须对车辆信息的真实性负责，不得隐瞒任何情节，凡由此引起的法律责任及赔偿责任均由委托方负责。

3）本委托书一式两份，委托方、受托方各一份。

委托方：×××××有限公司　　　　　　××二手车评估咨询有限公司

经办人：××　　　　　　　　　　　　经办人：××

2014年9月6日　　　　　　　　　　　2014年9月6日

二手车鉴定评估作业表

车主		×××		所有权性质		私家车	
住址				××××××			
原始情况	厂牌型号		北京现代牌BH7162MY		车牌号码		川A-×××××
	VIN		LBEXDAEB1AX079×××		车身颜色		蓝色
	发动机号		BB258×××		使用用途		私用
	载重/座位/排量		5座/1.599L		燃料种类		汽油
	初次登记日期		2010年9月		车辆类型		小型轿车
	已使用年限（月）		48		累计行驶里程/km		92385
检查核对交易证件	证件		□原始发票　□机动车登记证书　□机动车行驶证　□法人代码证或身份证　□车辆保险卡　□其他				
	税费		□购置附加税　□车船使用税　□其他				
结构特点	三厢轿车FF、L4（直列四缸发动机）、1.599L电喷汽油发动机、手动变速器、机械液压助力转向、电动门窗、铝合金轮毂、电动后视镜、2SRS、ABS+EBD、织物座椅、手动空调、单碟CD						
现时技术状况	该车无大的碰撞，但是左后门和右后门有局部补漆；发动机起动顺畅，运行时工作正常，保养良好；发动机运行情况较好，变速器工作状态良好，底盘系统保养良好；电气元件工作正常；路试手感一般，行车时底盘有轻微异响						
维护保养情况		较好		现时状态		在用	
价值反映	重置成本（元）		79800	成新率（%）	70.4	评估价格（元）	50559
鉴定评估目的	为车辆处置提供现时价值依据						
鉴定评估说明	本次评估采用重置成本法，成新率的确定采用年限法和综合分析法						

国家注册中级二手车鉴定评估师：　　　　　　　　　　　复核人：

2014年9月8日

第四章
碰撞汽车的评估技巧

一、事故汽车的概念与等级评定

事故车是指在使用中曾发生过严重撞击,或长时间泡水,或较严重火烧,即使修复但仍存在安全隐患的车辆总称,如图4-1所示。事故的等级评定分为A级和B级两种结果,事故分级及评价标准见表4-1。

图4-1 事故车

表4-1 事故分级及评价标准

分级	事故分级评价标准
A级事故	前纵梁、后纵梁、地板梁一处以上受损超过100mm或有变形、穿孔和裂痕,因此进行修复,但未更换
A级事故	前纵梁、后纵梁一处以上受损超过150mm或有变形、穿孔和裂痕,因此进行修复,但未更换

(续)

分级	事故分级评价标准
A级事故	前内侧板受损未到达减振支柱,后内侧板受损面积不超过1/3,后地板受损未到达护轮板后边沿,因此进行修复,但未更换
	前支柱、中支柱、后支柱、车顶支柱一处及以上受损超过50mm或有变形,因此进行修复,但未更换
B级事故	前纵梁、后纵梁、地板梁一处及以上有更换
	前横梁、后横梁一处及以上有更换
	前内侧板受损达到或超过减振支柱,或有更换;后内侧板受损面积超过1/3,或有更换;后地板受损达到护轮板后边沿,或更换
	前支柱、中支柱、后支柱、车顶支柱一处及以上有更换,车顶盖有更换

注:如有任何一点受损程度超过A级标准,即按B级评价处理

> **提 示**
> 相关内容的学习,还可以扫码观看视频3《事故汽车的概念与等级评定》进行学习。

二、常见碰撞类型及碰撞损失分析

1. 常见碰撞类型

汽车碰撞事故是指汽车与汽车或汽车与物体之间发生相互碰撞,从而造成车辆损坏、被撞物损坏甚至人员伤亡等各种损失。按照碰撞方向和事故所导致的后果,可将车辆事故分为正面碰撞、侧面碰撞、尾部碰撞和翻车等几种类型。以下以轿车为例说明常见的几种事故及其损坏情况:

(1) 两车正面碰撞 两车正面碰撞如图4-2所示,主要受损部位为保险杠面罩及保险杠、格栅、两侧前照灯、空调电磁扇、空调冷凝器、发动机散热器及其支架等,严重时,损坏部位会扩大至发动机舱盖、翼子板、纵梁、前悬架机构,甚至导致安全气囊膨开。

(2) 两车正面一侧碰撞 两车正面一侧碰撞如图4-3所示。主要受损部位为保险杠面罩及保险杠、格栅、一侧前照灯、一侧翼子板。严重时,损坏部位会扩大到空调冷凝器、发动机散热器及其支架、发动机舱盖、一侧纵梁、一侧悬架机构、一侧安全气囊膨开。

图4-2 两车正面碰撞

(3) 两车正面一侧剐碰 两车正面一侧剐碰如图 4-4 所示，两车均为正面一侧面受损，一侧的后视镜、前后门、前后翼子板刮伤，严重时前风窗玻璃破碎和框架变形，一侧包角、前门立柱、前照灯等损坏。

图 4-3 两车正面一侧碰撞　　　　　图 4-4 两车正面一侧剐碰

(4) 斜角侧面碰撞发动机舱位置 斜角侧面碰撞发动机舱位置如图 4-5 所示，一车为侧面碰撞受损，另一车为前部碰撞受损。侧面受损车辆主要表现在一侧前翼子板、前悬架机构、侧面转向灯等损坏，严重时一侧前翼子板报废，发动机舱盖翘曲变形，前门立柱变形，发动机移位等。前部受损车辆表现在前保险杠面罩及转角部、前翼子板、一侧前照灯等损坏，严重时，一侧翼子板将严重损坏，并会导致一侧前悬架、轮胎、空调冷凝器、干燥器、高压管、发动机散热器及其支架等部件受损，安全气囊膨开，发动机舱盖变形。

(5) 两车斜角侧面碰撞前门位置 两车斜角侧面碰撞前门位置如图 4-6 所示，一车为侧面碰撞受损，另一车为前部碰撞受损，侧面受损车辆前门、前柱、中柱、后门轻微变形，门窗玻璃破损，严重时，损坏程度会扩大至仪表板、门槛板、车顶板、一侧翼子板和一侧前悬架机构。前面受损车辆前保险杠面罩及转角部、前翼子板、一侧前照灯等损坏，严重时，损坏范围会扩大至空调冷凝器、干燥器、发动机散热器及其支架、高压管、发动机舱盖等部件，安全气囊膨开。

图 4-5 斜角侧面碰撞发动机舱位置　　　图 4-6 两车斜角侧面碰撞前门位置

(6) 两车斜角侧面碰撞后门位置 两车斜角侧面碰撞后门位置如图 4-7 所示，一车为侧面碰撞受损,另一车为前部碰撞受损。侧面受损车辆后门、中柱变形,门窗玻璃破损,严重时前后门不能开启,后侧围变形,前后门框和门槛板变形等。前部受损车辆前保险杠面罩及转角部、前翼子板、一侧前照灯等损坏,严重时损坏范围会扩大至一侧前悬架、一侧翼子板、空调冷凝器、干燥器、高压管、发动机散热器及其支架、发动机舱盖等部件,安全气囊膨开。

图4-7 两车斜角侧面碰撞后门位置

(7) 两车斜角侧面碰撞行李箱位置 两车斜角侧面碰撞行李箱位置如图4-8所示,一车为侧面碰撞受损,另一车为前部碰撞受损。侧面碰撞车辆后侧围变形,严重时后侧板严重损坏,后门框、后窗框、后柱、后轮及后悬架等部件受损,行李箱盖变形等。前部碰撞车辆前保险杠面罩及转角部、前翼子板、一侧前照灯等损坏,严重时一侧前悬架和一侧翼子板严重损坏,空调冷凝器、干燥器、高压管、发动机散热器及其支架、发动机舱盖等部件受损,安全气囊膨开。

(8) 两车垂直角度碰撞 两车垂直角度碰撞如图4-9所示,一车是侧面受损,另一车是正面受损。侧面受损车辆中柱呈凹陷变形,前后车门框及门槛板变形,前后车门翘曲变形,严重时,损坏会扩大至车底板、车顶板甚至车身整体变形、轴距缩短、门窗玻璃破碎等。正面受损车辆保险杠面罩及保险杠、格栅、两侧前照灯损坏等,严重时,损坏范围会扩大至发动机散热器及其支架、空调冷凝器、高压管、发动机舱盖、翼子板和纵梁等,甚至发动机后移,安全气囊膨开。

图4-8 两车斜角侧面碰撞行李箱位置　　图4-9 两车垂直角度碰撞

(9) 两车正面追尾碰撞 两车正面追尾碰撞如图4-10所示,一车为后部碰撞受损,另一车为前部碰撞受损,后部受损车辆后保险杠面罩及保险杠、后车身板和行李箱盖等变形,两侧尾灯损坏,严重时会导致两侧围板变形、行李箱底板变形和后悬架机构位置变形等。前部受损车辆保险杠面罩及保险杠、格栅和两侧前照灯损坏等,严重时会导致发动机散热器及其支架、空调冷凝器和相关部件损坏,发动机舱盖、翼子板变形,发动机后移,纵梁损坏等。

(10) 两车正面一侧追尾碰撞 两车正面一侧追尾碰撞如图4-11所示,一车是尾部一侧受损,另一车是前部一侧受损。尾部碰撞车辆尾部一侧保险杠面罩及保险杠、一侧尾灯和侧围板变形,严重时损坏范围会扩大至行李箱盖和行李箱底板等。前部碰撞车辆保险杠面罩及保险杠、格栅、一侧前照灯、翼子板损坏,严重时会导致散热器及其支架、空调冷凝器、发动机舱盖、一侧翼子板和悬架机构损坏,甚至一侧安全气囊膨开。

图4-10 两车正面追尾碰撞

图4-11 两车正面一侧追尾碰撞

(11) 汽车正面与面积较大的物体碰撞 汽车正面与面积较大的物体碰撞如图4-12所示,碰撞面积较大,损坏程度相对小一些,保险杠面罩及保险杠、格栅、两侧翼子板轻微变形,严重时两侧翼子板会严重变形,前照灯、空调冷凝器、发动机散热器及其支架、发动机舱盖甚至车门、风窗玻璃和纵梁会损坏,安全气囊会膨开。

(12) 汽车正面与面积较小的物体碰撞 汽车正面与面积较小的物体碰撞如图4-13所示,碰撞面积较小,损坏程度相对大一些,保险杠面罩及保险杠、格栅、空调冷凝器、发动机散热器及其支架、发动机舱盖损坏,严重时两侧翼子板严重变形,甚至扩大到后悬架机构受损。

图4-12 汽车正面与面积较大的物体碰撞

图4-13 汽车正面与面积较小的物体碰撞

(13) 翻车 翻车如图4-14所示,易造成车身整体变形,局部严重损坏。顶板横梁和纵梁变形,顶板塌陷,车身前柱、中柱和后柱均会变形,翻滚过程中可能会造成车身侧面损坏,如车门、翼子板和后侧板等。

图 4-14 翻车

提示

总之,车辆在不同的事故中受到的损伤是不一样的,了解车辆事故类型对事故查勘和车辆定损具有重要意义。在实际工作中,几乎看不到两起一模一样的车辆事故,碰撞事故可能还有许多其他的形式和组合,如车辆在一次事故中发生多次碰撞,或者多车连环相撞等。定损员要想做出精确的定损,关键是要搞清楚事故的前因后果,尽量获取更多的事故现场信息和车辆信息,必要时要借助科学的测量手段。

2. 车辆碰撞损失分析

(1) 按产生形式分类的车辆碰撞损伤 按产生形式分类的车辆碰撞损伤通常有直接损伤和间接损伤。

1) 直接损伤。直接损伤通常是可见的,如半圆槽、撕破和刮擦,这是碰撞物体直接和汽车接触造成的汽车钣金件部分损坏。直接损伤通常占总体损伤的 10%~15%。因为现代汽车的钣金件是非常薄的,所以很难修理和再利用。钣金件拉直非常费时且无法消除直接损伤的区域。因此,对于直接损伤修理,通常是在完成所有间接损伤的修理后,采用对车身填料的方法对直接损伤进行修理。直接损伤的修理方法根据不同的碰撞方式而改变。

2) 间接损伤。间接损伤是由直接损伤造成的,是因为碰撞力传递到其他部件而导致的变形而损伤。

(2) 根据汽车车架及车身结构的损伤情况分类的车辆碰撞损伤 根据汽车车架及车身结构的损伤情况分类的车辆碰撞损伤通常有侧弯、凹陷、褶皱或压溃、菱形损伤和扭曲五大类,如图 4-15 所示。

1) 侧弯。汽车前部、汽车中部或汽车后部在冲击力的作用下,偏离原来的行驶方向发生的碰撞损伤称为侧弯。如图 4-15a 所示,汽车的前部侧弯,冲击力使"汽车"的一边伸长，另一边缩短。

侧弯也有可能在汽车中部和尾部发生，如图4-16所示。侧弯可以通过视觉观察以及对汽车侧面的检查分辨出来，在汽车的伸长侧面留下一条刮痕，而在另一缩短侧面会出现褶皱。发动机舱盖不能正常开启等情况均是侧面损伤的明显特征。

> **提示**
>
> 对于非承载式车身的汽车，褶皱式侧面损伤通常发生在汽车车架横梁的内部和相反方向的外部。承载式车身的汽车也能够发生侧面损伤。

2）凹陷。损伤的车身或车架背部常呈现凹陷形状。凹陷通常是因为正面碰撞或追尾碰撞引起的，有可能发生在汽车的一侧或两侧，如图4-15b所示。当发生凹陷时，可见汽车翼子板和车门之间顶部变窄，底部车门闩眼过低。凹陷是一种普通碰撞损伤类型，在交通事故中大量存在，凹陷对汽车车架本身的影响并不显著，但是一定的凹陷将破坏汽车车身钣金件的接合。

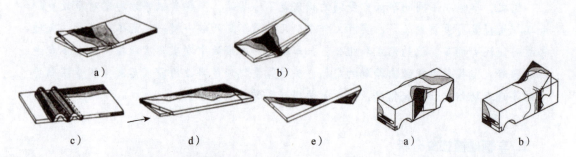

图4-15 车辆碰撞损伤类型
a）侧弯 b）凹陷 c）褶皱或压溃 d）菱形损伤 e）扭曲

图4-16 中部损伤和尾部损伤
a）中部损伤 b）尾部损伤

3）褶皱或压溃。褶皱是在车架上（非承载式车身的汽车）或侧梁（承载式车身的汽车）产生微小的弯曲。若仅仅考虑车架或侧梁上的褶皱位置，是另一种类型损伤。

> **提示**
>
> 在车架或在车架边纵梁内侧有褶皱，表示有向内的侧面损伤；褶皱在车架或在车架边梁外侧，表示有向外的侧面损伤；在车架或在车架边梁的上表面有褶皱，通常表明是向上凹陷类型；若褶皱在相反的方向，即位于车架的下表面，通常为向下凹陷类型。

压溃是一种简单、具有广泛性的褶皱损伤。这种损伤使得汽车框架的任何部分比规定的均要短，如图4-15c所示。压溃损伤通常发生在前罩板之前或后窗之后，车门没有明显的损伤痕迹，然而在前翼子板、发动机舱盖和车架棱角等处会存在褶皱和变形。在轮罩上部，车身框架常向上升，引起弹簧座损伤，如图4-17所示。伴有压溃的损伤，保险杠的垂直位移较小。当发生正面碰撞或追尾碰撞时，会引起这种损伤。

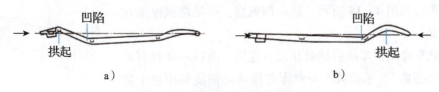

图 4-17 车架的拱起和凹陷损伤
a）汽车正面碰撞　b）汽车尾部碰撞

> **提示**
>
> 在确定严重压溃损伤的修理方法时，必须注意在承载式车身的汽车上，高强度钢加热后易于拉伸，但这种方法要严格限制，由于这些钢材加热处理不当，会使其强度降低。另外，对弯曲横梁采用冷法拉直可能造成板件撕裂或拉断。然而对于小的撕裂，可用焊接的方法修复。

二手车鉴定评估师必须合理地考虑零件是修理还是换新件。若结构部件扭绞，即弯曲超过90°，可能拉直就可以满足设计强度，则该零件可以修理。用简单的方法拉直扭绞零部件，也可能会使汽车结构性能降低。当这种未达到设计标准的汽车再发生事故时，安全气囊将有可能无法正常打开，这样就会危及乘客的生命。

4）菱形损伤。菱形损伤即为一辆汽车的一侧向前或向后发生位移，使车架或车身不再是方形。如图4-15d所示，汽车的形状类似一个平行四边形，菱形损伤是因为汽车碰撞发生在前部或尾部的一角或偏离重心方向所造成的明显迹象，即发动机舱盖和车尾行李箱盖发生了位移，在后侧板的后轮罩附近或在后侧板和车顶交接处可能会出现褶皱。褶皱也可能出现在乘客室或行李箱地板上。一般情况下，压溃和凹陷会带有菱形损伤。

> **提示**
>
> 菱形损伤通常发生在非承载式车身的汽车上。车架的一边梁相对于另一边梁向前或向后运动。可以通过量规交叉测量方法来检验菱形损伤。

5）扭曲。扭曲即汽车的一角比正常的要高，而另一角比正常的要低，如图4-15e所示。当一辆汽车以高速撞击到路边或是高级公路中间的安全岛时，就有可能产生扭曲损伤。后侧车角发生碰撞也经常产生扭曲损伤，仔细检查能发现板件不明显的损伤。然而真正的损伤通常隐藏在下部。因为碰撞，车辆的一角向上扭曲，同样，相应的另一角向下扭曲。若汽车的一角凹陷到接近地面的程度，应该检查是否有扭曲损伤。当汽车发生滚翻时，也会有扭曲损伤。

只有非承载式车身的汽车才能真正发生扭曲。车架的一端垂直向上变形，而另一端垂直向下变形，如图 4-18 所示。从一侧观察，可见两侧纵梁在中间处交叉。

承载式车身的汽车前后横梁并没有连接，所以不存在真正意义上的"扭曲"。承载式车身汽车的扭曲是指前部相对于后部元件发生相反的凹陷，如右前侧向上凹陷、左后侧向下凹陷、左前侧向下凹陷、右后侧向上凹陷等。另外，要区别车架扭曲和车身扭曲，因为它们的修理方法和修理工时是不同的。

图 4-18 典型车架扭曲损伤情况

对于承载式车身的汽车来说，在矫正每一端的凹陷时应对汽车的拉伸修理进行评估。对于非承载式车身的汽车，需要两个方面的拉伸修理，即汽车前沿的拉伸修理及汽车后端的拉伸修理。

三、碰撞力对车辆变形的影响

碰撞后的车身会因为车身结构、碰撞时的受力方向、碰撞时受力大小的不同而产生不同的变形。下面分别分析汽车碰撞对非承载式车身和承载式车身的影响。

1. 对非承载式车身的影响

（1）非承载式车身的特点　图 4-19 所示为非承载式车身。采用非承载式车身的汽车，其发动机、传动系统和车身的总成部分是固定在一个刚性车架上，车架通过前后悬架与车轮相连，如图 4-20 所示。非承载式车身与车架通过弹簧或橡胶垫柔性连接在一起。在这种情况下，安装在车架上的车身对车架的紧固作用不大。而车架承受发动机及底盘各部件的重力，这些部件工作时通过其支架传递的力以及汽车行驶时由路面通过车轮和悬架传来的力，其中，悬架传来的力对车架或车身影响最大。如图 4-21 所示，车架上圈出的部分为车架刚度较小的部位，主要用来缓冲和吸收来自汽车前端或后端的碰撞能量。车身通过橡胶件固定在车架上，橡胶件同样能减缓从车架传至车身上的振动效应。当遇强烈振动时，橡胶垫上的螺栓可能会损坏，并导致车架与车身间出现间隙。由于振动的大小和方向不同，可能会出现车架受到损伤而车身却没有损伤的情况。

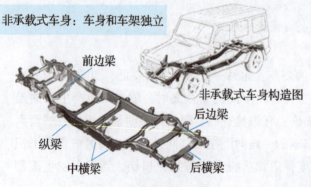

图 4-19　非承载式车身

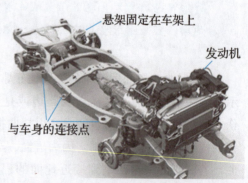

图 4-20　非承载式车身与其他部件的连接

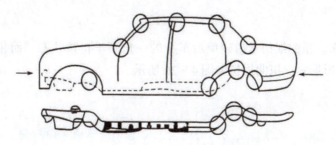

图 4-21 非承载式车身和车架的强度较弱点

(2) 车架变形的种类

1) 侧向损伤或摆动损伤。由车身的侧面引起的碰撞所造成的损伤称为侧向损伤或摆动损伤。侧向损伤可以从车身的异常情况来确认,一般,受力一侧的车身局部会产生裂纹,而另一侧可能有起皱出现。另外,车辆发生侧向损伤时,还可能导致行李箱盖和发动机舱盖在开启或关闭时配合不当等。侧向损伤或摆动损伤如图 4-22 所示。

2) 下垂损伤。下垂损伤如图 4-23 所示,它是车辆出现部分降低的状态时,部分结构件呈现下凹变形的损伤。下垂损伤通常由前方或后方的正向撞击引起。

3) 折叠损伤。当汽车车身部件(结构件、覆盖件)被撞击变形后的长度小于该件的原始长度时,就称为折叠损伤。折叠损伤如图 4-24 所示。

> **提 示**
>
> 折叠损伤基本上都发生在车辆的前部或后部,也就是车身的变形区域内,折叠损伤的特征是车门有可能配合良好,但在翼子板、发动机舱盖、车架纵梁和行李箱盖等部位会出现起皱或严重的扭曲变形。

图 4-22 侧向损伤或摆动损伤　　图 4-23 下垂损伤　　图 4-24 折叠损伤

4) 菱形损伤。菱形损伤是指碰撞后汽车的一侧移到了后边或前边的车身变形形式。菱形损伤如图 4-25 所示。

> **提 示**
>
> 菱形损伤会影响到整个车身外形,通常表现出来的现象是发动机舱盖、车门和行李箱盖等错位,后轮罩、后围板和车顶等部位可能出现起皱。

5)扭曲损伤。扭曲损伤是指碰撞后车身的一角高于正常状态,而相对的一角低于正常状态的车身变形形式。扭曲损伤如图4-26所示。

> **提示**
> 扭曲损伤出现的可能原因是汽车高速撞上路基和隔离墩等障碍物。

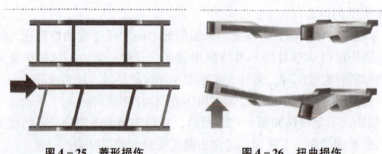

图4-25 菱形损伤　　图4-26 扭曲损伤

2. 对承载式车身的影响

(1) 承载式车身的特点　承载式车身的汽车在平直路上行驶很平稳,固有频率低,噪声小,自重轻,广泛应用于轿车上。承载式车身(图4-27)的汽车没有刚性车架,只是加强了车头、侧围、车尾和地板等部位,车身和车架共同组成了车身本体的刚性空间结构,其底盘强度较有大梁结构的非承载式车身低。这种承载式车身除了其固有的承载功能外,还要直接承受各种负荷。相比非承载式车身,这种形式的车身具有较大的抗弯和抗扭的刚度,质量小,高度低,汽车重心低,装配简单,高速行驶稳定性较好,但由于道路负载会通过悬架装置直接传给车身本体,因此汽车内的噪声和车身所受振动较大。

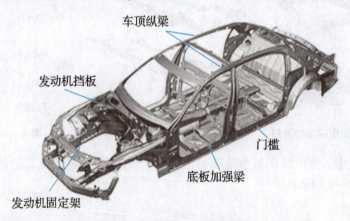

图4-27 承载式车身的结构

(2) 承载式车身碰撞分析　碰撞对承载式车身的影响可以用图4-28所示的圆锥形法进行分析。承载式车身结构的汽车通常被设计成能够很好地吸收碰撞时产生的能量。受到撞击时，撞击能量通过撞击点向车身扩散，车身结构从撞击点依次吸收撞击能量，使撞击能量主要被车身吸收，汽车车身由于吸收撞击能量而产生变形。将目测点作为圆锥体的顶点，圆锥体的中心线表示碰撞力的方向，其高度和范围表示碰撞力穿过车身壳体扩散的区域。圆锥体顶点即撞击点附近，通常为主要的受损区域。

由于车身壳体由许多片薄钢板连接而成，碰撞引起的振动大部分被车身壳体吸收，图4-29所示为碰撞能量沿车身扩散的方向和传递路线。

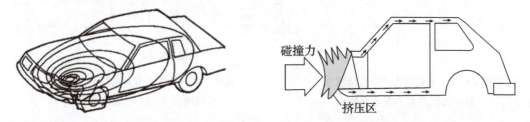

图4-28 运用圆锥形法确定碰撞对承载式车身的影响　　图4-29 碰撞能量沿车身扩散的方向和传递路线

振动波的影响被称为二次损伤，通常，二次损伤会影响整体式车身内部零部件的结构，并造成相反一侧的车身产生变形损伤，如图4-30所示。

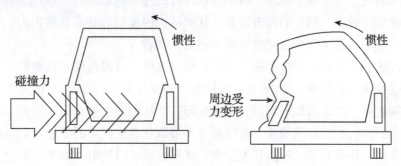

图4-30 因惯性作用汽车车顶向受撞击一侧移动

为了控制二次损伤变形，并为乘员提供一个更为安全的空间，承载式车身结构的汽车在前部和后部设计了图4-31所示的碰撞应力吸收区域，这些区域也是承载式车身横向刚度较弱的部位。

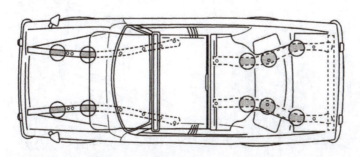

图4-31 承载式车身的横向刚度较弱部位（应力吸收区域）

在受到碰撞时，承载式车身能按照设计要求形成折曲，这样传到车身结构的振动波在传送过程就被大大减少。也就是说，来自前方的碰撞应力被前部车身吸收了，如图4-32所示。在受到碰撞时，它能按照设计使来自后方的碰撞应力被后部车身吸收，如图4-33所示。

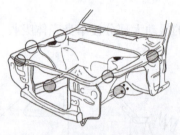 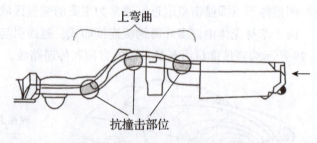

图4-32 承载式车身的前部刚度较弱部位（应力吸收区域）　　图4-33 承载式车身的后部刚度较弱部位（应力吸收区域）

（3）承载式车身碰撞分类　承载式车身的碰撞损伤一般是按照碰撞部位进行分类的，可分为前部碰撞、后部碰撞、侧面碰撞、底部碰撞和顶部碰撞。

1）前部碰撞。如图4-34所示，在汽车碰撞中，重要的是保护车内人员的安全，所以在碰撞中驾驶室的变形越小越好。汽车在设计时就考虑到这一点，在汽车碰撞时，让一部分机构先溃缩，吸收一部分的撞击能量，从而减少传递到驾驶室的撞击力。若汽车前端发生正面碰撞损伤，说明汽车在碰撞事故中多为主动者。

碰撞的冲击力主要取决于被评估汽车的重量、速度、碰撞范围及碰撞源。当碰撞较轻时，保险杠会被损坏向后推，前纵梁、内轮壳、前翼子板、前横梁及散热器框架都会变形；如果碰撞较重，那么前翼子板就会弯曲变形，并移位到碰撞车门，发动机舱盖铰链会向上弯曲变形并移位触到前围盖板，前纵梁变形加剧并造成副梁的变形；如果碰撞程度更加剧烈，那么前立柱会变形，车门开关困难，甚至造成车门变形；如果前面受到非正面碰撞，由于前横梁的作用，前纵梁就会产生图4-35所示的变形。图4-36所示为前部碰撞吸能示意图，前部碰撞常伴随着前部灯具及护栅的破碎，冷凝器、散热器及发动机附件损伤，车轮移位等。图4-37所示为前部碰撞冲击力分散路线。

 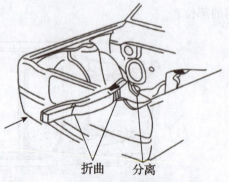

图4-34 前部碰撞　　图4-35 承载式车身的弯曲和断裂效应

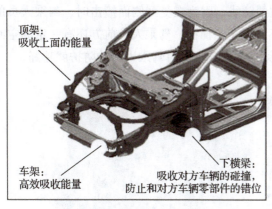

图 4-36 前部碰撞吸能示意图

图 4-37 前部碰撞冲击力分散路线

2）后部碰撞。如图 4-38 所示，当汽车后端受到正面碰撞损伤时，若损伤较严重，说明汽车在碰撞事故中为被动者。当汽车遭受后端碰撞损伤时，碰撞的冲击力主要取决于撞击物的重量、速度及被评估汽车的被撞部位、角度和范围。如果碰撞较轻，通常会使后保险杠、行李箱后围板和行李箱底板产生压缩弯曲变形；如果碰撞较重，则会使 C 柱下部前移，C 柱上端与车顶接合处会产生折曲，使后门开关困难，后风窗玻璃与 D 柱分离，甚至破碎；如果碰撞更严重，会造成 B 柱下端前移，在车顶 B 柱处产生凹陷变形。后端碰撞常常伴随着后部灯具等零部件的损坏。

同样，在汽车后部受到撞击时，利用特殊设计的车身将碰撞力分散和转移，从而减少传递到驾乘室的撞击力，达到保护车内乘员的目的。图 4-39 所示为后部碰撞冲击力分散路线。

图 4-38 后部碰撞

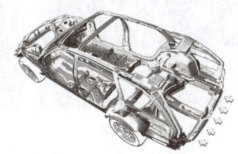

图 4-39 后部碰撞冲击力分散路线

3）侧面碰撞。如图 4-40 所示，在确定汽车侧面碰撞时，分析汽车的结构尤为重要。一般来说，对于严重的碰撞，车门 A、B、C 柱以及车身和地板都会产生变形。当汽车遭受侧向较大的冲击力时，惯性会使另一侧的车身也产生变形。当前、后翼子板中部遭受严重碰撞时，还会造成前、后悬架零部件的损伤；当前翼子板中后部遭受严重碰撞时，还会造成转向系统中的横拉杆和转向器齿轮齿条的损伤。

为了避免驾乘人员受伤，很多承载式车身设计了车门防撞梁。车门防撞梁如图 4-41

所示，它是减少驾乘人员受侧面撞击的最重要防线。因为在受到侧面撞击时，驾乘人员的身体与车门间没有过多的空间作为缓冲（不同于正面撞击，驾乘人员前方还有一定的空间作为缓冲），直接会受到外力的侵害。防撞梁的强度越高，对驾乘人员的防护就越好。

图 4-40　侧面碰撞

图 4-41　车门防撞梁

4）底部碰撞。如图 4-42 所示，底部碰撞多为行驶中路面凹凸不平、路面上有异物，如石块等，造成车身底部与路面或异物发生碰撞，致使汽车底部零部件与车身地板损伤。常见的易发生底部损伤的部件有前横梁、发动机下护板、发动机油底壳、变速器油底壳、悬架下托臂、副梁、后桥和车身地板等。

5）顶部碰撞。如图 4-43 所示，单独的顶部碰撞损坏发生概率较小，且这种顶部受损多由空中坠落物所致，以顶部面板及骨架变形为主。汽车倾覆是造成顶部受损的常见形式，汽车倾覆造成顶部受损常伴随着车身立柱、翼子板和车门的变形以及车窗玻璃的破碎。

图 4-42　底部碰撞

图 4-43　顶部碰撞

第二节　汽车碰撞损伤的检查

一、碰撞损伤分区

当进行事故车辆的损失评估时，二手车鉴定评估师需要掌握一套科学的损伤检查方法，这对于受损严重的事故车来说尤为重要。评估时若不遵循规范的检查程序，很容易遗漏一些受损件或维修项目，或者对同一项目重复估损。

按照碰撞损坏规律将汽车按照区位检查法分为以下五个区位：

一区：车辆直接受到碰撞的部位。

二区：受到间接损伤的车身其他部位。

三区：受到损伤的机械零部件。

四区：乘员舱，包括舱内受损的内饰、灯、附件和控制装置等。

五区：车身外部件和装饰件。

在对事故车定损时，应从一个区位到另一个区位逐处检查，同时按照顺序记录损伤情况。

1）一区——直接损伤区。直接损伤情况因车辆结构、碰撞力度及角度的不同而有所不同。多数情况下，直接损伤会造成板件弯折、断裂和部件损坏。直接损伤直观明了，通常不需要测量。检查一区时，首先应检查外部装饰件、塑料件、玻璃、镀铬层和外板下面的金属材料。

> **提示**
>
> 对于前部碰撞，应检查的项目一般有前保险杠、格栅、发动机舱盖、翼子板、前照灯、玻璃、前车门、前车轮和油液泄漏等。
>
> 对于后部碰撞，应检查的项目一般包括后保险杠、后侧板、行李箱盖、后车灯、玻璃、后车轮和油液泄漏等。
>
> 对于侧面碰撞，应检查的项目一般包括车门、车顶、玻璃、立柱、前车身底板、支撑件和油液泄漏。有时要将事故车举升起来，检查车身底板、发动机支架、横梁及纵梁的损伤情况。为了检查哪些部位受到了损伤，应当查找下列线索或痕迹：缝隙、卷边损坏、裂开的焊点、扭曲的金属板。

2）二区——间接损伤区。当车辆碰撞时，碰撞力会沿着车身各个方向传递，从而引起间接损伤。碰撞力扩展和间接损伤的范围取决于碰撞的力度与角度，以及车身纵梁和横梁吸收碰撞力的能力。

> **提示**
>
> 一般，承载式车身的吸能区会在碰撞中产生间接损伤。
>
> 动力传动系统和后桥也会引起间接损伤。当汽车因为碰撞突然停止时，这些重量很大的零部件在惯性作用下继续前移，对其支座及支撑构件产生一个强大的惯性力，从而造成相邻金属件变形、划伤或焊点开裂。所以，对于比较严重的事故，一定要仔细检查悬架、车桥、发动机以及变速器的支撑点。

3）三区——机械损坏区。对于前部碰撞的事故车，需要检查散热器、风扇、动力转向泵、空调器件、发电机、蓄电池、燃油蒸发炭罐、前风窗玻璃清洗器储液罐以及其他机械和电子元件是否损坏。检查油液是否泄漏，带轮是否与传动带不对正，软管和电线是否错位以及是否有凹坑与裂纹等。

若碰撞比较严重，发动机和变速器也可能受损。若条件允许，应当起动发动机，怠速到正常工作温度。举升车辆，使车轮离开地面，在各个档位运转发动机，检查有没有异常的噪声。对于手动档车辆，检查换档是否平顺，离合器工作是否正常。查看节气门拉索、离合器操作机构以及换档拉索是否犯卡。

打开空调，查看空调是否正常运转。查看充电、机油压力等仪表板灯和仪表，若检查发现发动机故障灯点亮，说明发动机存在机械或电控故障。但是，估损人员需判断，故障码是否在事故之前就已经储存在计算机中，对于不是由事故引起的故障码，其维修费用不应当包含在估损单中。

在完成发动机舱的检查后，用千斤顶举起事故车，钻到车辆下面检查转向及悬架元件是否弯曲，制动软管是否扭绞，制动管路和燃油管路及其接头是否泄漏。检查发动机、变速器、差速器、转向器和减振器是否泄漏。将转向盘向左和向右转到头，查看是否犯卡，是否有异常噪声。转动车轮，检查车轮是否有跳动，轮胎是否存在裂口、刮痕和擦伤。降下车辆，使轮胎着地，转动转向盘，使车辆处于正直向前的位置，测量前轮至后轮毂的距离，左右两侧的测量应当相同，否则表明转向或悬架元件有损伤。

4）四区——乘员舱。乘员舱损坏可能是因为碰撞力直接引起的（如侧碰时），而内饰和车内附件的损坏可能是由乘员舱内的乘客及物品的碰撞引起的。

① 检查仪表板。若碰撞导致前围板或车门立柱受损，那么仪表板、暖风机芯、管道、音响、电子控制模块及安全气囊等有可能损伤。所有在三区检查中没有被查看的元器件均要进行检查。

② 检查转向盘是否损坏。查看其安装紧固件、倾斜程度及伸缩性能、喇叭、前照灯和转向信号灯开关、点火钥匙和转向盘锁。转动转向盘，将车轮转到正直向前的位置，查看这时的转向盘是否对中。对于吸能型转向盘，应查看它是否已经发生溃缩。

③ 检查门把手、操纵杆、仪表板玻璃及内饰是否受损，打开和关闭并锁住杂物箱，查看杂物箱是否在碰撞中变形或损坏。检查制动踏板是否变形、犯卡或松脱等。掀开地毯，查看地板与踢脚板，看铆钉是否松脱，焊缝是否裂开。

④ 检查座椅是否受损。汽车在前端受到碰撞时，乘客的身体重量会形成较大的惯性力，由于乘客被安全带固定在座椅上，因此这个惯性力可能会对座椅框架调节器和支撑件产生损害。当汽车在后端受到碰撞时，座椅靠背的铰链点可能受到损坏。将座椅从最前位置移动到最后位置，查看其调节装置是否完好。

⑤ 检查车门的状况。乘客的惯性力可能损坏内饰板件及车门内板。若发生侧碰，门锁和车窗调节器也可能受损。即使是前端碰撞，车窗玻璃传下来的冲击力也可能导致车窗轨道和调节器受损。将车窗玻璃降到底后再完全升起，检查玻璃是否卡顿或受到干扰。将车窗降下4cm，查看车窗和门锁控制装置以及后视镜的电控装置等所有附件是否正常。

⑥ 检查乘员约束系统。当代汽车大部分装备了被动式约束系统，应检查安全带是否能正常扣紧和松开，安全带插舌和锁扣是否完好。对于主动式安全带系统，检查其两点式和三点式安全带是否均能轻松地扣紧和解开。查看卷收器、D形环及固定板是否损坏。有些安全带有张力感知标签。若安全带在碰撞中磨损，或者安全带的张力超过设计极限，张力感知标签撕裂，就必须更换。将安全带从卷收器中完全拉出，就可以看到这个张力感知标签。还应当列出车内的非原装附件，如民用无线电装置、磁带播放机和立体声扬声器等。

5）五区——外饰和漆面。在车身、机械件、内饰和附件均检查完毕之后，再围绕车辆检查一圈，查看并列出受损的外饰件、嵌条、车顶板、轮罩、示宽灯以及其他车身附件。

打开灯光开关，检查前照灯、尾灯、转向信号指示灯和危险指示灯。车灯的灯丝一般在碰撞力的作用下会断裂，若碰撞时车灯处于点亮状态，灯丝就更容易断裂。

若在一区和二区检查中没有看保险杠，那么就应该对保险杠进行检查。查看保险杠皮与防尘罩是否开裂，吸能装置是否受损或泄漏，橡胶隔振垫是否开裂。

仔细检查车身漆面的状况。记录下哪块漆面必须重新喷涂，并要列出哪些需要格外注意的事项，如清漆涂层、柔性塑料件和表面锈迹。板件的轻度损坏可能仅需要进行局部喷涂，而有些维修项目需要喷涂整块板件甚至多块板件。不论哪种情况，均需要考虑新油漆与原有油漆的配色和融合工时。若事故车的损坏非常严重，事故前已有的凹痕、裂缝、擦伤和油漆问题不在保险公司理赔范围内，其维修费用由客户自行承担。

> **提 示**
>
> 相关内容的学习，还可以扫码观看视频4《事故碰撞损伤检查要点》进行学习。

二、汽车碰撞损伤的目测检查

一般，碰撞部位能直接显示出结构变形或断裂迹象。当目测检查时，应先根据碰撞点位置，预估受撞范围大小及方向，判断碰撞是如何扩散的；然后，从总体上检查汽车上是否有扭转和弯曲变形，并确定所有损伤是否由同一事故引起。

碰撞力沿车身扩散，并使很多部位发生变形，碰撞力具有穿过车身坚固部位，最终抵达并损坏薄弱部件，扩散并深入至车身部件内的特性。所以，为了查找汽车损伤，必须沿碰撞力扩散的途径查找车身薄弱部位。沿碰撞力扩散方向依次检查，确认是否有损伤，若有损伤，还要确定损伤程度。具体可以从以下几个方面加以识别：

（1）钣金件截面变形　当车身设计时，要使碰撞产生的能量按照既定路径传递到指定地方吸收，即车身钣金件有些部位是薄弱环节，撞击时，薄弱环节就会发生截面变形。截面变形一般依据漆面的变化情况来判断。碰撞所造成的钣金件截面变形和钣金件本身设计的结构变形不一样，钣金件本身设计的结构变形处漆面完好无损，而碰撞导致的钣金件截面变形处漆面起皮和开裂。

（2）零部件支架断裂、脱落及遗失　发动机支架、变速器支架和发动机各附件支架是碰撞应力的吸收处，各支架在设计时都有保护重要零部件免受损伤的功能。在碰撞事故中经常有各支架断裂、脱落及遗失的现象出现。

（3）检查车身各部位的间隙和配合　车门是以铰链形式装在车身立柱上的，一般立柱变形会造成车门与门框、车门与立柱的间隙不均匀。还可以从检查铰链的灵活程度判断立柱及车门铰链处是否有变形。

在比较严重的汽车前端碰撞事故中，还需检查后车门与后侧板、门槛板、车顶侧板的间隙，并做左右对比，这是判断碰撞应力扩散范围的主要手段。

（4）检查来自乘员及行李的损伤　因为惯性力作用，乘客和行李在碰撞中会引起车身二次损伤，损伤程度因乘员位置及碰撞力度而异，比较常见的是转向盘、仪表工作台、方向柱护板及座椅等被损坏。行李碰撞是引起行李箱中部分设备（如音频功率放大器）损伤的主要原因。

三、汽车碰撞损伤的测量检查

在评估车身的损伤时，一般要参照车身尺寸图对车身的特定点进行测量。图4-44所示为承载式车身尺寸，图4-45所示为非承载式车身尺寸。

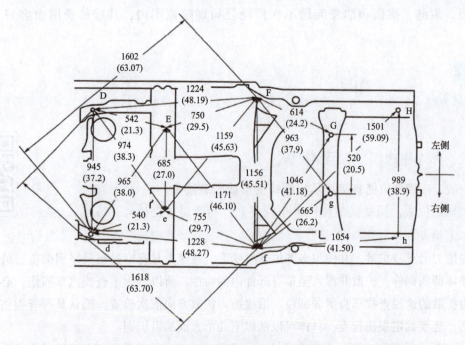

图4-44　承载式车身尺寸

（单位为mm，括号内数字的单位为in，1in=2.54cm，下同）

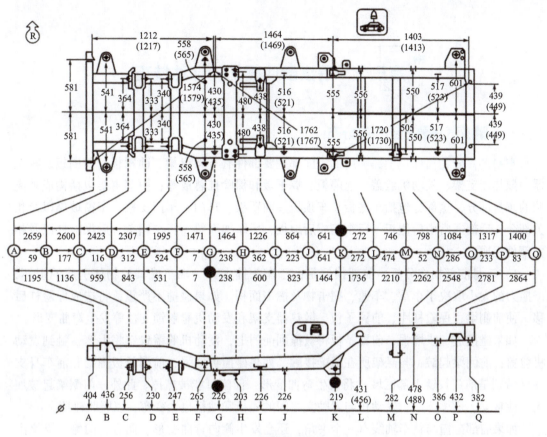

图 4-45 非承载式车身尺寸

用钢卷尺或轨道式量规可以测量各控制点之间的尺寸，和汽车厂家给定尺寸进行比较，从而确定变形程度。若没有原厂车身规范，可以对一辆完好无损的相同车型进行测量，获得原厂尺寸。另外，若车辆只有一侧损坏，一般可以对未损坏的一侧进行测量，然后比较这两侧的测量值。测量点最好选择在悬架和机械零件的安装点，因为这些点对于定位非常重要。

很多原厂车身尺寸手册中给出的尺寸是从轨道式量规杆上读取的测量值，而不是钢卷尺测量的绝对距离，实际作业时必须仔细查看手册中的有关说明。

除了底部车身尺寸外，还需测量上部车身尺寸，如前部车身尺寸、侧面车身尺寸和后部车身尺寸等，其常用测量点分别如图 4-46~图 4-48 所示。

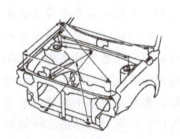

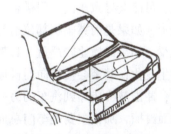

图 4-46 前部车身常用测量点　　图 4-47 侧面车身常用测量点　　图 4-48 后部车身常用测量点

第三节 易损部件损伤的评估技巧

一、碰撞汽车易损部件的分布

车身部件分为前部、中部和后部。前部主要部件有车架纵梁、前罩板、前围板、减振器、散热器支架、发动机舱盖、前隔板、翼子板和保险杠总成等;中部主要包括构成乘座舱的车身部分,这部分包括车底板、车顶板、前罩板、车门、车门支柱、车窗玻璃以及相关部分;后部通常由后侧板、行李箱或后地板、后车架纵梁、行李箱盖、后保险杠以及相关部件组成。

1) 车身前部损伤分析。前部损坏是由于车头撞上另一辆车或其他物体引起的损坏,碰撞力的大小取决于车重、车速、撞击物及撞击面积。如果碰撞不严重,将造成保险杠后移,使前侧梁、保险杠座、前翼子板、散热器支架和发动机舱盖锁支柱等发生弯曲变形。

如果碰撞进一步增强,前翼子板将被撞到前门上,发动机舱盖铰链将上弯,触到发动机舱盖;前侧梁起皱,与悬架所在横梁接触。如果碰撞再增强,前翼子板围裙和前车身支柱(特别是前门铰链上部区域)将发生弯曲变形,前门可能被撞掉。此外,前侧梁起皱加大,使悬梁、横梁弯曲,发动机与驾驶室之间的隔板和地板也会变弯,以吸收碰撞。

如果前部碰撞与整车轴线有一个夹角,还会发生侧向弯曲变形。而且,两侧的纵梁由横梁连在一起,受碰撞一侧纵梁上的力,将通过横梁传给另一侧纵梁。

2) 车身后部损伤分析。后部损伤是由于倒车时撞上其他物体,或被另一辆车从后面撞上引起的损伤。如果碰撞较轻,后保险杠、后车身板、行李箱和地板等会变形,车轮上方的后侧板也可能鼓出。

如果碰撞较严重,后侧板会上折撞到车顶,四门汽车的车身中支柱会变弯,碰撞能使上部部件和后部纵梁发生变形。

需要特别注意的是,现代乘用车的燃油箱大多位于后排座椅下面,在发生较严重的追尾事故时,可能会使燃油箱产生裂纹而造成汽油泄漏。汽油极易燃烧,碰撞火星或静电火花都有可能造成严重的火灾,因此,在查勘汽油泄漏的事故时一定要十分小心。

3) 车身侧面损伤分析。承载式车身侧面在抵抗碰撞方面相对比较薄弱。一旦侧面被撞,可能会导致车门、门槛板、中柱、前翼子板以及后侧板变形,严重时甚至会导致地板变形。如果是前翼子板部位遭到侧面碰撞,前轮会向内挤压,从而影响到前悬架横梁和前纵梁。如果碰撞比较严重,悬架系统的零部件可能会损坏,前轮定位参数遭到破坏,轴距发生变化,甚至会使转向器被撞坏。如果汽车的前翼子板或后侧板部位遭到较大的垂直碰撞,冲击波会传递到汽车的另一侧,从而造成对面板件的变形。如果是汽车中间部位遭到侧面碰撞,那么主要是车门总成、门槛板、门柱和车身底板受损,严重时,冲击波可能会使对面车门部位产生变形。

4) 车身顶部损伤分析。车身顶部损伤分析是由于落物砸伤汽车或汽车滚翻引起的损伤。车身顶部在事故中受损的概率比其他部位相对低一些。在汽车前部、后部或侧面碰撞中，只有当事故比较严重时，碰撞力才可能会传递到车身顶部，造成顶部梁和面板受损。

当汽车滚翻时，车身支柱和车顶板会弯曲，相应的支柱也会被损伤。根据滚翻方式的不同，还可能造成车身前部或后部损伤，其辨认特征是车门及车窗附近是否发生变形，此处变形易于发现。

二、车窗玻璃

（1）前风窗玻璃　前风窗玻璃与现代车身的其他部件一样，已几经改进。以前，大多数车辆的前风窗玻璃都是平的，并且用橡胶垫固定在车身上，橡胶垫中的锁条起到固定玻璃的作用。而现在车辆上，风窗玻璃都是曲面的，以便和流线形车身相匹配，它们是以胶粘的方式固定在车身上，并已成为承载式车身的一个组成部分，对车身本体的刚度起着重要的作用，如图4-49所示。

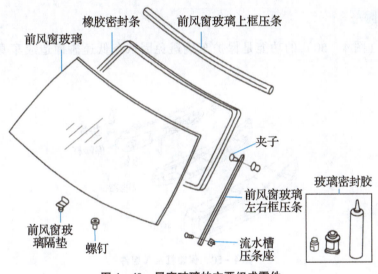

图4-49　风窗玻璃的主要组成零件

在配件或估损手册中，前风窗玻璃的拆卸和安装工时和零件价格信息可能单独列出，也可能放在"前围总成"中。风窗玻璃有很多种，如透明玻璃、有色玻璃、着色玻璃、电加热玻璃以及带天线和不带天线的玻璃等，可以通过玻璃上的标签图案识别出玻璃类型。估损时应当注意在估损单中列出正确的玻璃类型。

> **提示**
>
> 在许多新型承载式车身上，风窗玻璃被视为结构件，它对车身本体的强度有加固作用。风窗玻璃用聚氨酯黏结剂粘在车身上，更换时必须先将原来的黏结剂清除干净，然后在玻璃框的压焊位置涂上新胶。更换黏结型风窗玻璃的工时通常比常规风窗玻璃稍长一些。估损单中还必须包含黏结剂及其他安装材料的费用。

风窗玻璃的拆卸和安装工时通常包含从风窗玻璃上拆下窗框条（如果有）和装饰条的时间，清除风窗玻璃上黏结剂的时间，以及清除窗框压焊处黏结剂的工时和清理破碎玻璃的工时。如果后视镜也安装在风窗玻璃上，还应包含后视镜的拆除工时。

在主机厂配件手册和估损手册中，前围和风窗总成部分通常还列出风窗刮水器和清洗器的零部件以及装饰条、遮阳板和后视镜等零部件。

（2）后风窗玻璃　前面介绍的前风窗玻璃的很多内容都适用于后风窗玻璃，后风窗玻璃的安装方法与前风窗玻璃一样。在估算后风窗玻璃的价格之前必须确认它是带加热的还是不带加热的。对于以胶粘方式安装的玻璃，维修时必须也用胶粘方式安装，这样才能保证车身结构的强度不受影响。

> **提示**
>
> 相关内容的学习，还可以扫码观看视频5《汽车玻璃的评估技巧》进行学习。

三、保险杠

保险杠（图4-50）的功能是保护车辆避免因汽车低速碰撞造成车身前部与后部损伤。

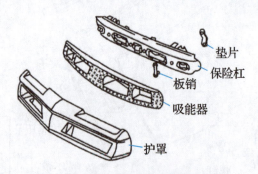

图4-50　保险杠及其组件

传统保险杠由厚弹簧钢板制成并镀铬。镀铬弹簧钢保险杠现在仍然用于高级轿车、厢式汽车和载货汽车。但是，大部分轿车已装备了塑料保险杠，这些塑料保险杠由氨基甲酸酯、聚合碳纤维或合成材料制成。这些塑料保险杠可以涂漆使其与汽车装饰相同。当保险杠护罩由散热器格栅、前装饰板和下导流板集成为一体时，则被称为保险杠装饰板。一些紧凑型轿车配备了铝制保险杠，载货汽车通常配备着漆钢制保险杠。

当镀铬保险杠损伤时，一般应予以更换。镀铬装饰件承受冲击时容易破裂和碎裂。损伤的保险杠一般需要重新镀铬，这种保险杠恢复修理作业只有专业保险杠修理厂才能胜任。很多事故修理厂没有大型液压机，不能将厚钢板制成的保险杠矫正成原状。所以，除非保险杠轻微损伤且可用普通的金属加工技术处理，否则镀铬保险杠将用新原装件、修复件、拆车件或旧件更换。

一般情况下，损伤的镀铬保险杠会用一个重新镀铬的保险杠或拆车件进行更换。用修复保险杠比原装新件可节省25%~40%的费用。钢制保险杠可用碰撞修复设备进行矫正和修复。铝制保险杠轻微碰撞时也可以被矫正。擦伤与轻微剐伤的铝制保险杠常常可以精抛光来恢复铝的光泽。但是，当涂漆的钢制或铝制保险杠的修复费用超过换新原厂件的50%时，很多保险公司则会要求用修复件或同类同品质件更换。

当塑料保险杠损伤时，常常伴随护罩的损伤。这些塑料部件可以用原厂件、拆车旧件或是同类同品件更换。然而，若撕裂或破洞很小时，损伤部分可以用塑料焊接或环氧修复剂修复。若聚碳酸酯保险杠损伤深及加强件（箱式内部区域）时就必须更换。加强件即使损伤很小也不可修复。塑料也可用于保险杠的其他部分，如扰流板、壁板和其他嵌板。这些部件也可用塑料焊接修复，并且这些部件通常很便宜，可以简单更换。

> **提 示**
>
> 相关内容的学习，还可以扫码观看视频6《汽车外部评估技巧1》进行学习。

四、格栅和灯具

（1）格栅　格栅固定于车辆前部中央，如图4-51所示。

根据车辆设计结构，格栅可能固定在保险杠装饰板上或固定在前护板上，也可能固定在散热器支架或是发动机舱盖上。格栅既美观又实用，它用于隐藏散热器及导入空气。格栅可由铝、灰铸铁、ABS塑料和氨基甲酸酯等几种材料制成。分解图如图4-52和图4-53所示。

图4-51　汽车进气格栅

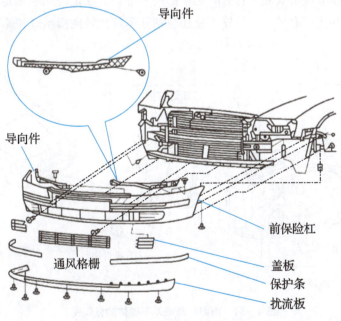

图4-52　格栅和保险杠

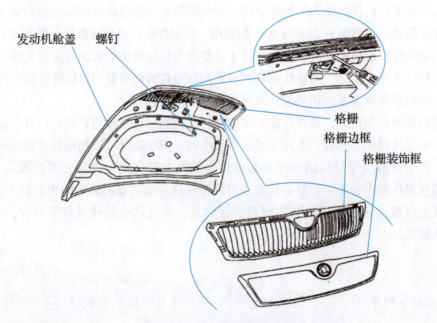

图4-53 发动机舱盖和格栅

格栅有多种结构形式。一些格栅由多块组成,这些格栅可以单独进行更换,而无须更换整个格栅。格栅上的厂标、车标、支架、托架、嵌条、加强筋和填料可单独更换。当塑料或甲酸酯格栅受到轻微碰撞时,可用塑料焊接技术或塑料修补方法修复。如果不能维修,则需要更换新件。

(2)灯具 前照灯总成可能安装在前面板、前照灯安装面板、侧面板、散热器支架或保险杠上。图4-54给出了前照灯总成及其壳体的分解图。前照灯灯罩也称作前照灯圈,可能是铝、钢板或塑料制成的,它有时是格栅的一部分。固定环用于固定密封的灯泡,灯座用于支撑灯泡并使灯泡对正。另外可能还包括驻车灯、转向指示灯和侧面示廓灯。

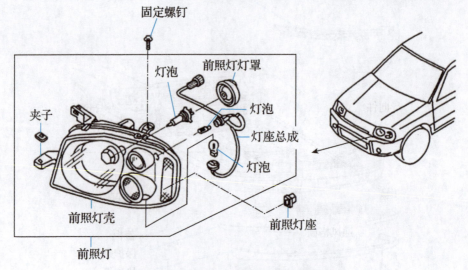

图4-54 前照灯总成及其壳体的分解图

如果灯罩或灯圈必须更换，则必须单独作为一个维修项包含到估损单中。固定环、灯泡和灯座通常可以作为一个完整的总成购买到。估损时，还应查看电线是否断裂。断裂的电路可以捻接或焊接，或者用快速插接器重新连接，快速插接器压接在断裂的两个线头上。

组合前照灯通常是用塑料或玻璃制作的。灯泡是可更换的。在某些车型上，前照灯的灯座也是可更换的。灯光调整器通常制作在灯座内。一定要检查前照灯是否工作正常。安装凸耳经常会在碰撞中断裂，如果前照灯摆动，说明凸耳断裂。

五、散热器支架

散热器支架（图 4-55）通常焊接在围板和前横梁上，形成车辆前板。在一些车架式车身结构的车辆中，散热器支架用螺栓固定在翼子板、车轮罩和车架总成上。除了提供前部钣金件的支撑件外，也用于支撑散热器以及相关冷却系统零部件。

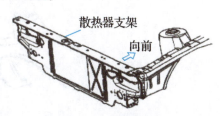

图 4-55 散热器支架

损伤的散热器支架可由普通车架矫正设备和技术进行矫正及修理。若支架损伤严重而不能修复的，可更换新件或修复件。若支架部分损伤，如上横梁或隔板损伤，只需要更换相应损伤部件。

检查时需仔细观察散热器支架是否经过修理，支架两端的密封是否完好。如果发现有维修痕迹，则说明该车之前有过碰撞损伤。

六、发动机舱盖

发动机舱盖位于发动机舱两侧翼子板之间，用于保护发动机免受灰尘及湿气侵袭，也能吸收发动机噪声。发动机舱盖一般由冷轧板材制成，现代车辆也用铝制玻璃纤维和塑料罩。

典型的发动机舱盖（图 4-56）由一块外板和内板构成，内外板外部边缘利用点焊连接，内外板的接合面用黏结剂黏结在一起。一个枢轴或闩眼固定在发动机舱盖前缘的下面，发动机舱盖关闭时起到锁止作用。在大部分车辆上，这个锁扣安装在散热器支架上。

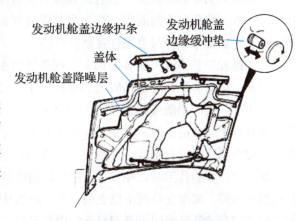

图 4-56 典型的发动机舱盖

当从驾驶室内拉动操纵缆索时，枢轴或闩眼从锁扣上脱开。发动机舱盖装备安全锁扣，若锁扣突然与闩眼脱开，安全锁扣可避免发动机舱盖开启。发动机舱盖用两个铰链安装在前围板或挡泥板内裙上。当发动机舱盖内侧涂有降噪层，降噪层由人造纤维制成，有助于减小发动机噪声，也隔绝发动机舱盖和发动机舱内的高温。发动机舱盖配备很多嵌条、车标、进气口和装饰条等。

七、翼子板和挡泥板

（1）翼子板　翼子板和发动机舱盖、行李箱盖、后车门及保险杠总成相连接形成车身前后端的外轮廓，结构如图4-57所示。车辆翼子板使用螺栓固定在相邻的支撑结构板上。对于承载式车身，翼子板固定在侧围板、护板、散热器支架和挡泥板上。

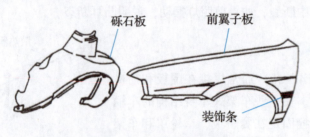

图4-57　翼子板及附件

（2）挡泥板　挡泥板位于翼子板的后面，用来防止水汽溅到发动机部位和翼子板的背面。挡泥板是塑料材质，损坏后通常需要更换。

八、饰条、标签和覆盖件

饰条的更换工时和钻孔工时是定损中很容易搞错或引起误解的项目之一。饰条有多种多样，维修情况也不尽相同，定损时可能需要对饰条的工时进行调整，如图4-58所示，以下将介绍如何针对不同类型的饰条和不同的操作调整工时：

对于粘贴型饰条，如果没有损坏，需要从旧件上拆下来安装到新翼子板上，包含的操作有：将饰条拆下，在其背面粘上新胶带，然后将其安装到新翼子板上。新饰条本身带有黏性背面。

对于螺栓安装或卡夹安装的饰条，则需要考虑钻孔时间。如果将旧饰条重新安装到新板件上，应当使用主机厂工时手册或定损手册中的全工时，再加上在新件上钻孔的工时。如果要从翼子板上拆下饰条以便对翼子板进行维修，并在维修后再重新装

图4-58　在新板件上粘贴新饰条时应将工时减一半

上，就不能计算钻孔工时。除了手册中列出的饰条安装工时外，有时还要根据具体情况进行适当的调整。如果安装两个以上的饰条，应当从总工时中减去重叠工时，因为所有列出的工时都包含准备必要的工具和设备的固定工时。这种准备工时只对第一个饰条有效，对于其余的饰条，每个应减去0.1h的重叠工时。如果必须制作方形安装孔，方孔比圆孔制作工时应稍多一些。在计算木纹覆盖件的粘贴工时时，也必须考虑饰条、铭牌、装饰件和车门零部件的拆卸和安装工时。

> 提示
>
> 相关内容的学习，还可以扫码观看视频7《汽车外部评估技巧2》进行学习。

九、裙板和轮罩板

承载式车身和车架式车身都有一个名叫作"裙板"或"轮罩板"的板件，但是这种车身的裙板或轮罩板在结构和功能上却有很大的差别。

在承载式车身上，裙板具有以下几种功能：为悬架提供安装位置，构成轮室，保护发动机不被路面飞溅物而打到，为发动机舱内的多种零部件提供安装面。裙板还是整体式支撑结构的一部分。因为裙板具有如此之多的功能，所以在配件或估损手册中可能被放到翼子板一组或车架一组中。裙板通常焊接在散热器支架、前纵梁和前围板上。它通常由几块独立的板件组成（图4-59），有些板件是由冷轧钢制成的，有些则是由高强度钢制成的，如减振柱支座是承载件，通常由高强度低合金钢制成。纵梁和加强件通常也是高强度钢制成的。裙板可能以一整块的形式提供，也可能以分散的板件提供。这些板件最好沿着原厂缝隙分割，但也允许对裙板进行切割，只不过切割线必须在减振柱支座的前方，而且不能穿过任何吸能区。

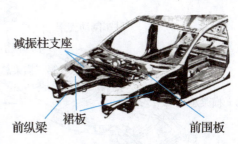

图4-59 裙板

对裙板的损伤情况要进行仔细检查，这一点非常重要。估损人员必须查看裙板上是否有缝隙、开裂的焊点以及其他变形的痕迹。应当对发动机舱内的控制点进行测量，以确定悬架安装板件是否偏离定位。一般维修手册中有减振柱支座的尺寸，可以用来分析发动机舱盖下的损伤情况。

在对裙板进行维修时，一定要使用车架矫正设备和正确的维修方法，将裙板恢复到碰撞前的状况。如果维修不是最经济的方法，就应当进行更换。裙板拆卸和更换工时应包含钻除焊点、拆除旧板、安装和对齐新板所需的时间，以及拆卸和安装车内地毯、隔声隔振材料和前围装饰件的工时，这些操作都是必需的，因为前围板上焊接新板件时会产生热量。估损时还应另外考虑将车辆固定到车架矫正设备上所需的时间，测量和观测相邻板件是否对齐的时间，拆卸和重装裙板上用螺栓联接的零部件所需工时，如翼子板、散热器支架、减振柱以及其他机械零件或电气元件。无论何时，只要更换或维修裙板，估损单中还必须包含悬架的调整对齐工时。

大多数车架式车身没有裙板，发动机和悬架零部件安装在沉重的车架上，而发动机舱和翼子板的内侧由轮罩板保护着，防止道路飞溅物损伤。轮罩板还为翼子板的上部边缘和发动机舱零件提供安装位置。轮罩板是用螺栓联接在翼子板、前围板和散热器支架上，在有些车辆上，它还与车架相连。有些车辆还有一块内板将轮罩板和发动机舱隔开。轮罩板的拆卸和更换工时一般不包含翼子板的拆卸时间，当翼子板和轮罩板都必须更换时，不需要计算重叠工时。

十、纵梁和横梁

前部车身剩下的零件就是车架梁了，包括纵梁和横梁，它们是发动机、变速器和悬架的主要支撑，如图4-60和图4-61所示。在一些承载式车身上，前横梁是散热器支架的一部分，而纵梁是裙板总成的一部分。在有的车辆上，这些零件以及其他的横梁、纵梁延伸件、加强件，都可以单独买到。在车架式车身上，一些车架梁可以单独购买或按分总成购买。

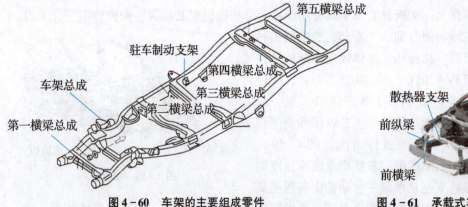

图4-60 车架的主要组成零件　　　　图4-61 承载式车身的前纵梁和横梁

提　示

对于承载式车身，如果车架梁损伤，通常可以矫正。只要可以进行维修，估损时就应当考虑将车辆固定到矫正架上所需的时间，测量损伤程度的工时，以及车架拉直的工时。如果需要对纵梁或横梁进行切割，则还要计算切割工时。

当车架梁必须更换时，应当考虑初步拉伸车架，以便拆下受损零件的工时。车架的拆卸和安装工时通常包含钻除原厂焊点工时，拆下受损板件工时，在车架上对齐新板件并将其重新焊接上的工时，还包含拆下车架上所有连接件的时间，如拆卸车架内电线，拆卸和安装地毯、隔垫和内饰等容易被焊接热量损坏的零件的工时。但车架的拆卸和更换工时一般不包括以下操作：

1）将车辆固定到车架矫正设备上。
2）损伤诊断。
3）拉伸相邻板件。
4）拆卸和安装车架上用螺栓联接的零件。
5）拆卸和安装车架上用螺栓联接的车身板件。
6）拆卸相邻的焊接板件。
7）车轮定位。
8）涂施底漆、隔声材料和防腐材料。
9）板件的重新喷漆（如果需要）。

如果整个车架损伤严重,无法修复到事故前的状况,就必须予以更换。有时,主机厂允许对车架进行切割,前后均可。损坏的横梁可以更换。焊接的横梁在更换时应当使用焊接工艺,铆接或螺栓联接的横梁可以用螺栓和螺母联接。

> **提 示**
>
> 估损时还要考虑新连接件的价格。有些卡车车架上有一些盘旋构件,它们损坏后无法维修,只能更换整个或部分车架。

十一、前围总成

大多数车辆的前围总成都是相似的,如图 4-62 和图 4-63 所示,一般由上盖板、前围板和侧板组成。对于现代车辆,上盖板通常是喷涂油漆的,老型车的前围上盖板可能带有通气孔。前围下盖板通常也称为"前围板"或"防火板",它焊接在地板上,在一些车架式车身上,它是地板的一部分。通常,侧板与铰链和风窗立柱相连。在前围总成中还会看到的其他零件包括各种支撑、延伸件、支架、支柱和加强件。在估损时,一定要仔细查看主机厂零件手册或专业估损手册,确保所有零件的价格和工时都在估损单中体现出来。

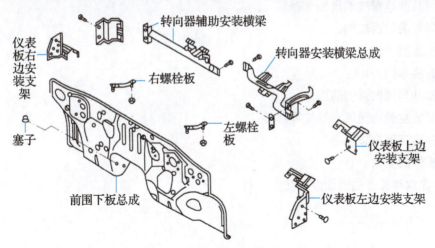

图 4-62 前围板的主要组成零件

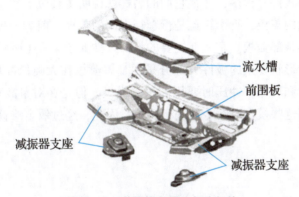

图 4-63 前围板及周边部分部件

前围总成通常与前地板、左侧和右侧门槛板以及铰链立柱焊接在一起。对于承载式车身，裙板和前纵梁也焊接在前围侧板上。因此，前围侧板是前围总成中最结实的部分。在估损时，还应注意哪些操作必须提前完成，如在更换某卡车的前围上盖板时，在拆卸前围前必须先拆下翼子板和前风窗玻璃，这些操作的工时应当单独计算。前围总成的拆卸和安装工时一般包含以下操作：

1）拆装前围板两侧内饰，以防它们在焊接中受损。
2）拆装车门密封条和防滑板。
3）拆装车门未关严报警器开关。
4）拆装前围板和驾驶室之间的所有填充材料。
5）钻除或切除原厂焊点。
6）对齐新板件，并将其焊接到位。
7）打磨、填充和磨光焊缝。

前围的拆卸和安装工时一般不包含以下操作：

1）拆装仪表板和防撞垫（为了防止受热损坏）。
2）拆装前风窗玻璃框和饰条。
3）拆装前风窗玻璃。
4）拆装翼子板。
5）拆装车门。
6）松开车顶内衬的前边。
7）拆装空调和暖风系统的零部件。
8）拆装车顶饰条。
9）板件的喷涂。
10）在内部板件的表面涂施防腐材料。

十二、车身板件

车身板件包括金属板件（又称为钣金件）和塑料板件，一般是通过冲压或模制而成的。一辆汽车用到的板件有很多，通常它们的名称就说明了其位置和主要功能，如发动机舱盖是发动机舱上面的盖板，行李箱盖是行李箱上面的盖板，前翼子板是车身前段两侧的板件，车顶板是车辆顶部盖板。车辆上主要的外部板件如图 4-64 所示。

在工厂里，这些形状复杂的板件大部分是用金属薄板在大吨位冲压机上冲压出来的。为了获得精确的形状和尺寸，冲压时要用到很多模具。但是在对事故车进行钣金维修时，不可能按生产环境用这些模具对钣金件进行矫正。因此，经过钣金维修的板件在形状和尺寸上总是有误差的。

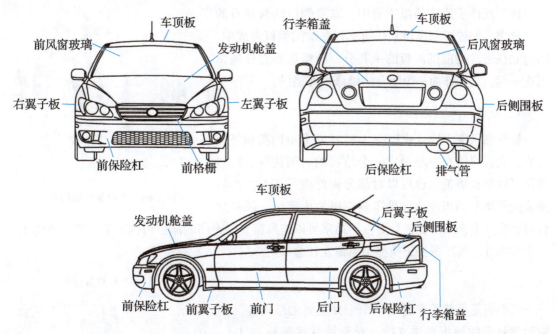

图 4-64　车辆上主要的外部板件

十三、侧板

车身侧板构成车门的门框，而且是驾驶室的重要构件，如图 4-65 和图 4-66 所示。车身侧板包括铰链和风窗立柱、门槛板、中柱以及后侧板，对于四门车型还包括中柱。对于一些新型承载式车辆，车身侧板（不含后侧板）可以以一个分总成提供，这样有利于减少分割和板件的工时。

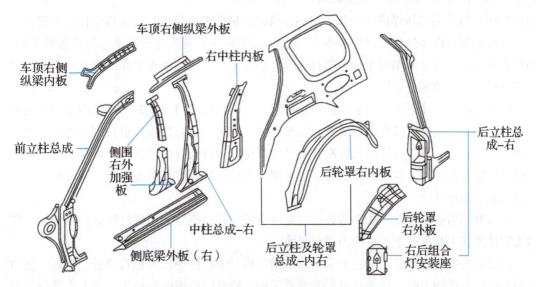

图 4-65　车身侧板的主要组成零件

在主机厂配件手册或估损手册中，车身侧板的板件有的单独列出，如铰链和风窗立柱通常列在前围侧板总成中，因为立柱通常是前围侧板的一部分。门槛板和立柱通常列在一起，它们作为一个组合的维修板件提供。

1. 铰链和风窗立柱

铰链和风窗立柱（也称为 A 柱）通常由内板和外板组成，它们焊接在一起构成一个结实的封闭构件。这些构件可以单独更换，也可以对部分构件进行切割，然后换成同等质量的板件。如果车辆在事故中翻滚，风窗立柱可能受到损伤，需要进行更换。通常可以将风窗立柱损伤的部位切割下来，然后再焊上一个替换件，而不需要更换整个风窗立柱总成。

图 4-66　车身侧板的构成

2. 门槛板

门槛板是承载式车身中一个十分重要的结构件，它为驾驶室的地板提供支撑。对于承载式车身，门槛板是由高强度钢制成的，而且两边都镀锌，以防止锈蚀。门槛板通常由内板和外板组成，但有些车辆上，外板直接焊接在地板上。对于四门车辆，在中柱与门槛板的连接处通常有一块加强板，如图 4-67 所示。

在配件手册或估损手册中，门槛板通常与地板列在一起。门槛板与地板、前围侧板、中柱（对于四门车辆）以及后侧板焊接在一起。有些承载式车辆的前纵梁也与门槛板焊接在一起。

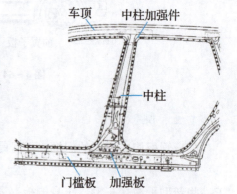

图 4-67　门槛板与中柱

门槛板的内板和外板可以单独购买，也可以作为一个整体进行更换。当单独购买时，必须在估损单中将它们作为单独的项目列出。如前所述，门槛板有时作为分总成提供，可能还连接着中柱或风窗立柱。

门槛板除了整体更换外，通常还可以进行切割。在切割门槛板时，要在两个立柱之间部位进行切割，这样可以避免切到里面的加强件。如果只是对门槛板进行局部切割，然后再焊上一块新板，其工时应当比拆卸和安装工时少。门槛板的内板不是外观件，不需要对金属进行修整和喷漆。但是，估损时应当考虑一些涂抹防腐材料的工时，一般在焊接工艺全部完成之后涂抹。

大多数门槛板上都有一块防滑板，它是由铝或塑料制成的，用螺钉拧在门槛板上。防滑板即使损伤不是很严重，也应当进行更换。

门槛板的拆装和更换工时包含了拆装前围饰板、中柱饰板、后侧板饰板、地毯、防滑板和后座沙发垫的工时。如果必须松开前翼子板才能对门槛板进行操作，那么这部分工时也包含在内，但一般不包含以下操作：

1）车门的拆装。
2）附近的或与之相连的燃油管路、控制拉索和电线的拆装。
3）饰条、铭牌、徽标或装饰件的拆装或更换。
4）标签或胶带的安装。
5）防腐材料或底漆的涂施。
6）门槛板外板的喷涂。

当更换相邻的板件时，如中柱和后侧板，对于每一条重叠（共用）的缝隙，应当在操作工时中减去1.0h。

3. 中柱

中柱在四门车辆上具有支撑车顶，为前门提供门锁固定表面，为后门提供铰链柱多种功能。中柱（又称为B柱）焊接在门槛板、地板和车顶纵梁上（活顶车和软顶车除外，这些车辆的中柱只伸到车辆的腰线位置）。通常，中柱是一个由内板和外板组合而成的封闭构件。

中柱损伤后可以进行更换，但通常也可以从车顶底部对中柱进行切割维修，维修手册或估损手册中通常会给出切割中柱的工时。在确定要切割时，应当注意：切割位置必须在座椅安全带D形环的下方，以避免切割到D形环加强件，该部件在一般的中柱中都存在。

如果中柱在侧面碰撞中受损，门槛板也可能被撞坏。在这种情况下，最好找一个中柱和门槛板分总成来更换。

在切割和焊接中柱时，必须拆下后车门和前座椅，松开车顶内衬，向后卷起地毯和脚垫。这些操作都应包含在中柱拆卸和更换工时中。更换中柱还需要拆卸和安装中柱饰板、防滑板、车门密封条和车门锁撞板，这些操作也包含在所列的拆卸和更换工时中。拆卸和更换工时还包含所有必需的切割、焊接、打磨、填充以及焊缝平整的时间，但以下操作一般不包含在中柱的拆卸和更换工时中：

1）饰条、徽标、铭牌和其他装饰物的拆装。
2）选装灯的拆装。
3）胶带、标签及覆盖件的安装。
4）钻圆孔的时间。
5）穿过车顶纵梁、中柱或门槛板电线的拆装。
6）防腐蚀材料的涂施。
7）内板和外板的喷涂。

4. 后侧板

后侧板又称为后侧围板或后翼子板，从门槛板和车顶延伸到后部车身，构成后部车体的侧面，如图4-68所示。一般后侧板总成由外板、翼子板或车顶延伸板、内板、锁柱、外轮罩板、内轮罩板以及多种填充材料、延伸件、角撑板、支架和加强件等组成，如图4-68所示。当代承载式车身的许多零部件是由高强度钢制成的，而且两侧都经过镀锌处理。

（1）外板 外板是一块装饰板，可能包含以下全部或部分零件：车身和车窗饰条、胶带、徽标、门锁加强件、角窗、加油口盖。后侧板外板与门槛板、车顶梁、锁柱、后地板延伸件、搁物架、后部车身板及车轮罩外板焊接在一起。一旦损坏，必须沿着原厂焊缝拆下外板，然后换上新件。但是，切割后侧板也是一种常规做法，一般切割位置在车窗或腰线下面，切割时一定要遵照原厂的要求。切割维修可以节省一些工时，因为不必拆卸和安装所有零部件，如当沿着原厂焊缝更换后侧板外板时，必须将后风窗玻璃和角窗玻璃拆下，在外板维修完毕后再将它们重新安装上去。这样不仅需要付出很多工时，而且在拆卸过程中还容易打碎玻璃，因此，这种更换程序的成本是比较高的。如果在车窗下面切掉受损的板件（图4-69），然后用一块新板件替换掉这部分损坏的板件，就可以省去很多烦琐的工序。

图4-68 后侧板在车身上的位置

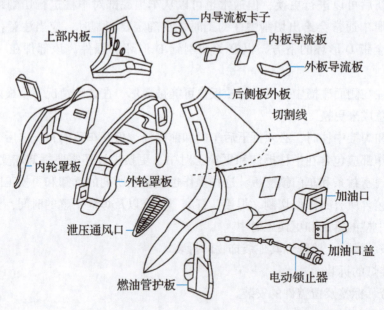

图4-69 后侧板的主要组成零件（注意切割线）

对于大多数车型，维修手册或估损手册中都给出的后侧板切割工时是指在腰线部位进行切割。但如果后侧板受损的面积较小，只要不是很严重，也可以进行局部更换。如果只是后侧板的后角部位损伤，可以在车轮室后面进行切割，此时，估损员就要确定一个合理的工时额度。

有些车辆的后侧板带有后部延伸板，在车架式车身上较为常见。它们是一些小块板件，通常用螺钉拧在外板上，填充了后侧板外板和后部车身板之间的空隙，有时还为尾灯提供安装表面。后部延伸板通常是由压铸白色合金、玻璃钢或塑料制成的，一旦损坏必须更换。

> **提示**
>
> 后延伸板以及其他所有用螺钉安装的延伸件和填充板通常已包含在后侧板外板的拆卸和更换工时中，无须额外增加。

（2）内板　一些车辆的后侧板由一块外板和一块或多块内板构成，内板与外板、锁柱、车轮罩总成和地板焊接在一起。内板构成驾驶室的玻璃升降器和行李箱的侧盖板。如果车辆有可升降的角窗，其玻璃升降器、导槽和手柄都安装在内板上。内板外面通常用内饰件覆盖，因此它不是一个外观件。主机厂配件手册或估损手册中一般能查到内板的拆卸和安装工时，因为内板不包含在外板的操作工时内，必须在估损单中单独列出。但内板不是外观件，通常可以通过拉伸和钣金工艺进行维修。

（3）锁柱　在有些车辆上，后侧板外板或轮罩板的前沿构成车门立柱。而在其他一些车辆上，则有一块单独的板件为车门关闭提供接合表面，通常称为锁柱。锁柱一般焊接在门槛板和后侧板的内、外板上。有些车辆的锁柱可能由内板和外板构成，而有些车辆的锁柱只有一块板。有些车辆的锁柱向上只伸到腰线位置，而有些车辆的锁柱一直伸到车顶，并可能由下柱和上柱两部分构成。估损员在估损时一定要仔细查看配件手册或估损手册中的后侧板分解图，了解锁柱的实际结构。锁柱一般不包含在后侧板外板的拆卸和安装工时中，除非它是后侧板的一部分。如果锁柱碰撞受损，必须在估损单中单独列出它的更换工时。

（4）轮罩板　轮罩板构成后轮的挡泥板，保护后侧板的后部和行李箱部位免受道路飞溅物的损伤。同时，它还构成行李箱的一侧。轮罩板通常由一块内板和一块外板（图4-70和图4-71）两块板子构成。内板焊接在外板、搁物板、后部地板和车顶纵梁上，而外板焊接在内板和后侧板外板上，它不是外观件。轮罩板一般不包含在后侧板的拆卸和更换工时中，其更换工时和配件价格应在估损单中单独列出。

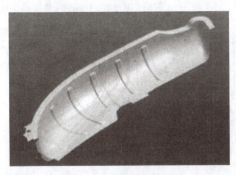
图4-70　后轮罩内板

图4-71　后轮罩外板

（5）轻型货车侧板　对于长驾驶室的皮卡车，侧面碰撞可能会损伤驾驶室侧面。而正面或后面碰撞时，车架变形可能会使货箱撞到驾驶室的后部，从而导致这部分板件损伤。

驾驶室侧板可以和后侧板一样进行更换或切割。

（6）厢式车侧板　厢式车侧板的更换与后侧板和轻型货车驾驶室侧板的更换相似。侧板上连接着内部支架、地板和轮罩板，应检查这些部件是否有隐藏的损伤。有些汽车厂家分前、后两块提供侧板。侧板的拆卸和更换工时通常包含以下操作：侧门、后面、后保险杠、后灯和填充板的拆装，侧窗、防滑板、锁扣和车顶衬板的拆换，填缝剂的更换。还可能涉及以下操作：重新喷涂，拆装内饰、燃油箱、车轮、座椅和隔声材料，安装胶带，清理碎玻璃以及为饰件钻孔。改装的厢式车可能有很多额外的内饰板，在维修时有时需要拆下这些内饰板，这些工时需要逐个计算。

（7）货箱侧板　如果载货汽车或轻型货车的货箱侧板损伤，而且其维修费用超过侧板本身的价格，应考虑更换侧板。更换货箱侧板工时包含后灯、加油口盖、后保险杠、尾灯的拆卸和安装。后侧板、脚踏板和加油管的拆卸和安装，填缝剂的更换也包含在内。

十四、前门和后门

车门是车身上最复杂和最昂贵的构件之一。一般的车门里面有车门框架，外面有一块车门外板，又称为蒙皮，如图4-72和图4-73所示。车门框架由金属板制成，而蒙皮可能是金属板，也可能是玻璃钢或塑料板。蒙皮焊接在车门框架上，或者用夹子夹紧或用黏结剂黏结在车门框架上。就在蒙皮内侧，有一个加强杆焊接在车门框架上。加强杆也称为防撞杆，由高强度钢制成，用来防止撞击力使车门凹陷而伤害乘员。车门通过铰链连接在铰链柱上。大多数车门是用螺栓与铰链相连的，而铰链是通过螺栓或焊接方式安装在立柱上。

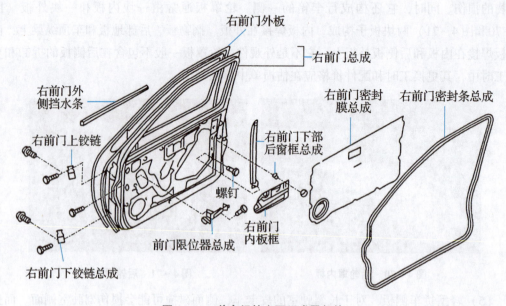

图4-72　前车门的主要组成零部件

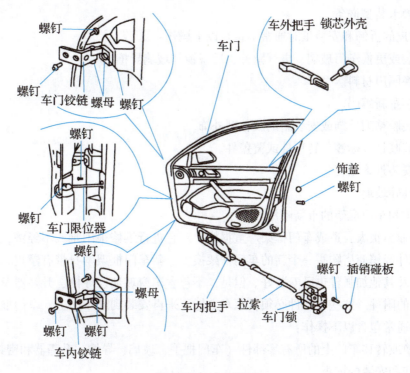

图 4-73 车门附件

除了车门框架、蒙皮和铰链外,大多数车门总成还有许多连接件和内部零件。车门的外部可能有车门手柄、锁芯、门闩、外部后视镜、饰条、标签、徽标、胶带或覆盖件。车门的内部可能有车窗玻璃、玻璃导槽和滑道、升降器(手动或电动)、电线线束、门锁机构和外部后视镜控制装置。大多数车门框架的内表面都有饰板覆盖。车门拉手、扶手、控制板和车窗玻璃升降器也安装在车门框架内侧。

车门外板可以用吸杯、撬棍或撬镐和拉伸液压缸进行维修。但如果损伤较严重,就应当单独更换蒙皮,只要有可能,就一定要尽量更换蒙皮而不要更换车门框架。更换蒙皮时通常需要将车门从车上拆下来,为防止打碎车窗玻璃,还要将玻璃拆下。然后钻削掉焊点,打磨掉钎焊金属。沿着车门的边缘磨去包边,这样就可以将蒙皮从车门框架上拆下来了。将剩下的包边或焊接材料清除干净,将车门框架边缘清理干净,如果必要进行校直。把新的蒙皮放到车门框架上,将包边卷到车门框架边缘上。然后用点焊或胶粘的方式将蒙皮固定到车门框架上。蒙皮的上部边缘通常用惰性气体焊(MIG 焊)焊接到车门框架的顶部,这样可防止水汽和灰尘进入车门,同时可以获得密闭的和精美的焊缝。

车门蒙皮的拆卸和更换工时通常包含以下操作:

1)拆装车门。
2)拆装车门内饰板。
3)拆换填缝剂。
4)拆装或更换门外把手、门锁和门边的密封条。

5）更换卡装型嵌条。

车门蒙皮的拆卸和安装工时通常不包含以下操作：

1）拆装或更换车门玻璃、电气附件、后视镜和玻璃导槽。

2）更换隔声材料。

3）门锁重新编码。

4）拆装胶粘型外饰或安装新的胶粘型外饰。

5）安装胶带、标签、转移件或覆盖件。

6）为安装外饰钻孔。

7）清理碎玻璃。

8）蒙皮和车门框架的重新喷涂。

如果碰撞力很大，造成车门框架严重损坏，对它进行维修很困难或不经济，就应当从主机厂或配件经销商店购买一个新的车门框架换上。新车门框架本身带有蒙皮，而且车门内的加强杆及其他加强件也已安装好。但是，不包含车窗玻璃、导槽、升降器及其他与车门框架相连的附件。这些零部件必须从原车上拆下来再安装到新车门上。车门框架的拆卸和更换工时通常包含以下操作：

1）更换或转移车门上的所有零部件（车门把手、玻璃、导槽、升降器和密封条）。

2）拆卸和安装内饰板。

3）拆装门锁。

4）在原厂焊缝中涂施新的填缝剂。

5）更换标准装备，卡装型嵌条。

如果必须从升降器上拆下玻璃，从玻璃上拆下下部夹框需增加0.2h，如果上部和下部夹框都要拆下，则需增加0.3h。如果需要清理碎玻璃，估损单中还要增加适当的清理工时。车门框架拆卸和更换工时通常不包含以下操作：

1）更换隔声材料。

2）拆卸和安装或更换后视镜。

3）拆装或更换焊装型铰链。

4）拆装或更换铰链固定板。

5）拆装或更换标签（如环保标签或车身识别标签）。

6）门锁的重新编码。

7）拆装或更换胶粘型内饰。

8）安装胶带、标签、转移件或覆盖件。

9）为安装嵌条钻孔。

10）车门的重新喷涂。

如果维修时必须进行以上作业，就应当在估损单中添加相应的工时，有些作业的平均工时在维修或配件手册中可能查到，很多情况下则查不到，此时应当由估损员与维修店协商确定。

如果受损车辆上还装有一些选装件（标准车型上没有的），必须增加相应的工时，如车门上装有防盗报警系统、遥控后视镜、门锁照明、扬声器、电控门锁或电动升降器等，就必须增加一些额外工时。

配件手册或估损手册中一般还给出各个零部件的拆卸和更换工时。这些工时已包含在车门框架的工时中，但如果需要单独更换某个零部件（如破碎的车窗玻璃或损坏的玻璃升降器），就应当单独列出这个零部件的工时。

> **提 示**
>
> 相关内容学习，还可以扫码观看视频 8《汽车车门、后部的评估技巧》进行学习。

十五、行李箱盖和车身后部

（1）行李箱盖 行李箱盖又称为行李舱盖，行李箱盖的结构和维修操作与发动机舱盖很相似。大多数行李箱盖都包含外板、内板、行李箱锁、锁栓总成、锁扣和铰链等零部件，如图 4-74 和图 4-75 所示。外板与内板的边缘点焊在一起，内板的上表面与外板的下表面粘合在一起。这种双层板件结构使得行李箱盖的拉伸和喷漆维修具有一定的局限性，一旦其维修成本超过一定的限度，就要将外板和内板一起作为一个整体进行更换。

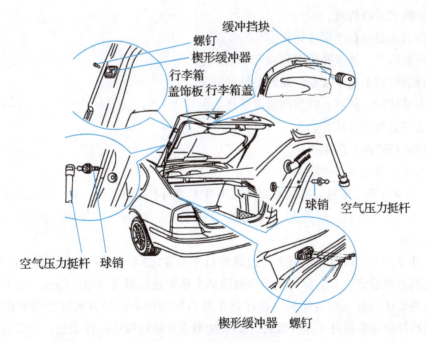

图 4-74 行李箱盖部件

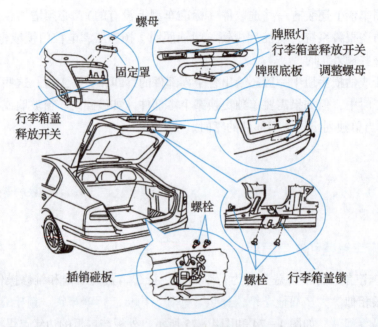

图 4-75 行李箱盖锁部件及牌照灯部件

行李箱盖拆卸和更换工时通常包括拆装或更换行李箱锁、锁栓、锁扣、密封条、车灯总成和线束（只要这些零部件都与行李箱盖相连，如果不相连，则不包含在内），更换卡装型嵌条和缝隙密封剂。以下操作一般不包含在内：

1）拆装或更换铰链。
2）拆装或更换行李架或尾翼。
3）拆装标签，如举升说明和注意事项。
4）拆装胶粘型嵌条或安装新的黏结型嵌条。
5）安装胶带、标签、转移件或覆盖件。
6）为安装外饰件钻孔。
7）防盗门锁的重新编码。
8）行李箱盖的重新喷涂。

(2) 车身后部　车身后部的零部件因车身类型的不同而不同。对于承载式车型，车身后部主要由后部车身板、后地板、后纵梁、多个横梁、加强件、填充板和延伸件构成，如图 4-76 所示。

在一些车型上，后风窗玻璃下部边缘和行李箱盖之间有一块板子，称为后部上盖板，它焊接在两边的后侧板上。而有些车辆的后部上盖板是后窗台板的一部分。有些车辆的后部车身板外面还装有一块装饰板。在评估车身后部的损坏和计算实际维修费用时应当注意：车身后部的很多板件不是外观件，如搁物架通常被塑料装饰件盖住，只需通过一般的钣金工艺将这块金属板恢复到原来的形状和尺寸即可。地板和纵梁可以用液压拉伸装置和液压缸进行校直。

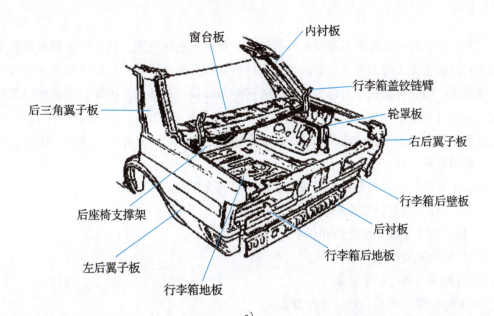

图 4-76 后部车身
a) 车身后部的主要板件　b) 行李箱内饰件

当受损的板件维修起来不是很经济的时候,就应当进行更换,从配件手册或估损手册中查找它们的更换工时和价格。后部车身板的拆卸和更换工作通常包括拆卸和安装后保险杠、填充板、防飞石护板、后部车身板上的密封条以及后灯总成,拆卸和安装碰撞缓冲装置或安装臂(如果这项操作是拆卸后部车身板之前必须完成的)。如果门锁、门闩、锁扣也与后部车身板相连,那么这项零件的拆装操作也包含在内,另外还包括原厂填缝剂和卡装型嵌条的更换工时。

后部车身板的拆卸和更换工时通常不包括以下操作:
1)拆卸和安装燃油箱总成。
2)拆卸和安装或更换电线和线束。
3)门锁的重新编码。
4)拆卸和安装胶粘型嵌条。
5)安装胶带、标签、转移件和覆盖件。
6)为安装外饰钻孔。
7)为安装车灯打孔。

后纵梁和地板的拆卸和更换包含钻除原厂焊点,调整对齐并重新焊接新板件所必需的时间。可能涉及拆卸和安装受损件上其他零件(如悬架总成、半轴总成、燃油箱、制动和燃油管路),还可能涉及那些为了维修后纵梁和地板而必须拆下的零部件。另外,估损时还必须考虑将车辆安置到校直设备上的工时,拉伸受损相邻板件的工时,测量损伤程度的工时等。对于四轮驱动车辆和独立后悬架车辆,后部车身板件的正确定位尤其重要。

十六、车身内饰和衬里

首先查看驾驶室的损伤情况,以及事故碰撞力、乘员和物体的二次碰撞对内饰和衬里可能造成的损伤情况。损坏的塑料件可以用塑料焊接工艺进行修复,然后通过喷漆与内饰的颜色和纹理进行匹配。如果地毯和衬里脏污,可以进行清洗和除臭。聚乙烯和纺织材质的衬里一般可在有资质的衬里店进行维修或更换。损伤的内饰是维修还是更换取决于其损坏的程度、更换的费用、是否能够买到更换件以及维修工的技艺水平。如果内饰件必须更换,可以从配件手册或估损手册中查询到前围内饰、车门内饰、中柱内饰、后侧板内饰、车顶内饰、搁物板、行李箱等零部件的工时和配件价格。估损员应当借助手册中的分解图确定哪些零部件在实际碰撞中被损坏,如图4-77~图4-81所示。

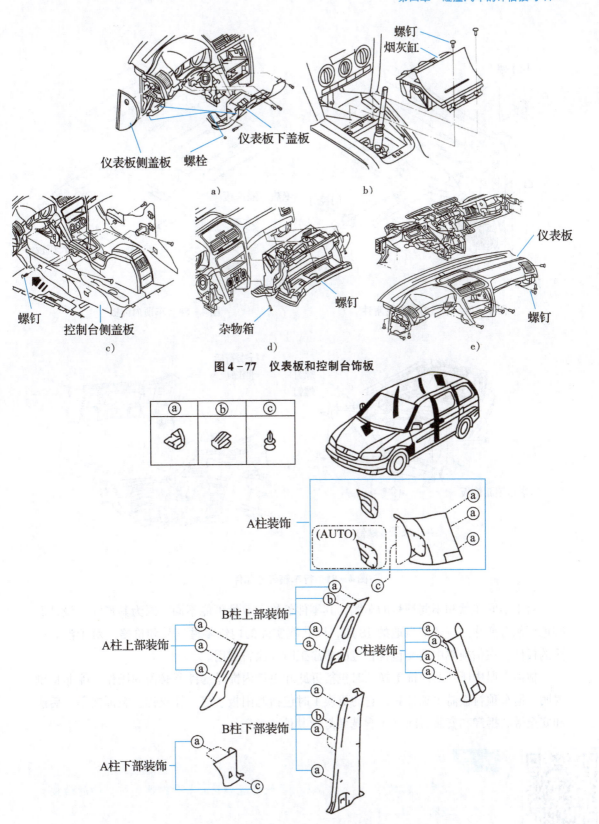

图 4-77 仪表板和控制台饰板

图 4-78 车身 A 柱、B 柱、C 柱装饰件

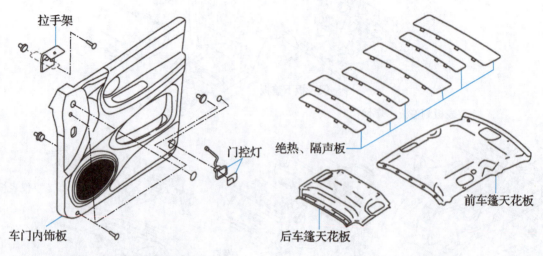

图 4-79 车门内饰板及附件　　图 4-80 车顶内饰板

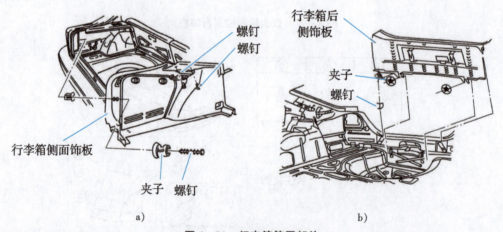

图 4-81 行李箱等零部件

对于不同年款和不同型号的车辆,其零件价格和数量可能不同,因为其形式、设计和颜色可能有变化。应咨询当地的 4S 店,以获取实际的内饰零件编号和价格。对于没有喷涂的板件,在估损单中还要包含相应的喷涂工时和涂料费用。

估损手册中所列的内饰更换工时包括拆卸和更换内饰零部件所必需的操作,除非特别说明。但车顶衬板需单独计算,它的更换工时包括遮阳板、灯、挂衣钩、装饰嵌条、后座和安全带的拆卸和安装时间(不含选装灯及其他装备)。

提示

相关内容的学习,还可以扫码观看视频 9《车身内饰和衬里的评估技巧》进行学习。

第四节 机械总成和电气系统的损伤评估技巧

一、机械总成和电气系统的评估原则

在许多事故中，损伤不仅只限于车辆的外部钣金件和塑料件、装饰件、车灯、车漆、风窗玻璃以及其他通常与碰撞修理工作相关的部位，发动机、变速器、转向系统、悬架、制动系统和空调等机械，电气系统也可能在事故中受到损伤，电路与电子传感器和继电器也可能受损。要进行全面的评估，必须精确地评估机械和电气系统的损伤情况。一个修理厂如果在事故车修理中发现不了或修不好损坏的机械部件，就会失去大量客户和保险公司的信誉。同样，二手车鉴定评估师如果对机械系统知之甚少，就不能进行全面评估。所以，无论从事事故车维修，还是从事保险估损，都应当认真学习机械和电气系统在事故中的损坏和修理知识。

汽车上不是所有机械和电气元件都容易在事故中受损，如发动机缸体和曲轴等零件就很少在碰撞事故中损坏。对于碰撞中容易受损的机械部件，主机厂的配件手册和估损手册中一般都会列出其价格和工时，在评估时可以进行查阅。

二、发动机

当汽车发生一般事故时，不会使发动机受到损伤。只有比较严重的碰撞事故才可能导致发动机损坏，如车辆受到来自保险杠上方的严重碰撞，缸盖和顶置凸轮轴就可能损坏。

当汽车发生正面碰撞时，发动机外部零件容易受损，主要有曲轴带轮、传动带、发动机支座、正时罩、油底壳和空气滤清器。

发动机支座固定发动机并缓冲发动机的振动。支座通常位于发动机的左右和前侧。有些发动机还有一个后支座，如图4-82所示。正时罩保护着正时齿轮和正时带。油底壳是储存发动机机油的金属壳体。空气滤清器用来过滤发动机的进气。

在侧面碰撞中，下车架横梁会发生大幅移动，使带轮弯曲然后反弹回来。在检查损伤时，应意识到即使在横梁和带轮之间还有间隙，带轮可能也已经损坏，如图4-83所示。最好是起动发动机并观察带轮有无摇摆。受损的带轮无法修理，必须进行更换。

同样，如果带轮损坏，那么装带轮的泵或压缩机也可能受损。检查零件是否工作正常、有无泄漏。驱动带应该检查有无裂缝。

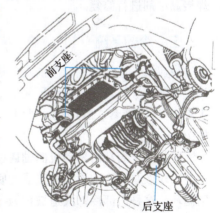

图4-82 发动机三点式支撑

图4-83　横梁和带轮位置

在严重的正面和侧面碰撞中,发动机支座可能受损。由于下横梁或散热器支架在碰撞中会移动,所以装在上面的部件也会移动。发动机支座通常就是这样弯曲的。观察支座、发动机和车架横梁的位置。通常,支座与发动机和横梁成直角,如果不是直角,则表明发动机或横梁发生了位移。通常通过修理横梁可以恢复支座的正确角度。如果支座弯曲,就应进行更换。支座在严重的碰撞中可能断裂。要检查支座是否断裂,应将发动机支起。如果发动机向上移动,则支座可能断裂。要检查自动变速器车辆上的发动机支座是否断裂,则应起动发动机,踩下制动踏板,挂入行驶档位,不松开制动踏板的情况下轻踩加速踏板。如果发动机弹起,则支座可能断裂,需要进行更换。

如果正时罩或油底壳是由冲压金属板材制成的,在发生了轻微凹陷时,应拆下并进行金属加工。如果受损的正时罩和油底壳是由铸铁或铝和金属板件制成的,在损坏严重时,应进行更换。空气滤清器通常装在散热器支撑后方,在正面碰撞或侧面碰撞时很容易受损。要仔细检查,损坏处可能很难发现。塑料的空气滤清器壳体或固定凸起可以通过塑料焊接黏结剂进行修复。

三、冷却系统

当前汽车上最常用的汽油发动机或柴油发动机大多数都采用水冷方式进行冷却,即通过冷却液在缸体和缸盖内循环使发动机保持正常的工作温度。冷却系统由冷却液泵(俗称水泵)、冷却液套、散热器、风扇、软管、节温器、温度指示器和风扇护罩等零部件组成,如图4-84所示。

冷却液泵通常由发动机曲轴通过传动带驱动,发动机冷却风扇则由传动带驱动或电驱动。冷却液泵把冷却液从散热器的底部或侧面泵出,使其在发动机缸体和缸盖的内部水道里循环,这种内部冷却液道被称为冷却液套(俗称水套)。从发动机流出的冷却液再从节温器处流进散热器的顶部储液罐,然后再从储液罐慢慢流入散热器内的细管中。细管周围环绕着冷却翅片,这些细管和翅片称为散热器芯。当冷却液达到散热器的冷却液出口时,就开始了新一轮循环。当节温器打开时,冷却液会持续流过发动机和散热器。随着冷却液流经发动机缸体和缸盖,燃烧形成的热量就传递到冷却液中,随着冷却液流经散热器芯,热量就经过散热器芯翅片散发到空气中。散热器风扇的作用是在怠速或低速行驶时向散热器吹风,这样就确保了低速时也有足够的空气流过散热器,确保良好的热传递效果。

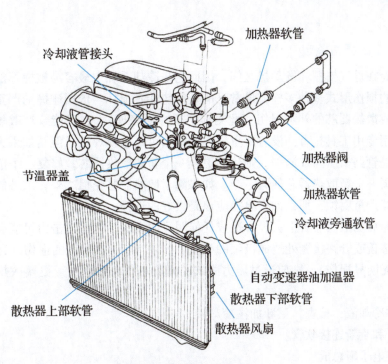

图 4-84 发动机冷却系统

发动机冷却系统的主要作用有以下两点：
1）带走发动机多余热量。
2）将发动机温度保持在合适的温度点上。

1. 散热器风扇

前轮驱动的车辆上至少配备了一个温度控制的电子扇总成，装在散热器后面。该总成由电动机、风扇及塑料风扇护罩组成，如图 4-85 所示。风扇的开闭是由冷却液温度控制的。在正面碰撞中，冷凝器、散热器以及风扇总成通常会在碰撞力的作用下向后移动，并可能挤压到发动机上，造成二次碰撞损坏。

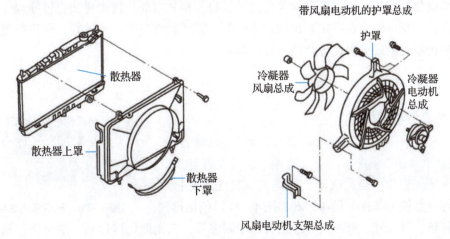

图 4-85 散热器风扇的主要组成零件

2. 冷却系统损伤鉴定

散热器处在进气格栅和发动机之间，因此它是冷却系统中最容易被撞坏的部件。散热器在碰撞中的损伤形式多种多样，最常见的是散热器芯损坏。依据碰撞的严重程度，风扇可能只会造成散热器芯的外观损伤（此类损伤很容易修理），也可能毁坏散热器芯。变形的翅片可以用专用工具拉直，没有严重损坏的管路可以重新焊接。但是如果大块的冷却翅片松脱，或是管路被压扁或撕裂，则建议更换一个新的散热器芯。修复一个散热器芯的费用通常比购买一个新散热器芯便宜一半。如果除了散热器芯受损之外，末端储液罐也被损坏或是散热器严重腐蚀，那么彻底更换应该是最好的选择。

有时碰撞后的散热器看上去没有造成任何明显的损伤，但是撞击力可能会在软管周围沿着散热器芯盖或管路接缝处造成极细的裂纹。如果怀疑存在隐蔽的损伤（散热器中冷却液不足，且无明显损伤），则应通过压力测试检测散热器有无泄漏。更换散热器时一般包括下列操作：

1）排空冷却液，检查，重新加注冷却液。
2）断开和重新连接软管。
3）拆装电子扇总成。
4）拆装风扇护罩。

注意： 更换散热器时不要忘记计算冷却液的费用。

对于散热器风扇，如果叶片弯曲或损坏，就不能再修理了，只能换新的。损坏或弯曲的风扇离合器也必须更换，这也是不可修理的项目。如果冷却液泵的壳或轴已损坏，则应进行更换。散热器护罩通常是塑料制品，如果损坏不严重，可以通过塑料焊接工艺进行修理。传动带和软管由于其柔性，通常在碰撞中不会损坏。但是，有时为了松开一个受损部件，必须将好的传动带切开。此外，若传动带上出现裂纹、切口、划痕或磨损严重，就应当更换。如果软管出现裂缝、刺孔、撕裂、老化开裂、烧灼、鳞片和变软，应当进行更换。特别要注意散热器下软管，下软管内部有钢丝支撑，用以避免冷却液泵高速转动产生的局部真空使其塌陷。如果下部软管已经被撞扁，则其内部的强化弹簧也已撞扁。如果不进行更换，车辆可能会在高速时出现过热问题。原厂软管夹子应和软管一同进行更换。聚丙烯风扇护罩上的裂缝可以进行塑料焊接修理。

四、排气系统

1. 排气系统的构成

排气系统用来收集发动机内混合气燃烧形成的尾气并将其排出，还用来减小发动机的噪声，并在冷却发动机方面有显著作用。当代汽车上的排气系统还进行排放控制。排气系统的部件（图4-86和图4-87）包括排气歧管和衬垫、排气管、密封垫和连接管、中间连管、三元催化转化器、消声器、辅助消声

图4-86 排气系统总成

器、尾管、隔热罩、夹子、衬垫和悬架。

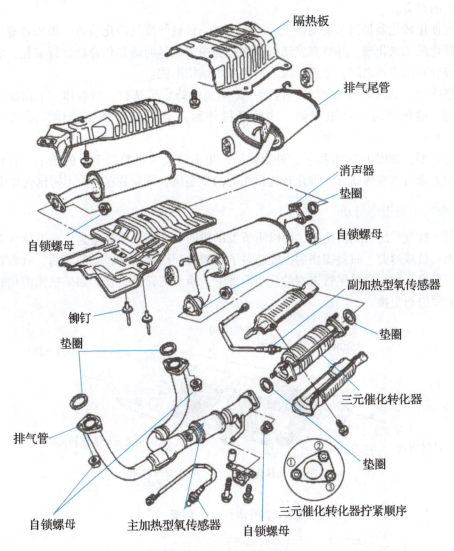

图4-87 排气系统的部件

尾气是从排气歧管开始进行收集的，这是排气系统的第一部分，直接用螺栓拧到缸盖上。排气歧管的设计使它能与缸盖的排气部分正确配合。大多数直列发动机配备的是单排气歧管，而V型发动机会在每个缸盖上配一个歧管，在老式汽车上，V型发动机配备完整的双排气系统是很常见的，发动机的每一侧都有一套排气系统，收集和排出废气。在最新型的汽车上，两个排气歧管与一根排气管相连，排气管呈Y形。所有的尾气就会通过同一个消声器和尾管排出。

对于所有的发动机，废气都是从排气歧管流到排气管，排气管然后与三元催化转化器、消声器和中间连管组成完整的排气管路。有些大排量发动机的排气系统中还配有一个副消声器，来进一步消除排气噪声。简单地说，消声器就是连着入口管和出口管的一个罐状零件，内部是一系列改变排气流向的阻隔物，排气流向的改变能够使排气在排出尾管时消除燃烧的声音。

三元催化转化器是汽车发动机上普遍采用的一种机外废气净化装置，用来将有害的一氧化碳转化成二氧化碳，并将在发动机燃烧过程中未燃尽的碳氢化合物进行氧化，它安装在排气歧管和消声器之间，主要有以下两种基本结构形式：

①整体型：如图4-88a所示，包括一个陶瓷的蜂巢形基材，即载体，上面涂有贵金属催化剂。催化剂通常是铂和钯。这种基材外面罩着一个不锈钢壳体，其表面温度为250~300℃。

②颗粒型：如图4-88b所示，外形扁平，里面的基材由数以千计的微小多孔颗粒组成，颗粒上涂有与整体式三元催化转化器相同的贵金属，颗粒装在一个不锈钢壳体中。

2. 排气系统损伤分析

在判断排气系统有无损伤时，可以听听发动机的噪声有无明显增大，看看排气系统的零件有无裂纹或弯曲。只要损伤的程度超过了轻微的刮伤或非常轻微的弯曲，就需要对受损件进行更换。如果只是尾管末端的一小段拆下，换上尾管延长管。如果三元催化转化器损坏，必须进行更换。

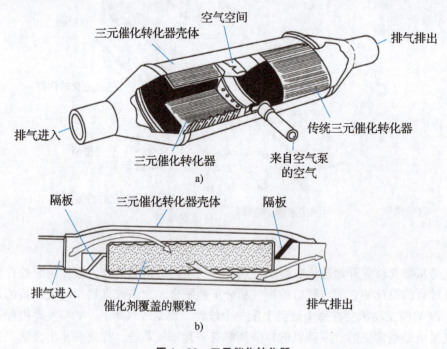

图4-88 三元催化转化器
a) 整体型双级三元催化转化器 b) 颗粒型三元催化转化器

五、变速驱动桥

变速器的作用是根据汽车的不同行驶条件，改变发动机的输出转速和转矩，以改变汽车的车速和驱动力,在汽车需要倒车时改变传动系统的传动方向(倒档),在汽车临时停车时切断发动机与传动系统的动力连接(空档)。有的变速器还可向汽车的附属机构提供动力。按照传动比的变化情况,变速器可分为有级式、无级式和综合式三种。对于前轮驱动车辆,变速器与主减速器和差速器直接相连,称为变速驱动桥。变速驱动桥的位置使其在正面碰撞中容易受到损坏。

1. 手动变速驱动桥

大多数手动变速驱动桥为五速,也就是说有五个前进档(其中一个是超速档)和一个倒档。变速器的齿轮装在一个铸铝壳体内。变速驱动桥的内部有齿轮、离合器总成和换档拨叉。变速驱动桥的外部有连杆系统、变速杆、离合器主缸和离合器副缸。变速驱动桥和液压离合器的正常工作需要工作液,连杆系统必须调校对正。碰撞会使变速器壳体开裂、液压系统泄漏或是连杆系统错位。用举升机将车辆升起,检查变速驱动桥四周有无液体泄漏,查看连杆是否弯曲。所有受损的部件都必须更换。

2. 自动变速驱动桥

自动变速驱动桥中包含有一组或多组行星轮、制动带、伺服机构、离合器、侧齿轮和油泵。这些零件封装在一个变速器壳体和罩盖中,如图4-89所示。如果壳体折断或开裂,则应进行更换。自动变速器的油底壳为冲压钢板,装在变速器壳体的底部,用来储存润滑油。如果其密封部分发生损坏,则应将其拆下、校直,并换用新的垫圈将其装回。当损坏的油底壳拆下后,应对内部零件进行检查。

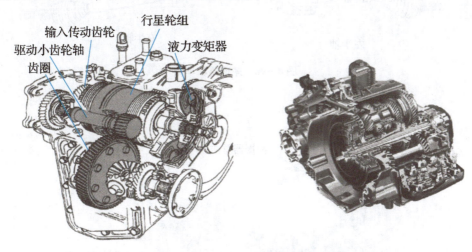

图4-89 自动变速驱动桥的结构

如果外部件受到损坏或怀疑内部受损,则变速器需要进行拆解检查。由于正常使用中的磨损也可能会造成变速器故障,所以车主和保险公司应在解体开始前就谁支付解体费达成一致。通常,如果问题是由碰撞造成的,则应由保险公司支付;如果是由其他问题造成的磨损,则由车主支付。但是进行这类故障诊断时,不应把变速器从车上拆下来,事实上,许多修理都不需要将变速器拆下。

如果车辆碰撞时,变速器位于驻车位置,则制动棘爪可能折断,该零件在设计时就是要在其他零件受损前就先断裂。

注意:无级变速器、双离合变速器损伤评定与自动变速器损伤评定相同。

六、驱动桥

发动机所产生的动能是通过驱动桥和两个半轴传到驱动轮,如图4-90和图4-91所示。前置前驱汽车为实现驱动轮的转向功能,每个半轴两端都各有一个等速万向节,每个等速万向节都包括一个球笼、轴承、驱动器和支架、壳体和防尘套。防尘套的作用是保护润滑脂,对万向节的正常工作很重要。驱动轮处严重的撞击会将半轴从变速驱动桥中推出,甚至折断等速万向节。只要发现驱动轮受损,就应该对半轴进行检查。查看防尘套有无破裂。拉动半轴检查是否松动。受损的防尘套和等速万向节可以进行更换,有时需要更换整个半轴。

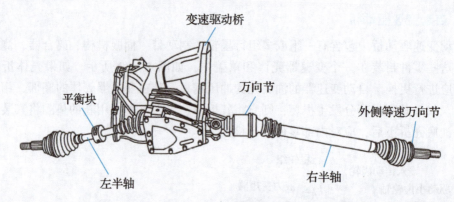

图4-90 差速器和半轴

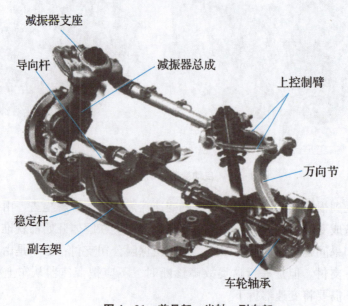

图4-91 前悬架、半轴、副车架

七、传动轴

对于后轮驱动型车辆,由传动轴将发动机和变速器的动力传递给后桥的差速器,如图 4-92 所示。传动轴是一个中空管,两端各带一个万向节。在后桥遭受严重冲击时,传动轴可能会在碰撞力的作用下从变速器中拖出。受损的传动轴不要再尝试修理,应当更换整个总成。

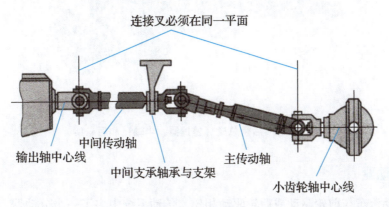

图 4-92 传动轴

八、后桥总成

后桥总成驱动型车辆的后驱动轮是由后桥驱动的。后桥总成包括车桥壳体、主减速器、差速器、两根半轴,如图 4-93 和图 4-94 所示。主减速器进一步降速增扭。差速器能够让两个后轮分别以不同的转速转动。后轮受到的撞击会使车桥弯曲,甚至折断车桥壳体。要检查车桥是否弯曲,应首先用千斤顶将车桥后端顶起并支撑住车桥壳体。如果车轮弯曲,应安装一个好的车轮。转动车轮,站在后面查看车轮是否摆动。如果车轮弯曲,则说明车桥弯曲。要检查弯曲的壳体,则应从一个参考点在两侧测量。弯曲的车桥或壳体应当进行更换。

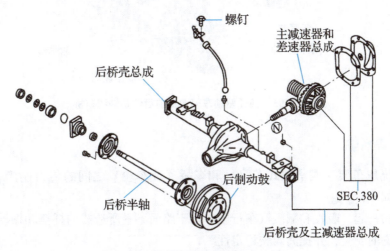

图 4-93 后驱动桥(差速器、半轴)

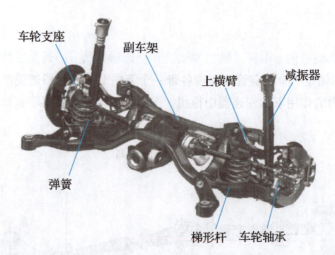

图 4-94 后桥总成（差速器、半轴）和后悬架

九、分动器

四轮驱动汽车与前轮驱动或后轮驱动相比，传动系统中多了一个分动器、一套传动轴和半轴。分动器装在变速器后方，给前、后驱动桥分配动力，如图 4-95 所示。对于有些车型，前轮处还装备了等速万向节。当前轮受到撞击或是车架发生严重损坏时，这些部件会受到损坏。检查分动器有无泄漏，其安装点有无损坏。前传动轴和前桥的检查和修理方法与后传动轴和后桥相同。

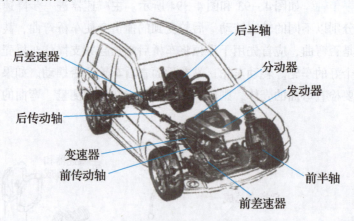

图 4-95 四轮驱动车辆包括前后传动轴和车桥

十、悬架系统

悬架系统是车架（或承载式车身）和车桥（或车轮）之间的传力连接装置的总称，其主要功能如下：

①与轮胎一起，吸收和减缓汽车行驶中由于路面不平所造成的摇摆和振动等，从而保证乘客和货物的安全，并提高驾驶稳定性。

②将路面与车轮之间摩擦所产生的驱动力和制动力传递到底盘和车身。

③支撑车身,并使车身与车轮之间保持适当的几何关系。

汽车的悬架系统虽然有不同的结构形式,但一般都由弹性元件、减振器和导向机构三部分组成。悬架系统通常分为非独立悬架和独立悬架两类。乘用车的前悬架一般都是独立悬架,后悬架有的是独立悬架,有的是非独立悬架。

1. 前悬架

前悬架系统的结构比较复杂,它必须能够保持车轮的正确定位,而且还能够左右转向。此外,由于制动时的轴荷转移,前悬架系统要吸收绝大多数制动力矩。要达到这一点,悬架必须要达到良好的操纵性和稳定性。目前乘用车上常用的独立前悬架主要有螺旋弹簧式、扭力杆式和单控制臂式(支柱式)。螺旋弹簧和扭力杆是传统的悬架形式,现在最常用的是支柱式悬架,即麦弗逊支柱悬架,如图4-96所示。这种悬架结构紧凑,重量较轻,在发动机舱中占用的空间较小,有利于节油。应当注意的是,在更换独立悬架零件时,要加上车轮定位的工时。悬架的大修作业包括的操作有拆解、检查、清洁、更换旧件和重新组装,以及脱开万向节或横拉杆端头,另外可能还涉及车轮定位(前或后)、转向器、转向连杆或稳定杆的拆卸和安装,制动系统的放气和调整。

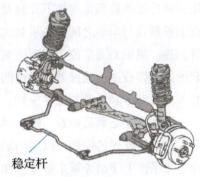

图4-96 麦弗逊式独立悬架

(1) 不等长双横臂式独立悬架 不等长双横臂式独立悬架(SLA)系统在汽车上已应用多年,如图4-97所示。每个车轮都是通过万向节、球节总成和上下控制臂独立连接到车架上。由于臂长不等,可以保证在行驶过程中车轮和主销的角度以及轮距变化都不大,获得了较好的舒适性和平顺性,轮胎寿命也有保障。在这种双横臂式独立悬架系统中,主要工作元件有弹簧、减振器、横臂(控制臂)、球节和轮轴组件。万向节和车轮心轴是一个锻造的整体式零件。车轮心轴通过车轮轴承连接到车轮上。万向节通过球节连接到上下控制臂上,如图4-98所示。在事故查勘中,可以借助直角尺或刻度盘指示器来判断该总成是否弯曲,一般公差范围为0.007~0.012m,如果超出这个范围,则必须更换。球节将万向节和控制臂连接起来,在车辆转向时,允许万向节在控制臂间转动。它还能保证万向节总成的上下移动。球节由球和球窝构成,能够直接用肉眼查看是否扭曲、磨损或卡滞。如果发生损坏,则必须进行更换。它们可以分别进行维护,如果有了磨损的迹象,则应进行修理。上下控制臂的作用主要是定位,用来固定悬架及与其相关的部件。它是由带凹槽的厚钢板制成的,凹槽有利于增加其强度和刚度。如果控制臂仅仅是错位,没有褶皱或弯曲,则只需做前端定位就够了。但是,如果控制臂发生严重的弯折,就必须更换。横轴用于将控制臂固定在车架或车身上,位于控制臂的内端。如果没有明显的损伤,就可以通过前端定位进行修理,但是如果横轴弯曲,就必须更换。

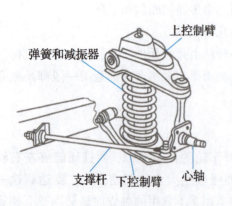 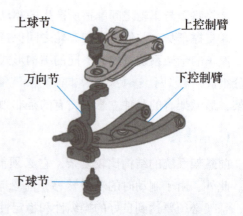

图4-97　不等长双横臂式独立悬架　　图4-98　万向节、上下控制臂及上下球节

减振器控制螺旋弹簧的偏转和回弹率，并且有助于防止车辆的摇摆。对于传统的车架，减振器的底部是连接下控制臂的，顶部则与车架相连。另一种设计则是将减振器放置在上控制臂与车架之间。在承载式车身上，减振器顶部与裙板相连，而底部是与上下控制臂相连。减振器通常位于螺旋弹簧里面。减振器有无弯曲或泄漏用肉眼即可发现。前轮激起的路面碎石造成减振器的轻微凹坑不会影响其正常使用。减振器应当成对更换，更换件必须保证型号和质量与原件一致。

弹簧主要是螺旋弹簧。螺旋弹簧控制着车辆的行驶高度，它还提供驾乘的支撑和平顺性。这种热处理的弹簧可以用肉眼检查是否有裂纹。要进一步检查有无永久性弯曲，可以在一个平面上滚动弹簧来检查。如果弹簧损坏，则必须成对更换。

在某些悬架系统中采用支柱来约束下控制臂的前后运动。它装在下控制臂和车架之间。通常情况下，支柱两端都有螺纹，这样就可以在车轮定位时调整主销后倾角。如果支柱未受到严重的损坏，则可以通过校直或调整进行修理。

稳定杆（摆杆）是一个细长U形的弹簧钢杆，连接着两个下控制臂。其用途是降低车辆在颠簸路面上行驶时的摆动。一个控制臂向上的运动所带来的扭力会作用在平衡杆上。扭力传递到对侧的控制臂上，使其向上移动，以保持车辆的水平，降低摆动。如果稳定杆弯曲，就应该进行更换。

稳定连杆连接稳定杆与左右下控制臂。如果这些连杆损坏，就必须进行更换。这些连杆可以单独购买。稳定杆同时还通过固定支架在左右车架处进行支撑。如果受损，这些支架可以进行修理，大多数情况下则是更换。对于那些没有独立支架的车型，可能需要进行进一步的修理。

橡胶缓冲块装在上下控制臂上。当车辆"下沉"时，也就是弹簧完全被压缩时，如车辆通过沟坎时的情况，这些橡胶缓冲块能够避免金属件相互接触造成的悬架零件损坏。它们通常是锥形或楔形，在车辆"下沉"时，它们会与固定在车架上的撞击板相接触。是否裂开或断裂可以直接通过目视检查。如果橡胶缓冲块受损，它们可以分别进行更换。通过这些橡胶缓冲块，可以对所有的悬架进行快速的直观检查。通过观察这些橡胶缓冲块是否能正常地撞击，可以判断出来悬架是否错位。图 4-99 所示为已损坏的载货汽车前悬架。

（2）扭杆悬架 在扭杆独立前悬架系统没有螺旋弹簧，如图 4-100 所示。这种系统中，一根能纵向扭转的钢杆取代了螺旋弹簧，起到了弹簧的作用，通常称为扭杆弹簧。当扭杆扭转时，它会抵抗上下运动。扭杆的一端固定在车架上，另一端固定在下控制臂上。

图 4-99 已损坏的载货汽车前悬架

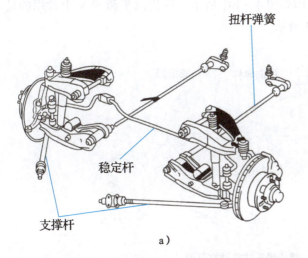

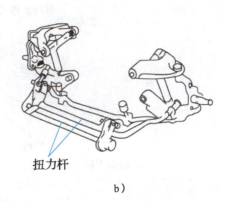

图 4-100 扭杆弹簧悬架

在传统的扭杆悬架中，扭杆从前到后运动。带支柱的 A 臂或单内衬套控制臂则作为下控制臂。扭杆用来调整车辆的行驶高度。在制造过程中，为保证扭杆弹簧的疲劳强度，对其施加了预应力调整，所以扭杆弹簧是有方向性的。左、右扭杆弹簧预加扭转的方向与扭杆弹簧安装在车上后承受载荷时扭转的方向相同，不能互换，所以在左、右扭杆弹簧上都刻有不同的标识，以示区别。可调凸轮又称为锚定凸轮，位于扭杆的前端或后端。车辆的行驶高度可以通过调整凸轮，在扭杆弹簧上施加扭力来实现。横置扭杆系统中，扭杆从车辆的一侧跨到另一侧，穿过底盘后面，连接至控制臂，这样就可取消支柱或 A 臂。

除了扭杆和螺旋弹簧不同外，这种类型的悬架和螺旋弹簧悬架的其他部分相同。如果扭杆或调整凸轮损坏，就必须更换。所有其他部位损坏的修理方法与螺旋弹簧悬架相同。

如果扭杆弹簧弯曲，就应该进行更换。扭杆通过稳定连杆与左右下控制臂相连。如果这些连杆损坏，就必须进行更换。这些连杆可以单独购买。扭杆同时还通过固定支架在左右车架处进行支撑。如果受损，这些支架可以进行修理，大多数情况下则是更换。对于那些没有独立支架的车型，可能需要进行进一步的修理。

（3）麦弗逊支柱悬架 麦弗逊支柱悬架在外观上与传统的独立前悬架截然不同，但是部件的工作方式是类似的。它最特别之处是将主要的部件合成一个单一的总成。麦弗逊支柱总成通常由弹簧、上悬架定位器和减振器组成，垂直安装在万向节的上臂和内翼子板之间。这一悬架系统中没有上控制臂或上球节。采用麦弗逊支柱悬架的汽车发生正面碰撞时，要进行正确的前端定位是非常困难的，因为这种悬架缺少进行正确的前端定位所必需的所有调整件，因此进行车身和车架定位的旧技术已经过时了。由于悬架固定在车身上，所以要获得正确的车轮定位，车身和车架及承载式车身必须按照原厂规范进行定位。

2. 后悬架

后悬架系统可能采用独立悬架，与前悬架相似；也可能采用非独立悬架，如乘用车上常用的是螺旋弹簧式非独立悬架，其结构如图4-101所示，载货汽车和SUV上常用的是板簧式非独立悬架，其结构如图4-102所示。

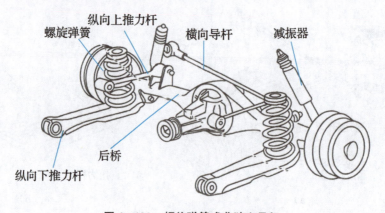

图4-101 螺旋弹簧式非独立悬架

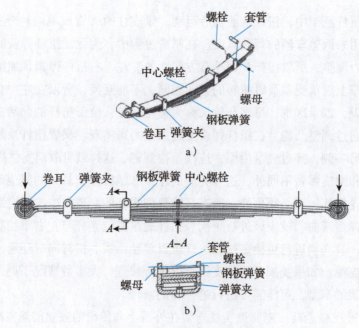

图4-102 板簧式非独立悬架
a) 对称式钢板弹簧　b) 非对称式钢板弹簧

十一、车轮

车轮通常会出现三类损伤，如图 4-103 所示。通常，轮唇朝内侧或朝外侧弯曲可以通过校直进行修复。但是，如果弯曲超出了第一阶，车轮就会在转动时发生严重的摇摆。车轮发生这种损伤就必须进行更换。

车轮备件的负荷能力、直径、宽度、偏移量和安装外形都必须与原车轮相同。型号错误的轮辋会缩短车轮和轴承的寿命，改变地面和轮胎间隙，以及车速表和里程表的标定值。损伤报告中还应考虑平衡块、配重和气门芯。

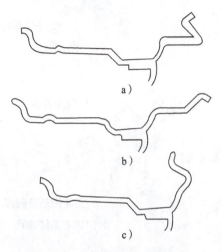

图 4-103 车轮损伤的三种类型
a) 轮唇朝内侧弯曲　b) 轮唇朝外侧弯曲
c) 轮辋弯曲超出了第一阶

十二、转向系统

1. 转向系统及损坏分析

转向系统分成手动转向和助力转向两种类型。转向系统还可按照所用的转向连杆类型进行分类。手动系统和动力系统基本的连杆部件是相同的。

标准型（平行四杆型）转向系统是传统的车架式乘用车上最常见的类型。一个摇臂通过球套总成或衬套固定到转向器上。转向动作经过中央连杆传输，中央连杆则通过球套或衬套进行固定。而随动臂在另一端支撑着中央连杆，保持系统的杆件平行，传递水平转向动作。如果上下运动过大，前述的改变会超过限值，因此会造成轮胎永久和快速的磨损。拉杆端枢轴不易损坏。

齿轮齿条式转向系统（图 4-104 和图 4-105）基本上已经成为承载式车身车辆上转向系统的标准配备，它得名于与转向管柱相连的小齿轮以及转向器壳体里的齿条。通过转动小齿轮，使齿条在壳体里左右移动，转向齿条的两端通过横拉杆与前轮万向节相连。齿轮齿条转向器与传统转向系统中的中继杆、随动臂、摇臂和转向器实现相同的功能。在承载式车身结构中，有些车型上的齿轮齿条转向器总成装在前围板上。在其他车型上，齿轮齿条转向器则安装在前悬架横梁或者副车架总成上。齿轮齿条转向器必须可靠固定，任何移动都会造成车辆摇摆。

齿条的位置十分关键，必须符合原厂规范。如果齿条和齿轮的安装位置不符合原厂规范，那么当悬架上下移动时，转向就会发生变化。道路振动和冲击力从轮胎传递到连杆，造成系统的磨损和松动。这种松动会间歇造成前轮的前束设置发生变化，并造成轮胎进一步磨损。由于这些点是转向系统中的薄弱点，所以在碰撞后应仔细检查这些点。

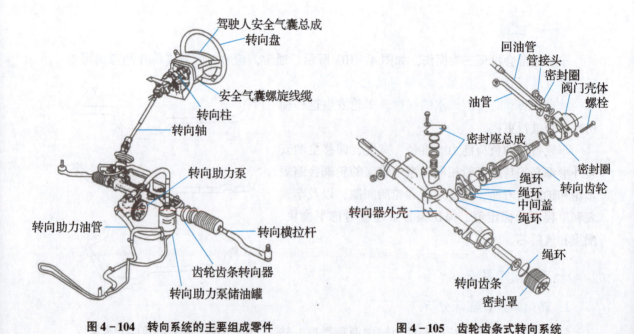

图 4-104 转向系统的主要组成零件　　图 4-105 齿轮齿条式转向系统

在对正面碰撞进行定损时,应确保检查手动或助力转向器总成的所有部件。多数情况下,转向器发生损坏后,可以通过拆装摇臂轴,进行正确的调整来修正。如果损坏不仅限于摇臂轴,那么就需要进行大修或更换总成。如果是电动助力转向,除了维修电动转向器以外还要检查电动转向器相关的传感器,如图 4-106 所示。

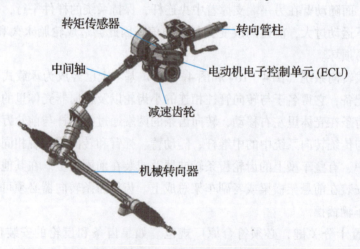

图 4-106 电动助力转向系统

注意:在事故车维修中,关于车辆性能最常见的可能就是转向问题,这包括车轮振动轮胎磨损不均,转向力过大/回位不足,车辆朝两边摇摆,车辆朝一侧跑偏,转向过松或过紧,以及特定的噪声,如"嗞嗞"声、哨声、"咯咯"声或"咔嗒"声。了解这些常见问题及其相关修理非常重要，这样才能够避免将以前的损坏和磨损计入损伤报告。在碰撞后，许多车主很自然地对转向性能变得更加敏感，并错误地将所有问题都归咎于碰撞事故。因此，定损员必须进行仔细和全面的检查，准确判断出哪些修理在理赔范围内。

2. 转向系统调整

有些情况下，车辆在进行前端定位时，可能需要对转向器进行细微的调整。汽车的清晰视野发生偏离就是需要进行调整的一个警示信号。清晰视野可以通过下面的方法进行测量：

①将转向盘向右打死。
②在转向盘上做一个标记，然后记下转向盘向左打死时转动的圈数。
③将总圈数除以2，然后将转向盘朝中间位置回转此圈数。
④这时转向盘处于清晰视野位置，而车轮应该处于直行位置。

当车辆处于此位置时，主轴齿轮和摇臂轴齿轮也应该位于定位点位置，这个点是在工厂里通过机械加工到齿轮上的。定位点用来使车辆保持朝正前的位置并使操控更容易。

如果车辆的转向系统必须重新定位调整到清晰视野位置，可以进行两项调整。利用喇叭按垫下面的转向盘螺母来调整预载，或通过调整转向器上的螺母调整中央啮合载荷。这两项调整都可以通过英尺-磅扭力扳手进行测量。

在损伤报告中添加任何调整之前，必须检查所有的车辆前端因素并要满足规范。在对转向器做调整之前，轮胎、车辆平衡、前端定位、转向连杆以及减振器都应符合规范要求。

十三、制动系统

轿车制动系统通常是液压操控的。当驾驶人踩下制动踏板时，制动液从主缸流出，推动前后盘式制动器或制动器工作，使车辆减速，如图4-107所示。盘式制动器由一个制动盘、制动钳和制动衬块组成，如图4-108所示。有些车辆的所有四个车轮全都采用盘式制动。鼓式制动器由制动鼓、轮缸、调节器、弹簧和制动蹄组成，如图4-109所示。防抱死制动系统（ABS）用于调节制动压力，在光滑路面制动时保持对车辆的控制能力。ABS由一个齿圈、车轮转速传感器、ECU和液压泵组成，如图4-110所示。最大的制动力出现在车轮即将完全停止转动之前。车轮完全停止转动会造成车轮打滑和失控。转速传感器用来检测与车轮相连的齿圈转动速度有多快。转速传感器向ECU发送信号，ECU则通过制动主缸调节制动压力，以获得最佳制动效果且不会打滑。在后轮ABS中，两个后轮共同受到控制，这种系统用在皮卡车上。三通道系统为前轮独立控制和后轮共同控制。四通道系统都是各轮独立控制。

车轮受到碰撞后可能会损坏制动系统。检查制动器工作是否正常，制动踏板受压后贴近地板表明制动管路断裂。仪表板上的 ABS 灯亮起表明系统损坏。系统发生损坏后必须通过更换进行修理。

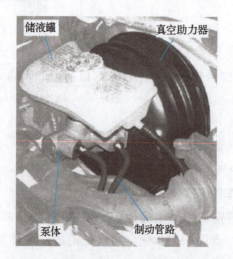

图 4-107 制动总泵

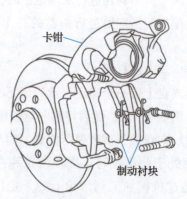

图 4-108 盘式制动器

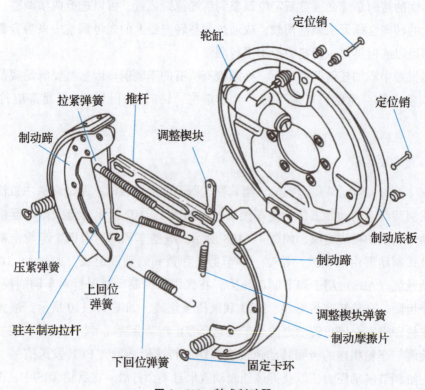

图 4-109 鼓式制动器

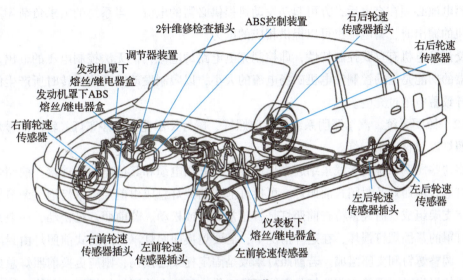

图 4-110 四通道 ABS

车轮的碰撞可能会损伤制动系统,包括制动系统中的管路、制动器和传感器,应检查制动工作情况。若连续踩制动踏板,能够完全踩下制动踏板到地板,则表明制动管已破损。仪表板上有关 ABS 的指示灯闪亮,即表示 ABS 存在损伤。更换零件是 ABS 唯一的修复方法。

十四、电气系统

汽车上有很多由蓄电池提供电流给各个电气元件的电路。整个电气系统包括充电系统和照明系统、其他电路(包括喇叭、刮水器和闪光器等)、启动系统和点火系统。

(1) 充电系统 由发动机曲轴通过传动带驱动的交流发电机(图 4-111)的功能是将机械能转化成电能。当电流流向蓄电池时,蓄电池开始充电。当电流从蓄电池流出时,蓄电池开始放电。

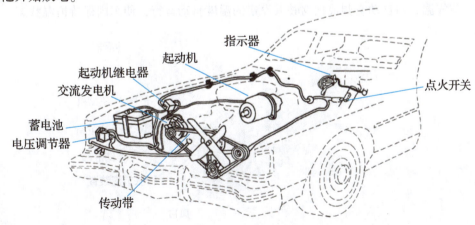

图 4-111 汽车充电系统

蓄电池必须在充电后，方可起动发动机提供必需的电流。当系统的需求负荷超过交流发电机的输出时，蓄电池也可以提供相应的电力。

交流发电机有自我控制特性，即控制充电电路的电流，但无法控制电压的输出。电压调节器的功能是借助控制发电机磁场电流的大小，以限制发动机高速运转时所产生的电压将会导致蓄电池过充电。

（2）照明系统　汽车照明系统包括前照灯、尾灯、示宽灯、停车灯、转向信号灯、汽车牌照灯以及仪表指示灯。

将这些照明系统的导线集结起来形成线束，并用电缆和其他电器相连接。前照灯分为可换灯泡式前照灯及封闭式前照灯。可换灯泡式前照灯总成由前照灯罩灯泡、调节螺钉以及固定支架组成。需经常检查前照灯是否正常工作或松动。若前照灯已松动，一般是因为前照灯罩的紧固螺钉损坏，在这种情况下，需要更换前照灯罩。封闭式前照灯由封闭灯光装置、调整螺钉和支座组成。若前照灯罩或是固定托架已损伤，则应更换前照灯总成。在编写评估报告时，需检查前照灯是否能正常工作。每一个前照灯的拆卸或更换，均要计入调整前照灯的工时。

（3）其他电路　在每一辆汽车上都有风窗刮水器和洗涤器，以及喇叭两种电路。其他典型装置有收音机、盒式单放机、扬声器、报时器、蜂鸣器、图形显示器，以及各类仪表、计算机控制器、动力座椅调节装置、动力门窗和锁、外后视镜动力调节装置、前照灯自动变光器、安全气囊系统和巡航控制等。

十五、空调系统

1. 空调系统简介

汽车空调系统主要由压缩机、冷凝器、储液罐/干燥器、制冷剂控制器和蒸发器等零部件组成，如图4-112所示，具有调节车内温度和湿度，促使车内空气循环以及净化车内空气的功能。按操纵方式可分为手动空调和自动空调两种。手动空调在驾驶人需要时可手动调节气温，而自动空调根据驾驶人设定的温度自动运行，使车内保持恒温状态。

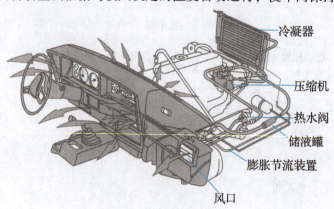

图4-112　空调系统的部件

调节车内温度是汽车空调的基本功能，在冬季利用汽车空调的采暖装置升高车室内的温度。在夏季，则利用制冷装置实现车内降温。汽车空调的第二个功能是调节车内的湿度，普通汽车空调一般不具备这种功能，只有高级豪华汽车采用的冷暖一体化空调才能对车内的湿度进行适量调节。它通过制冷装置冷却降温去除空气中的水分，再由采暖装置升温，以降低空气的相对湿度。汽车空调的第三个功能是调节车室内的空气流速和方向，使人体感觉舒适。汽车空调的第四个功能是过滤和净化车内空气，补充车外新鲜空气。一般汽车空调装置上都设有新风门、排风门、空气过滤装置和空气净化装置。

2. 空调损伤的鉴定

在碰撞中很多空调部件都可能受到损坏，其中一些可以修理，而另一些必须更换。当压缩机在碰撞中受损时，离合器和带轮总成通常首先被损坏。这些件可以拆下后单独进行修理或更换。受损后，压缩机本身可以进行拆解和修理。压缩机前端有一个密封件，用来防止制冷剂和制冷机油泄漏到压缩机轴周边。该密封件损坏后应进行更换。

冷凝器可能会在前端碰撞中受损。它上面的导流翅片与散热器翅片类似，可以进行拉直操作，通过焊接可以修复其泄漏问题。

如果冷凝器严重损坏则必须更换。冷凝器损坏后，应检查储液罐/干燥器有无损坏。蒸发器、热膨胀阀，以及入口节流阀很少在碰撞中受损。如果蒸发器损坏，那么外壳和蒸发器芯可以分别进行更换。损坏的热膨胀阀必须更换。如果入口节流阀损坏，则进行更换或维修。

一旦维修操作中需要断开制冷剂管路，则必须要增加排出和重注系统制冷剂的额外工时。为进行拆装而额外拆卸其他零件的工时也必须要计入。制冷剂和润滑油的费用也必须要加到定损费用中。

十六、辅助约束系统

辅助约束系统或安全气囊系统已经在车辆上广泛应用，有些车辆只在驾驶人侧安装了安全气囊，有些车辆在驾驶人和乘员侧都安装了安全气囊，甚至还装有侧安全气囊或气帘。安全气囊的作用是在比较严重的碰撞发生时瞬间膨开，以保护车内乘员。安全气囊系统主要由碰撞传感器、安全传感器、控制 ECU、安全气囊模块和螺旋电缆组成，如图 4-113 和图 4-114 所示。安全气囊在膨开之后，ECU 将向仪表板上的安全气囊指示灯发出指令，使指示灯闪烁。利用厂家提供的资料可以查到这些闪烁信号所代表的故障含义，也可以用解码器读取安全气囊系统的故障码，并解释系统存在哪些故障。在更换安全气囊模块时，一定要检查故障码，并严格按照厂家的要求检查或更换部件。在更换零件安装到位后，系统将进行自检。如果在更换安全气囊模块之后仪表板上的安全气囊灯熄灭，即表示系统正常。

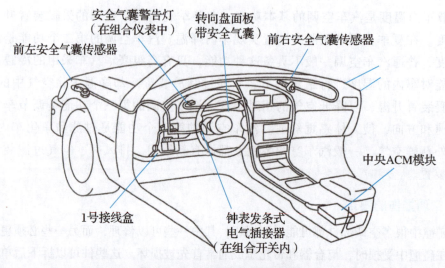

图 4-113 典型的约束系统部件

有些汽车安全带的连接点处装有力感应式标签,如果在碰撞时乘员系好了安全带,乘员产生的拉力可能足够大而使安全带过度拉伸,导致感应标签被拉断。评估时如果发现标签拉断,就必须更换安全带。检查标签的方法是:将安全带从收卷器中完全拉出查看。如果安全带上没有这种标签,则应检查安全带是否存在图 4-115 所示的问题。

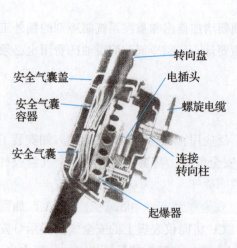

图 4-114 驾驶人侧安全气囊模块剖面图

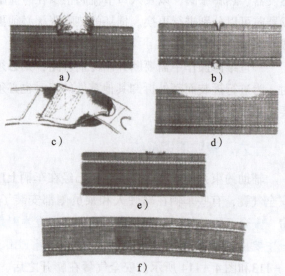

图 4-115 安全带可能存在的问题
a) 切割或损坏 b) 安全带边缘切断 c) 断裂或拉丝
d) 褪色 e) 安全带边缘纤维断裂 f) 安全带弯曲

第五节 汽车修复工时的确定

一、工时费的确定

工时费的计算方式为

工时费的计算 = 工时定额 × 工时单价

式中，工时定额是指实际维修作业项目核定的结算工时数，工时单价是指在生产过程中单位小时的收费标准。

对于事故车的估损，工时定额一般有以下几个来源，可供估损员参考：

1）对于部分进口乘用车，可以查阅该车型的"碰撞估损指南"，如 MITCHELL 公司和 MOTOR 公司编写的"碰撞估损指南"，里面不仅提供了各总成的拆装和更换工时，部分总成还提供了大修工时，而且考虑到了各部件之间的重叠工时，是比较好用的估损工具。

2）对于国产车型和部分进口车型，可以参照各车型主机厂的"工时手册"和"零件手册"中各个项目的工时，然后累加即可，但需要注意剔除重叠工时部分。

3）如果没有"工时手册"和"零件手册"，或者手册中没有列出相应工时，则可参考各地汽车维修主管部门制定的《汽车维修行业工时定额和收费标准》。工时单价一般随着地域、修理厂类别和工种的不同而不同。

根据修理作业的不同，工时可分为五项，即拆装和更换工时、修理工时、钣金工时、辅助工时和涂饰费。

①拆装和更换工时是指把损坏的零件或总成从车上拆下来，拆下该零件上的螺栓安装件或卡装件，把它们转移到新件上，然后再把新零件或总成安装到车辆上，并调整和对齐所需的工时。有时，拆装还包括把一些没有损伤的零部件或总成，由于结构的原因，当维修人员更换、修复和检验其他部件时需要拆下，并在完成相关作业后再重新装回。所以，此时评估人员对被评估汽车的结构非常清楚，对汽车修理了如指掌。

②修理工时是指对某些零部件或总成进行分解、检查、测量、调整、诊断、故障排除和重新组装等操作所需要的工时。修理工时的确非常复杂，零部件价格不同、地域不同和修理工艺的不同等都可能导致修理工时的不同。

③钣金件工时与汽车的档次直接相关。对于完全相同的一个部位，如果发生在高档车上，则由于技术要求高，所花费的时间、精力以及所要求的技术水平均高，所需要的工时也就自然要高。

④辅助工时的确定通常包括把待维修汽车安放到修理设备上进行故障诊断所需要的工时；用推拉和切割等方式拆卸撞坏的零部件所需要的工时；相关零部件的矫正与调整所需

要的工时；去除内漆层、沥青、油脂及类似物质所需要的工时；修理生锈或腐蚀的零部件所需要的工时；松动锈死或卡死的零部件所需要的工时；检查悬架系统和转向系统定位所需要的工时；拆去破碎的玻璃所需要的工时；更换防腐蚀材料所需要的工时；修理作业中当温度超过60°时，拆装主要ECU模块所需要的工时；拆卸及装回车轮和轮毂罩所需要的工时。虽然每项工时都不大，但对于较大的碰撞事故，各作业项累计后通常是不能忽视的。

最后必须注意，将各类工时累加，各损失项目在修理过程中有重叠作业项目时，必须考虑将劳动时间适度核减。

二、涂饰费的确定

涂料费的确定有以下两种方法：

（1）按喷漆工时计算　喷漆工时的来源，一是部分进口车型配有专业估损手册，其上规定了新更换件的喷涂工时、维修过零件的喷涂工时等；二是查找该车型主机厂的"工时手册"或"零件手册"，其上一般也规定了各个主要板件或部件的喷漆工时；三是各地维修管理部门规定或推荐的工时，表4-2所示为山东省于2006年1月1日开始实施的汽车车身烤漆项目工时定额。

表4-2　山东省于2006年1月1日开始实施的汽车车身烤漆项目工时定额

漆面类型	单位	外覆件	内构件（涂胶、涂漆）	
			承载式车身	非承载式车身
单层漆（面漆、素色漆类）	m²	3	1.5	1
双层漆（底漆/清漆、金属漆类）	m²	4	2	1.5
三层漆（底层/中间层/清漆、珍珠漆类）	m²	5	2	1.5

注：1. 补灰处理面积占烤漆漆面积40%的事故车，单位工时可上浮30%。
　　2. 三厢类轿车的发动机舱盖、行李箱盖、车顶部位涂装，单位工时可上浮20%。
　　3. 在柔性塑料上烤漆，可增加5%~10%的费用。

按喷漆工时计算涂饰费是用喷漆工时乘以预先设定的每工时耗漆费用。如果预先确定的每工时耗漆费用为200元，车门的喷漆工时为3h，则喷涂车门的涂饰费就是600元。每工时耗漆费用通常是维修站根据当地的涂料价格增加一些利润后设定的。

（2）按喷漆面积计算　除按喷漆工时计算涂饰费用外，还可以按喷漆面积计算涂饰费用。尤其是对那些没有专业估损手册和主机厂"工时手册"的车型，或虽有手册，但只是板件上的部分区域需要喷漆时，使用面积计算方法比较方便。此时，汽车涂饰费用取决于烤漆面积及漆种单价。

1）喷漆面积计算方法。烤漆面积的计算，并非利用数学方法简单计算其实际面积，而是采用实践经验法。

①方法一。计算单位按平方米，不足$1m^2$按$1m^2$计算，第二平方米按$0.9m^2$计算，第三平方米按$0.8m^2$计算，第四平方米按$0.7m^2$计算，第五平方米按$0.6m^2$计算，第六平方米以后，每平方米按$0.5m^2$。例如，某车需烤漆$7.9m^2$，计算结果为烤漆面积 = $1m^2$ + $0.9m^2$ + $0.8m^2$ + $0.7m^2$ + $0.6m^2$ + $0.5m^2$ + $0.5m^2$ + $0.5m^2$ = $5.5m^2$。

②方法二。烤漆面积不足$0.5m^2$按$0.5m^2$计算；大于$0.5m^2$不足$1m^2$按$1m^2$计算；大于$1m^2$小于$3m^2$，按实际面积计算；大于$3m^2$小于$12m^2$，按实际面积的80%计算；大于$12m^2$，按实际面积的70%计算。

2）漆种单价。丙烯酸磁漆与丙烯酸氨基磁漆是汽车碰撞修理中常用的两种面漆材料，有各种漆色，包括纯色漆、金属漆和珠光漆等，其中丙烯酸氨基磁漆与丙烯酸磁漆相比，其硬度和耐久性更好一点。纯色漆中没有反光粉或云母片。金属漆中含有细小但可以看得见的铝粉或聚酯粉颗粒。珠光漆中含有非常细小的颜料颗粒，一般为闪光的云母粉，其光泽可以随视角不同而改变，又称其为变色漆。

另外，还有部分车的车身使用硝基漆作为面漆。但硝基漆是一种比较老式的漆，正逐渐被磁漆替代。

硝基漆与磁漆的不同点在于其干燥和固化的方式。硝基漆通过溶剂的挥发而干燥，磁漆的干燥则通过溶剂的挥发与油漆中分子的交联作用来实现。简单地说，硝基漆的固化过程为物理变化，而磁漆的固化过程是物理变化和化学变化的过程。

关于面漆种类的鉴别，可采取蘸有香蕉水的白布摩擦漆膜判断漆种，观察漆膜溶解程度，如漆膜溶解，并在白布上留下印迹，则是硝基漆，反之为磁漆。如果是磁漆，再用600号的砂纸在损伤部位轻轻打磨几下，鉴别是否涂了透明漆层，如果砂纸磨出白灰，就是透明漆层，如果砂纸磨出颜色，就是单级有漆层，最后借光线的变化，用肉眼看一看颜色有无变化，如果有变化则为单色漆。

市场上所能购买的面漆大多为进口和合资品牌，世界主要漆层面漆的生产厂家，如美国的杜邦和PPG、英国的ICI、荷兰的新劲等，单价都不一样，估价时常采用市场公众都能接受的价格。

单位面积的烤漆费用中包含材料费和工时费，而各地的工时费差别较大。表4-3提供了一般地区的收费参考。

表4-3 汽车烤漆收费参考 （单位：元/m^2）

项目	轿车					客车		载货汽车	
	微型	普通型	中级	中高级	高级	普通	豪华	车厢	驾驶室
硝基漆						100		50	
单涂层漆	200	250	300	400	500	200	300		250
双涂层漆	300	350	400	500	600		400		
珠光漆			600	700	800				

三、材料价格、修复价值和残值

（1）**材料价格** 在事故车辆的维修过程中，需要大量更换损坏且不能再使用的零配件，这就需要了解更换零配件的价格。

汽车配件价格信息的准确度对准确评估事故车辆维修配用具有举足轻重的影响。由于零配件生产厂家众多，市场上不仅有原厂或正规厂家生产的零配件，而且还有许多小厂家生产的零配件，因此零配件市场价格差异较大。另外，由于生产厂家的生产调整、市场供求变化和地域差别等多种原因也会造成零配件价格不稳定，处于被动状态，特别是进口汽车零配件缺乏统一的价格标准，其价格差异更大，因此，如何确定零配件价格，是困扰事故汽车评估的一大难题。

目前，各保险公司都建立了一个完整、准确和动态的询报价体系，如中国人民保险集团股份有限公司建立了独立的报价系统——"事故车辆定损系统"，使得估损人员在评估过程中能够争取主动，保证定出的零配件价格符合市场行情，这大大加快了评估速度。而对一些特殊车型，报价系统中可能没有，则可采用与专业机构合作的方式或安排专人定期收集整理配件信息，掌握和了解配件市场行情变化情况，与各汽配商店及经济信息部门联系，以期取得各方面的配件信息。对高档车辆及更换配件价值较大的也可与外地经销商电话联系，并与当地配件价格比较（要避免在配件价格方面出入较大）。

（2）**修复价值** 理论上讲，任何一辆损坏的汽车都是可以通过修理恢复到事故前状况的。但是，有时这样是不经济的或没有意义的。

如果修复费用明显小于重置费用，完全有必要修复；修复费用接近重置费用甚至大于重置费用，一般说来就没有修复必要了。在有些事故中，可能事故本身导致的车辆损失不是非常严重，但其他损失比较高，如施救费用非常高，此时，事故本身虽然具有修复价值，但考虑到施救费用，通常会对车辆按全损评估，即按推定全损处理。

（3）**残值** 残值是指事故车辆整体损伤严重，按全损处理后，对残余物的价值进行评估，或某些零部件和总成损伤严重，更换新的零部件和总成后，对原有零部件和总成的残余物部分进行价值评估。

保险条款一般规定汽车的残值按协商方式作价归被保险人所有，当保险公司与被保险人或修理厂协商残值价格时，保险公司为了提高效率和减少赔付，常常会做出一些让步，即在评估实务中评估单上的残值价值通常会低于汽车残值的实际价值。

> 当事故造成的损失较大，更换件也较多，保险公司通常会要求确定残值，残值的确定步骤如下：
> ①列出更换项目的清单。
> ②将更换的旧件分类。
> ③估定各类旧件的重量。
> ④根据旧材料价格行情确定残值。

第六节 案例分析

一、油漆漆膜检测实例

对于油漆鉴定，除了肉眼观察之外，辅助检查的方法还有以下三个：

1）第一个方法是用手敲，利用敲击的回声来确定这个覆盖件有没有补灰，但这种技术对个人的专业水平要求非常高。一般没几个人能学会，而且还不够精确，因此不适合大规模推广。

2）第二个方法是随身携带一块磁铁，沿着车身四周用磁铁划一圈，如果磁力均匀一致，则补灰的概率不大。如果磁力在某一部位突然消失或减弱了，那这个部位绝对重新补灰过。这个方法比上一个方法要稍微容易一点，精准度也稍高一点，但还是存在一定难度，因为这对于个人的经验和手指感应度都有一定要求。

3）第三个方法是使用现在的漆膜仪。如图4-116所示，它简单便捷有效，通过测量覆盖件的油漆厚度来确定是否重新喷漆，是否补灰，准确度、精度都极高，而且操作简单快捷，容易上手。即使不懂车，也可以很快学会。不过在使用漆膜仪的过程中需要注意的一点是，它终究只是电子产品，而电子产品难免会有发生故障的时候，所以最好还是一看二摸三比较，再搭配漆膜仪的数据，这样才能将准确度控制到最好，也使排除大事故车的概率提升到最大。

图4-116 漆膜仪检测

在使用漆膜仪的时候，一般先从车顶取油漆厚度作为基数点，一般的原厂油漆厚度在100μm左右，低于100μm或者高于100μm一点点都很正常。但如果高出太多，则明显是重新喷漆。那么从车顶取完车漆厚度值后，就可以拿着漆膜仪对着所有车身表面金属覆盖件进行检测了。显示数值比较大的就是进行重新喷漆了，那么这时要重点检查重新喷漆的原因，这就是检测油漆的目的。重新喷漆不算什么，重要的是车辆是否曾经因出过较大的事故而重新喷漆。尤其是车顶这种关键部位，一旦重新喷漆，除非是高空落物弄伤了油漆，否则若是事故造成的补漆，车辆十有八九是不能要了。因为伤到车顶的事故肯定不小。但不要以为有了漆膜仪的辅助，就可以高枕无忧了。如果只是拿着漆膜仪在任意一个覆盖件表面随意取几个点，就无法管中窥豹。学着把一个覆盖件上所有存在折叠线痕迹的面找出来，按顺序测试，才能做到真正万无一失。很多人以为覆盖件表面有一个点的损伤，那么在对其进行重新喷漆的时候就会对整个覆盖面都进行处理。但很多时候，油漆师傅在实际操作情况下只是对一个折叠面喷漆，而不会对整个覆盖件进行喷漆。

以汽车门板为例，如果门板中间有损伤，油漆师傅会用胶布把腰线以上和折叠面以下的部位全部粘贴起来，只对中间部位进行喷漆。如果在使用漆膜仪的时候，只是随便取点，而没有把所有独立的折叠面都取点到位，很容易就有遗漏的地方，这样就不能最大程度上排除存在重新喷漆的可能性了。另外，如果在使用漆膜仪的过程中只是对车身外侧的漆面厚度进行简单的测量对比，而忽视了如门板内侧和发动机舱盖内侧等关键部位，是有所欠缺的。如果一辆车真的发生过较大的事故，且对车门或者发动机舱盖进行更换，那么只测覆盖件表面油漆厚度的方法就发现不了，这是非常值得注意的一个地方。

二、本田车事故修复后异响排除

一辆广州本田雅阁车，左后侧板碰撞较严重，修复后在行驶过程中会出现金属声响。

据车主描述：该车不久前左后门与左后侧板连接位受到侧撞，凹进去 5cm 左右，在较正规维修厂进行过修复。钣金师傅拆解后，通过在后侧板凹陷位焊接（二氧化碳气体保护焊）拉伸板进行拉伸修复。

目测外观、内围板后认为，此次拉伸修复基本准确到位，外观平滑，线条流畅。路试后，确有金属声响出现。拆去后座椅、靠背和行李箱内装饰板，仔细查看分析，没有发现异常现象，且拉伸过程中发生的点焊点开焊处都进行了有效的二氧化碳气体保护焊加工，焊接牢靠。拍打作业区及其四周，声响正常。静下心来细想，拉伸和焊接符合规范要求，那么异响因何而起呢？一定存在没有观察到的问题！安排一位有经验的钣金技师躺入后行李箱，上路再试，技师通过聆听声响来源，沿修复作业区慢慢地寻找，最终摸到了两根细金属丝，用手按住金属丝，异响消失，松开后声音又响起。因此找到故障原因，剪掉两根金属丝，拿出一看，确是二氧化碳气体保护焊焊丝。

故障排除后，分析此处二氧化碳气体保护焊焊丝的来源，驾驶人反映，此处在上次焊接拉伸时，钣金工在此处进行了二氧化碳气体保护焊搭铁焊接。那么二氧化碳气体保护焊焊丝的存在就清楚了：由于该车车身钢板较薄，焊接搭铁件拆除时没有打磨焊疤，硬掰搭铁件留下小孔，二氧化碳气体保护焊重新焊接时，焊丝就留在了后侧板子内，且顶住了内层结构件，直接造成该车行驶过程中的金属丝声响。

三、马自达 6 轿车门槛板内积水

1. 故障现象及可能的原因

一辆带天窗马自达 6 轿车，长时间淋雨后，发现左侧门槛板位在行驶中有"咕噜"的水流声。修理该车后，结合马自达 6 轿车自身的结构特点，进行故障分析后认为，造成该车左侧门槛板积水的原因可能如下：

1）天窗左前下水管滑落或出水口堵塞，造成天窗集水沿 A 柱下落至左侧门槛板积存。

2）A 柱外围板与 A 柱结构加强板的焊缝有间隙，造成雨水大量流入。

3）A 柱或 B 柱上的线束出入孔没有封闭好，有缝隙造成雨水流入。

4）门槛箱形端面有外伤或孔，造成雨水流入或行经积水坑时，积水直接流入。

5）由于马自达6轿车自身的结构，门槛板上装饰压板的固定方位和方法不到位，门槛板上装饰压板的卡扣位是在侧围板上，卡孔为长方形，并位于门洞密封条外侧。装饰板卡扣不到位或车门密封不严，都会使雨水沿门框流至长方形孔而进入车门槛板内。图4-117所示为马自达6门槛板位置。

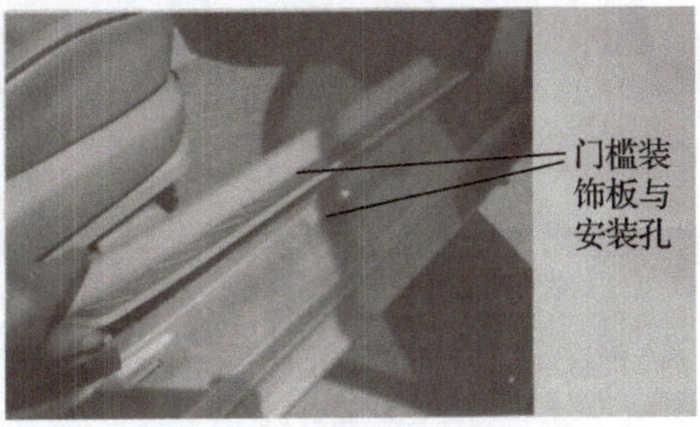

图4-117 马自达6门槛板位置

2. 故障诊断步骤

对故障进行进一步检查诊断，诊断步骤如下：

1）拆下左前门风窗玻璃柱内饰板，发现该装饰板干燥无潮湿；通过安装孔诊视，天窗下水管位置正常，柱内无水点，这说明天窗左前下水渠道正常，而且下出水口压力空气吹入后无污水流出。

2）把该车固定在举升机上并升起，拆去左侧前后轮胎及前左翼子板内衬，检查后侧板内衬，发现后侧板与门槛板连接部位没有漏水痕迹。前左翼子板内A柱焊接缝上有两点水湿迹，疑是入水口，将车升起后，挖掉门槛板下部一个孔堵，积水大量涌出，约有5L。

拆去该车刮水器盖板，用大量的水泼向前风窗玻璃后，发现有大量的水沿A柱流入，恰好经过A柱前点焊缝处，由此断定该车门槛板内积水有一部分是由于A柱焊缝间隙流入。待水流净后，用压缩空气吹干，对焊缝表面进行清洁处理，灌注钣金胶，从而解决此处雨水流入的问题。

3）由于积水量较大，还需继续排查，反复查看A柱、B柱，两柱线束出入口密封均较好，不会有水流入。

4）对车门密封及门槛板上装饰板孔位进行检查，关上车门，发现该车左后门与左后侧板间有2～3mm的高度差，打开车门，发现该车左后门槛上饰板与车门槛板间有缝隙，至此积水原因明朗。调整左后门锁止扣，使左后门与左后侧板高度相平；拆去左后门槛饰板，看到孔周及饰板内有水珠，用压缩空气吹干后，在装饰板上的夹子四周缠上少量蛇形不干胶条。重新安装时，发觉该车在布置脚垫时，后门槛板位内侧没有铺平整，这是造成该装饰板卡扣不严的根本原因，重新处理后，安装妥帖。

全部安装完备后，用高压水枪进行长时间冲洗试验，门槛板下再放水时，没有水滴出，故障排除。

四、现代名图评估实例

1. 查看外观漆面

图4-118所示为一辆现代名图2014款1.8L自动智能型的车辆，查看外观漆面。

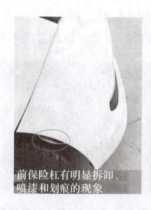 

前保险杠有明显拆卸、喷漆和划痕的现象　　右侧底大边有明显钣金和喷漆的痕迹

图 4-118　外观漆面检测

通过检查车身漆面亮度对比,这辆名图的外观车漆还不错,全车四处有过喷漆的痕迹,分别是左前翼子板、前保险杠、发动机舱盖以及右侧大边,其实,如果一个有二手车经验的人通过这几处有过喷漆,就基本上可以判断出该车出过事故。

一辆车如果发动机舱盖做过喷漆,无非两种情况,一是大面积车漆划伤或破坏,二是因为事故导致发动机舱盖变形,修复后需要重新喷漆,第一种情况极为少见,那第二种情况的可能性就比较大了。所以如果发动机舱盖喷漆至少有 50% 的可能判断其有问题。

2. 检查车身线条

车身线条的检查如图 4-119 所示。

左侧车身腰线比较流畅自然正常　　右侧车身腰线流畅自然正常

图 4-119　车身线条的检查

车辆的车身线条部件都是采用一体式冲压成形技术生产的,如果车身任何部位发生过碰撞造成凹陷需要修复,一是部件整体更换,二是通过钣金工艺将凹陷修复。如果是通过钣金修复过,由于工艺的原因,只要仔细观察车身线条都可以发现细微的痕迹。如果是直接部件更换,可以通过检查密封条和螺钉拧动痕迹等发现。

那么这辆现代名图,通过检查车身腰线以及密封条和联接螺钉都正常。

3. 检查零部件

检查零部件可以通过车头部分、车尾部分和底盘部分三段式检测。

1) 车头部分检查如图4-120所示。

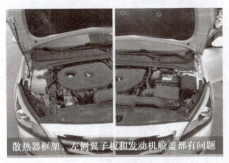

a)

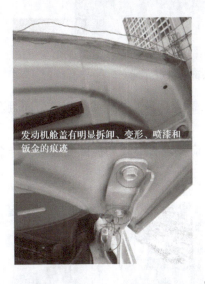

b)

图4-120 车头部分检查

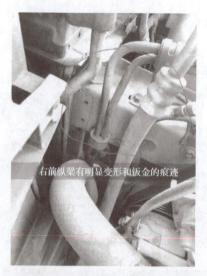

c)

d)

图 4-120 车头部分检查（续）

通过检查散热器框架发现有变形、焊接、钣金、锈蚀和拆卸的痕迹，而且左前纵梁和右前纵梁有明显的变形和钣金等问题。

2）车尾部分检查。一般来说，如果后保险杠没有喷漆和拆卸的痕迹，行李箱应该不会有什么大问题，如图 4-121 所示。

图 4-121 车尾部分检查

通过检查，行李箱底板以及备胎槽都没有任何问题。

3）底盘部分检查如图4-122所示。

通过检查，两侧的底大边正常，无托底和无变形等情况，而且底盘部分都比较正常，没有发现其他的问题。

4. 检查A柱、B柱、C柱

检查A柱、B柱、C柱时一定扒开胶条查看，如图4-123所示。

图4-122 底盘部分检查　　图4-123 A柱、B柱、C柱检查

通过扒开A柱、B柱、C柱的胶条检查正常，无焊接、无钣金、无变形。

5. 检查内饰细节

通过检查脚垫、座椅滑轨以及内饰的新旧程度等排除了泡水车的可能；最后检查电子设备一切都正常；转向盘、变速器以及座椅等其他部分有磨损和少量的破损，都是正常使用范围之内的情况，如图4-124所示。

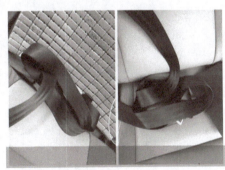

图4-124 内饰检查

6. 检查车辆手续

车辆手续检查如图4-125所示。

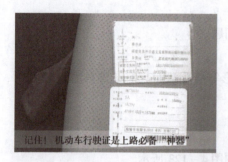

二手车交易手续，缺一不可
一、车主身份证
二、机动车登记证
三、车辆购置税本
四、机动车行驶证
五、新车购买发票
六、保险单
制表：×××

图4-125 车辆手续检查

现代名图实例总结：通过检测和查维保记录得知，该车外观少量明显损伤；漆面少量喷漆修复痕迹；内饰少量脏污、磨损，少量破损；电器功能正常；车架有钣金、切割和更换；发动机起动运转正常；机体表面正常；未见泡水迹象；未见火烧迹象。综合以上内容，可以发现这辆现代名图正前方（稍微偏左）发生过重大（追尾）事故，伤及车身构架（左前纵梁和右前纵梁变形、钣金，左前翼子板内衬变形），所以此车是大事故车。

第五章
特殊二手车评估技巧

在对二手车辆进行鉴定评估中，有四类车辆比较特殊，分别是涉水汽车、火灾汽车、拼装汽车及走私汽车。

第一节　涉水汽车鉴定评估技巧

涉水汽车顾名思义就是指车辆在地势低洼和有积水的路面行车，在水中通行。一般发生在阴雨天气，排水设备欠缺导致路面有积水的道路低洼地段的情况下。由于汽车是机电一体化很高的产品，当车辆被水浸泡以后，其上的电子产品就会变得十分不可靠，尤其是对车的安全气囊、ECU（电子控制单元）线束和电气元件等方面有致命的破坏作用。若其中一些电子产品在关键时候失灵，会有重大的安全事故隐患发生，而这些又直接关系到车主的行车安全，因此这样的车也可称为事故车。

一、涉水汽车损失影响因素

1. 浸泡高度

（1）水位高度至轮胎中轴位置　车内进水，地毯被泡湿，车辆可正常起动行驶，水淹程度较轻微。此时需对座椅和地毯进行拆装清洗并晾晒，同时检查常规保养项目的油、水、液及部件，包括机油、变速器油和机油滤清器等。

（2）水位高度至车门防撞条位置　车内进水，地毯被泡湿，水淹程度较严重。此时需将车辆尽快从水中脱离，在这个过程中不可起动发动机。由于水淹位置较高，发动机有可能进水，因此一定要对其进行拆检清洗。发动机进水会有以下表现：

1）发动机内的连杆变形，致使活塞行程缩短，造成气体无法被充分压缩。

2）因活塞环失去弹性或不密封而漏气，使得压缩气体窜至曲轴箱内。

3) 进、排气门关闭时不密封，致使压缩气体泄漏至进气歧管与排气歧管内。

其中需要拆检的部件有空气滤清器座、进气歧管、节气门、喷油器、点火线圈、火花塞和安全气囊 ECU 等，需要更换机油、变速器油和机油滤清器等，需要清理发动机电路、进气歧管、节气门和喷油器等，同时要对发动机 ECU 进行解码。

（3）水位高度至倒车镜位置　车内进水，地毯被泡湿，水淹程度非常严重。除进行上述操作外还需拆检仪表板，为了驾驶安全还要更换汽车各处行车 ECU，包括发动机 ECU、变速器 ECU、安全气囊 ECU 和 ABS（防抱死制动系统）ECU 等。

（4）水位高度至淹没仪表板　车内完全进水，此时需立即拆除车辆电池，切断全车电源。除进行上述操作外，还要更换全车电气插座和电路，驾驶室内进行消毒清理。

2. 浸泡时间

多数水淹损失中的水为雨水和山洪形成的泥水，但也有由于下水道倒灌而形成的浊水，其中有油、酸性物质和各种异物，因此经过混合后的雨水腐蚀性很强，油、酸性物质和各种异物对汽车的损伤各不相同，都会对车体所有附件造成损害，特别是会对汽车内部的电子控制系统造成不可逆转的损害，从而影响日后电气设备的正常使用。水泡时间越久，产生的潜在危害因素就越多。如水淹过后，留下的砂石容易卡滞在齿轮或传动带上，开始产生异响，继而造成连接传动部件的损坏。另外座椅也会因水淹后发霉而产生异味，电源问题不能完全解决修复，且修复后的电路问题也会在短则三个月，长则一年或者更长时间再次出现，具体表现是无故障灯亮或者故障灯亮而故障码无法彻底消除等，还有前照灯会无故打开，总之产生与电源有关的一切问题，甚至电路出现短路，引发火灾。

总之，水淹时间也是水淹损失程度的一个重要参数，水淹时间的长短对汽车损伤的差异很大，在鉴定评估时确定水淹时间是一项重要工作。水淹时间的计量单位为 h，通常分为 6 级，即 1 级：$H \leqslant 1h$，2 级：$1h < H \leqslant 4h$，3 级：$4h < H \leqslant 12h$，4 级：$12h < H \leqslant 24h$，5 级：$24h < H \leqslant 48h$，6 级：$H > 48h$。

3. 是否购买相关保险

和车辆涉水有关的保险共有两种，一是最为常见的车损险，二是发动机特别损失险，俗称为涉水险。其中涉水险的适用范围较小，一般用在由于车辆正常行驶状态下发动机进水所产生的各种费用赔偿，前提是发动机进水后一定不要再尝试起动车辆。下面是相关保险及其适用范围的介绍，对它们有所了解，同时结合自身用车需求、用车环境等，能最大程度上减少出行时不必要的麻烦。

1）浸水处理。目前能够对暴雨等自然灾害进行理赔的险种主要是车损险，由于暴雨而被雨水淹没已经达成自然灾害的条件，所以基本上车辆的所有损失都可通过车损险进行赔付。如果车辆被水淹没了，只要发动机没进水，只是更换零件和修理电路等，都属车损险的保障范围。即便是暴雨将整个车身淹没，造成汽车全损，保险公司也可以按照全损赔偿。

2) 车险全险与涉水险。车主们所说的车险全险一般并不包括涉水险。涉水险在各家保险公司的称谓不同，但本质一样，均指车主为发动机购买的附加险，它用于保险车辆在积水路面涉水行驶被水淹后致使发动机损坏的赔偿。所谓的车险全险是指所有的主险，包括第三者险、车损险、盗抢险和交强险等，而涉水险这类附加险需另外购买。

3) 发动机进水。因水淹致使发动机受损主要有两种情况：车辆是在停放状态被淹和车辆在行驶途中遭遇水淹时熄火，继而在水中二次起动车辆。如果车辆购买了车损险，而车辆是在停放状态被淹，保险公司将全额赔付车辆的维修款；如果车辆除购买了车损险以外，还购买了其附加险种涉水险，且车辆是在行驶过程中熄火被水淹，那么保险公司还将负责赔付发动机的损失。但是如果没有购买涉水险，那么保险公司只负责赔付除发动机以外部分的损失。如果车辆因涉水行驶熄火而后再次起动车辆，该部分造成的损失保险公司都不予赔偿。所以切记车辆因水淹熄火后不要再次起动发动机。

二、涉水汽车损失评估

在对涉水汽车进行损失评估前先对水淹程度的概念有所定义。水淹高度是确定水淹损失程度的一个重要参数，水淹高度通常不以高度的计量单位 m 或 cm 为单位，而以重要的具体位置作为参数，以轿车为例，如图 5-1 所示，水淹高度通常按由低到高分为 6 级。

水淹时间的计量单位为 h，通常按水淹时间由短到长分为 6 级，按水淹的程度由轻微到严重分为 A、B、C、D、E、F 共 6 个等级。

图 5-1 水淹等级划分图

1. 静态停车状态下被水淹

汽车在停放过程中被暴雨或洪水浸入甚至淹没，属于静态进水。

1) 水淹高度在制动盘和制动毂下沿以上，车身地板以下，驾驶室未进水，即为 1 级水淹高度。当水淹高度为 1 级时，造成汽车的受损情况主要是制动盘和制动毂生锈，生锈的程度主要取决于水淹时间的长短和水质的干净与否。通常无论生锈程度如何，造成的损失主要就是四个轮胎的保养费用。所以在 1 级水淹高度，水淹时间为 1 级时，通常不计损失；水淹时间为 2 级或 2 级以上时，水淹时间对损失金额影响不大，损失率通常为 0.1% 左右。——水淹程度等级为 A，结合水淹时间的车体损失率见表 5-1。

表 5-1 水淹时间的车体损失率（一）

水淹时间	1级	2级	3级	4级	5级	6级
损失率	0.1%	0.5%				

2）水淹高度在车身地板以上，驾驶室进水较多，而水面在驾驶人座椅坐垫以下，即为 2 级水淹高度。当水淹高度为 2 级时，除造成 1 级高度的损失以外，还会造成四轮轴承进水，全车悬架下部连接处进水生锈，配有 ABS 汽车的轮速传感器的磁通量传感器失准，地板进水后如果车身的防腐层和油漆层表面有损伤还会造成锈蚀。少数汽车（如上海大众帕萨特 B5）将一些电子控制模块置于地板上的凹槽内，会造成电子模块损坏。——水淹程度等级为 B，结合水淹时间的车体损失率见表 5-2。

表 5-2 水淹时间的车体损失率（二）

水淹时间	1级	2级	3级	4级	5级	6级
损失率	0.5% ~ 2.5%					

3）水淹高度在驾驶人座椅坐垫面以上，仪表板以下，即为 3 级水淹高度。当水淹高度为 3 级时，除造成 2 级高度的损失以外，还会造成座椅潮湿和污染，部分内饰潮湿和污染，真皮座椅和真皮内饰损伤严重（通常超过 24h 桃木内饰板会分层开裂），车门电动机被水淹，变速器、主减速器及差速器可能进水，部分控制模块被水淹，起动机被水淹，中高档车行李箱中 CD 换片机、音响功放被水淹。——水淹程度等级为 C，结合水淹时间的车体损失率见表 5-3。

表 5-3 水淹时间的车体损失率（三）

水淹时间	1级	2级	3级	4级	5级	6级
损失率	1.5% ~ 5%					

4）水淹高度在仪表板中部，即为 4 级水淹高度。因车的发动机进气口较低，水通过进气口进入进气道内，当水淹高度为 4 级时，除造成 3 级高度的损失以外，可能造成发动机进水，全部电气设备受损，包括仪表板中音响控制设备、CD 机和空调控制面板受损，蓄电池放电、进水，大部分门、座椅及内饰被水淹，音响的喇叭全损，各种继电器和熔丝盒可能进水，高档轿车所有控制模块被水淹。——水淹程度等级为 D，结合水淹时间的车体损失率见表 5-4。

表 5-4 水淹时间的车体损失率（四）

水淹时间	1级	2级	3级	4级	5级	6级
损失率	3% ~ 15%					

5）水淹高度在仪表板以上，顶篷以下，车内被淹严重，驾驶室进水，即为 5 级水淹高度。当汽车的水淹高度为 5 级时，除造成 4 级高度的损失以外，还可能造成仪表板中全部音响控制设备、CD 机和空调控制面板受损，除车辆顶篷外，全部门、座椅及内饰被水

淹。此时需拆装全车座椅和全车地毯，在阳光下晒干消毒处理。另外有些高档车型因进水时间长，座椅下的车身控制模块进水，需更换，座椅调节电动机锈蚀严重，需更换，偏转率传感器等需更换（同时用酒精和除锈剂等处理各种插头）。——水淹程度等级为 E，结合水淹时间的车体损失率见表 5-5。

表 5-5 水淹时间的车体损失率（五）

水淹时间	1 级	2 级	3 级	4 级	5 级	6 级
损失率	10% ~ 30%					

6）水淹高度超过车顶，汽车被淹没顶部，即为 6 级水淹高度。当汽车的水淹高度为 6 级时，较 5 级高度水淹而言增加了车辆顶篷被水淹，如果车辆配置天窗而且是电动天窗，还可能造成天窗电动机受损和天窗滑轨锈蚀。——水淹程度等级为 F，结合水淹时间的车体损失率见表 5-6。

表 5-6 水淹时间的车体损失率（六）

水淹时间	1 级	2 级	3 级	4 级	5 级	6 级
损失率	25% ~ 60%					

2. 车辆涉水行车状态下被水淹

车辆涉水行车状态下造成的损失与静态停车状态下遭水淹相差不大，但特别要注意此时发动机的工况。汽车在行驶过程中，涉水行车分为两种状态：发动机气缸因吸入水而使汽车熄火，或在强行涉水失败、发动机熄火后被水淹没。由于发动机仍在运转，气缸内因吸入了水会迫使发动机熄火。在这种情况下，除了静态条件下可能造成的全部损失外，还有可能导致发动机的直接损坏。这时水就有可能通过进气门进入气缸，导致在发动机的压缩行程中，活塞在上行压缩时，所遇到的不再只是混合气，还有水，因为水是不可压缩的，那么曲轴和连杆所承受的负荷就要极大地增加，有可能造成弯曲，在随后的持续运转过程中就有可能导致进一步的弯曲和断裂，甚至打坏气缸。

1）行车涉水时车辆熄火，此情况下切勿二次起动发动机，应停车等待拖车，及时送去修理厂进行拆检。包括对进气道和火花塞等部件进行拆卸清洗，然后盘曲轴，如果觉得动作自如（即气门与气缸处于密封状态），那么排尽气缸里的水并重装即可。——水淹程度等级为 C，结合水淹时间的车体损失率见表 5-7。

表 5-7 水淹时间的车体损失率（七）

水淹时间	1 级	2 级	3 级	4 级	5 级	6 级
损失率	5% ~ 20%					

2）当车辆熄火后若二次起动发动机，或者一次起动后无法通过盘曲轴排除故障，有可能存在连杆折断、活塞破碎、气门弯曲和缸体被严重捣坏等故障。这时就需要对发动机进行大修。先把发动机抬下并拆解，对连杆进行更换，再检查活塞和曲轴的工况，如果情

况不好就一并更换。——水淹程度等级为 D，结合水淹时间的车体损失率见表 5-8。

表 5-8 水淹时间的车体损失率（八）

水淹时间	1 级	2 级	3 级	4 级	5 级	6 级
损失率			10% ~30%			

3）车辆因涉水导致发动机需要进行大修，且需要拆解内饰并对其进行排水、烘干、消毒处理，变速器进水需要更换油液（四驱车型应注意分动箱是否进水）。——水淹程度等级为 E，结合水淹时间的车体损失率见表 5-9。

表 5-9 水淹时间的车体损失率（九）

水淹时间	1 级	2 级	3 级	4 级	5 级	6 级
损失率			15% ~50%			

4）如果车辆因涉水导致水位高度超过仪表板，建议报废，没必要对其进行鉴定评估。——水淹程度等级为 F，结合水淹时间的车体损失率见表 5-10。

表 5-10 水淹时间的车体损失率（十）

水淹时间	1 级	2 级	3 级	4 级	5 级	6 级
损失率			40% ~85%			

在对涉水车辆进行鉴定评估时，除需考虑日后维修保养及整备以外，还要考虑对车辆进行配件更换时产生的相关工时费。车辆在做维修保养作业时，除了要支付配件费外，还需要支付更换配件的人工费，俗称工时费。维修保养项目该收取多少的工时费，并不能单纯根据作业的时间长短来判定，还需要综合该项作业的劳动强度和技能难度来衡量。此外，品牌差异越大，价格差异越大，工时费也会差异越多。即便是同一品牌不同车型，工时费也会不一样。其中水淹车每个等级的损失程度差异较大，需要结合其他损失评估进行定性和定量分析。

> **提 示**
>
> 相关内容的学习，还可以扫码观看视频 10《涉水车的评估技巧》进行学习。

三、鉴别水淹车的技巧

鉴定一辆车是否为水淹车，有三个决定性的因素，分别是锈迹（要区分自然生锈和泡水生锈。自然生锈的锈面表现为不均匀分布，而因泡水生锈的锈面表现为大面积分布）、味道和泥沙（注意泡过水的泥沙一般是土黄色，细粉尘状，而正常使用的车辆内泥沙普遍是灰尘聚集）。一般水淹车的修理办法是拆卸、刷洗、晾晒和安装，因此在对二手车进行检查时要重点关注不同现象存在的原因及其联系。

1）检查发动机舱。

①打开发动机舱盖查看散热器、冷气散热片、线束结合部位和各设备接缝处是否有污泥、锈蚀和水垢痕迹，防火墙隔热棉等是否有水泡痕迹。图5-2所示为存在拆卸痕迹的散热器框架螺栓，图5-3所示为存在拆卸痕迹的发动机机脚螺栓，图5-4所示为存在拆卸痕迹的发动机舱盖螺栓。另外如果发现有烧焦痕迹，那可能是火灾车。还有，观察雾灯有没有水渍残留痕迹也是一个好办法。

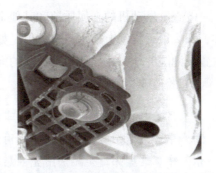

图5-2 存在拆卸痕迹的散热器框架螺栓

图5-3 存在拆卸痕迹的发动机机脚螺栓

图5-4 存在拆卸痕迹的发动机舱盖螺栓

②查看电线和插头处是否有被氧化的铜线，以及熔丝盒是否有水渍与锈蚀，正常情况下其内的熔丝为亮银色，如果经水泡后会失去光泽，而且有霉点附着在上面。另外重度水淹车（即水淹位置较高的车辆）在经过处理后，其发动机的电路和变速器传感器插头上的水分难以百分之百地除去，时间稍长后，这些零部件上的铜线就会与空气和水分等发生反应，从而产生绿色的铜锈。图5-5所示为检查熔丝，图5-6所示为电线对比图，图5-7所示为发动机缸体对比图。

图5-5 检查熔丝

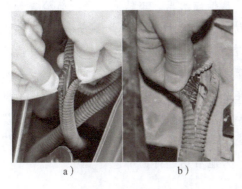

图5-6 电线对比图
a）新车电线 b）泡水车电线

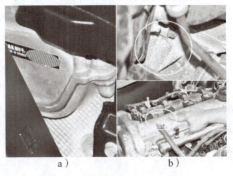

图5-7 发动机缸体对比图
a）正常车缸体 b）泡水车缸体

③查看发动机的金属质地和其他金属部件是否存在着一些霉点，如果全车金属都是这样，那么很大程度上是水淹车，但是如果只是部分金属出现该类问题，可能只是车辆长期放置在潮湿的地方才导致出现这样的问题。

2）检查车内空间。

①首先打开车门，仔细闻闻车内的真皮是否有发霉味，如图5-8所示。由于雨水中含大量杂质，当车辆经过雨水浸泡后，发潮的内饰和锈蚀的部件会产生一股水腥味。这些味道是无法用光触媒完全清除的，即便经过晾晒，短时间内也无法完全清除异味。如果有，可初步判断是水淹车（如果车内放置香水或者有香水味，就要留心，因为不是事出有因没人会提供这种体验增值服务）。

②在前后风窗玻璃橡胶缝隙（由车内）位置用螺钉旋具挖开，如果内有污泥就说明车辆曾经泡水非常严重，甚至可能将车辆完全淹没。检查车门排水孔内部，这个位置经水泡后无法彻底清理干净，车门内部会涌入大量泥沙，水可被清理干净但泥沙会残存，所以要细致查验此处的泥沙是自然堆积还是泡水残留。

③将安全带拉到末端，查看是否有水印或泥污痕迹，如图5-9所示检查安全带，甚至有霉斑出现（拉到底，看是否有泥沙或者树叶等，如果有，很大概率就是水淹车。更换安全带的费用较低，需要仔细前后联系甄别）。

图5-8 闻真皮是否有异味

图5-9 检查安全带

④将前后座椅倒翻，然后查看金属支架，即前后滑动轨道和车门铰链等金属部件是否有锈蚀，驾驶室内地板是否有污泥、锈蚀或水垢。座椅底座及导轨检查如图5-10所示（要注意有些车的座位是可移动的，需要拉到底才能一窥全貌）。如果显得特别新，一点灰尘都没有，说明它可能被更换过。因为车辆在正常使用情况下，上面还是会有点灰尘的。而无论是织布还是真皮材质的座椅，如果进水，那么其表面肯定会产生一些泛黄的水迹，即使在经过清理后，座椅的表面也会呈现不同程度的色差。另外，由于汽车座椅大部分采用发泡海绵材质，那么在进水后其材质相对会偏硬，且软硬不均，通过大力按压座椅的边缘可发现其中的差别。而且车门的布艺或真皮材质在经过水泡后很难修复，只能后期进行重新包裹。

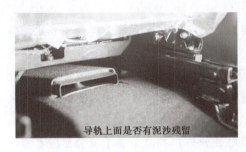

图 5-10 座椅底座及导轨检查

⑤对中控台按键仔细检查,看看各功能键是否正常,手感是否有差异,如图 5-11 所示;如果车内有液晶显示屏,可观察液晶显示屏是否明暗不一,如果是,就说明可能是水淹车。还有其下的骨架部分和线束,一般是包裹在内侧,可打开盖板,观察里面的金属件是否存在锈蚀痕迹,线束是否残留泥沙,图 5-12 所示为中控台下残留泥沙的线束。

图 5-11 锈蚀的中控台骨架　　　　图 5-12 中控台下残留泥沙的线束

⑥车内的植绒地毯也是一个重要的观察点。通过用手触摸的方式进行判断,主要留意地毯的毛是否柔顺,是否存在被刷子刷过后起球的痕迹。正常的地毯,手感应该比较柔软和细腻,而经过水洗后,摸上去手感会觉得发硬和发涩,图 5-13 所示为泡水前后地毯对比图,图 5-14 所示为水泡后的皮革。

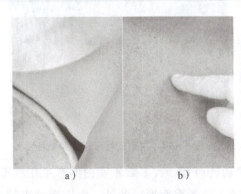
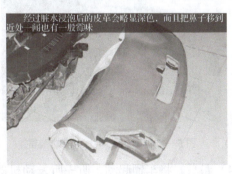

图 5-13 泡水前后地毯对比图　　　　图 5-14 水泡后的皮革
a) 新车地毯　b) 泡水后的地毯

⑦查看制动踏板、加速踏板连接处,转向器的转向柱表面是否有锈蚀或水淹痕迹,图5-15所示为生锈的转向柱及螺栓、金属件,这几个位置多不喷涂防锈涂层,因此是比较容易生锈的地方。此时应区别自然生锈还是水淹车辆导致浸泡生锈。自然生锈的状态下生锈面积大,锈迹并不均匀,有的位置还没有生锈,且其周围的螺栓无拆卸痕迹,没有泥沙,即可排除因水淹而大面积进行拆卸清洗的情况,同时比对点烟器(更换点烟器价格较低,需结合分析)和点烟器下安装槽的表面状况,也能找到答案,图5-16所示为生锈的点烟器。

图5-15 生锈的转向柱及螺栓、金属件　　　图5-16 生锈的点烟器

3) 检查行李箱。先把行李箱的所有挡板掀开,仔细检查行李箱的两侧缝隙是否存在泥污,备胎轮毂是否存在霉斑,随车工具(扳手、螺钉旋具等)是否存在锈蚀,如图5-17所示。行李箱的平板盖也不可忽略,如图5-18所示。有些车的平板盖是塑料材质的,有的却是木板类的材质,它被浸泡过后会出现水渍或水纹,这是非常值得注意的一点。还有备胎槽是否存在生锈痕迹及泥沙残留物,要注意的是备胎槽有生锈痕迹并不代表一定是涉水车辆,也有可能是平时不注意进水所致,因此泥沙残留痕迹是重点。

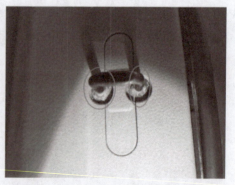

图5-17 随车工具上水渍的残留　　　图5-18 生锈的行李箱上锁螺栓

4) 最后,将车辆起动,听一听发动机的运转声音。大多数不明白的车主在汽车经过泡水后,会起动发动机,从而造成发动机曲轴连杆严重变形。此外,由于发动机舱进水,

部分由传动带连接的轴承生锈,或者砂石遗留在齿轮或传动带处,也会产生异响。这样做即便车辆不是水淹车,通过听发动机运转的声音是否存在异响也能进一步判断车辆发动机的性能状况如何,继而排除其他可能存在的车况隐患。

依据上述辨别方法,经过细致认真的检查,大体上可以判断出是否为水淹车。但是,水淹车的车况不仅仅是由水淹历史表现出来的,还需要专业手段的辅助。如果可以,将车辆升起,从底盘锈蚀情况来鉴别水淹车,这是非常直观的。绝大部分车辆的底盘件在出厂时都会喷有防锈涂层,该涂层能抵挡"飞溅式"的雨水侵蚀,因此非水淹车的底盘件正常情况下不会有严重锈蚀的情况。而水淹车由于底盘长时间(超过5h)在混杂泥沙的脏水中浸泡,防锈涂层容易遭到破坏,因此其底盘件锈蚀会相对严重。还有要留意发动机油底壳和变速器油底壳等,如果这些部件有类似"发霉"的情况,就有可能是泡过水的车;观察排气管的锈蚀情况,一般车辆长时间使用之后,经过雨水的侵蚀,排气管有轻微的锈蚀或者呈现泛红是正常的,但锈蚀情况太严重,就说明车辆一定被水泡过。

此外,观察悬架组件的固定螺钉和制动挡板的锈蚀情况,也是判断是否是水淹车的好办法,因为在正常情况下,这些部件都很少会出现生锈的情况。

若上述几种情况大部分都存在,而车辆又没有发生事故的痕迹,即可确认是水淹车。

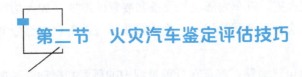

第二节 火灾汽车鉴定评估技巧

火灾汽车在二手车市场上较水淹车而言流通得比较少,车辆整体烧蚀之后的修复价格远高于新车,大部分这类火灾汽车的归宿就是报废,因此流通在二手车市场上的火灾汽车大部分是局部火烧或者存在电路烧蚀的车辆。所以这里仅对由于某些原因起火,但并未导致整体车辆烧蚀进行叙述。

一、火灾汽车损失影响因素

汽车起火因素的多样性和复杂性,决定了二手车鉴定评估师需要具备较为全面的综合性技术分析能力,不仅要了解和掌握有关汽车构造、汽车原理、汽车电器和车用材料等方面的知识,而且要有较高的火灾现场查证技术和痕迹物证的鉴识能力,更需要较长时间实践经验的积累。一般车辆起火可以分为内部原因和外部原因,其中内部原因包括车辆油路、电气电路和气路问题,外部原因包括人为纵火、底盘卷入易燃物和事故碰撞等。先从内部原因进行分析。

1. 汽车电气系统火灾

由于汽车电气系统十分复杂,发生故障的原因也各不相同,所以引发火灾的原因也多种多样。电气故障引发汽车火灾的原因主要有:汽车电气电路或设备发生的短路、接触不良、过负荷和漏电等。

（1）电气电路接触不良　当电气电路接触不良会使接触电阻过大，电路局部产生过热进而引发火灾，此现象是一种长期恶性循环造成的结果。接触不良产生的原因主要有以下几点：

> 1）在电气电路之间、电气电路与用电设备及其他插接件连接处，由于表面接触松动或在长期使用过程中的电腐蚀作用，金属的蠕变性造成接触电阻过大，使局部过热而引起着火。
>
> 2）当维修保养人员在对汽车电气电路及设备进行安装和改造时，可能造成各种插头处有松动或在电路的断线处出现打火。
>
> 3）汽车在平时的颠簸和振动中，造成插头处的松动，当汽车在行驶时，松动的插头（或电路断头）受到振动，引起瞬间通、断，此时在插头处将出现连续打火现象，且温度很快升高，甚至在几分钟内就会导致插头处部分金属熔化或因火花作用点燃周围的可燃物质而引起火灾。

（2）电气电路过负荷　汽车因电路过负荷引发火灾，一般是由于电路实际的负荷超过其额定负荷，引起整条电路发热、电路外绝缘的燃烧或破损，进而引起电路间的短路，点燃周围可燃物质引发火灾。汽车内部电气设备和装置的增加（如大功率音响设备、自动报警系统、自动门等）会使因接线位置不正确或接线不规范等造成部分电路过载产生火灾隐患的概率大大增加。

（3）电气电路漏电、短路　汽车在行驶过程中的颠簸和振动，易造成车内电气电路间的相互摩擦，加上车内温度和湿度等因素的影响，易加快车内电气电路绝缘层的自然老化或破损，可能发生漏电或电路间短路的现象，从而引起可燃物燃烧起火。

2. 油品泄漏火灾

汽车本身就是一个复杂的系统，它包含了油路、电路、气路以及多种机械结构。除了本身提供动力所需要的汽油（柴油）外，它还要使用机油、转向助力油、制动油和变速器油等，而这些油品都具有很高的火灾危险性。根据相关统计资料显示，由于油品泄漏造成的火灾起数占所有汽车火灾起数的近一半。

（1）燃油泄漏引发火灾　燃油泄漏是引发汽车火灾的重要因素之一。燃油一旦泄漏，当混合气达到一定的浓度，此时若有明火出现，如点火系统产生的高压火花、蓄电池外部短路时产生的高温电弧、发动机排气系统产生的灼热高温或喷出的积炭火星甚至是处于高温状态的三元催化转化器等，都有可能造成汽车火灾事故。

（2）机油泄漏引发火灾　一般发动机油底壳内会有3~5L的机油，它靠油泵的压力输送到需要润滑的零件或靠发动机工作时运动溅起的油滴或油雾润滑。机油泄漏的主要部位有气缸盖罩、气缸垫和气缸体等位置。

1）气缸盖罩处漏油。气缸盖罩是由橡胶制成的，起密封作用，若长时间使用，橡胶老化，会导致机油泄漏，若发动机机油过量，也会从密封垫和气缸盖罩之间的缝隙流出。泄漏的机油溅到位于其下部的高温排气歧管上会引燃起火，也有因忘记盖加油口盖起火的案例。

2) 气缸垫处漏油。由于缸盖螺栓安装顺序错误使缸垫褶皱而产生缝隙发生泄漏；或因冷却液不足，使缸体过热，缸盖变形，前后向上反翘，油从缸盖与缸体的缝隙间流出。

3) 气缸体处漏油。主要原因有：发动机机油质量变差或油量不足，使连杆大头烧结（抱瓦），导致连杆承受的力超负荷而使连杆折断，折断的连杆将气缸体击破，使燃油泄漏出来，当燃油溅到机舱内炽热表面就会引燃起火；发动机温度过高，引起冷却用的机油升温，内压加大，此时如果机油尺未插好，热的机油会从插口处喷发出来，当机油落到高温排气管上时，会立刻冒烟着火。

> **提示**
>
> 汽车机体组漏油引起的火灾，故障一般发生在汽车内部，被火烧的发动机舱被可燃物残骸或掉落的不燃构件遮蔽，使漏油的部位很隐蔽，加之起火点不一定就是故障点，这样就更增加了火灾调查的难度。如果怀疑有这方面的起火痕迹，就要进行细致耐心的检查，必要时可对整个发动机进行拆解，找到真正的起火原因。

3. 排气系统火灾

车辆的高温排气管是汽车火灾的主要着火源，它占整个汽车火灾发生的比例很大，但不被人们所重视。排气系统引发汽车火灾的原因分析如下：

1) 在汽车运行时由于各个气缸内燃油的燃烧使排气管的温度很高，一般车辆行驶在普通公路时排气管温度可达 300~400℃，当行驶在高速公路时排气管温度可达 400~500℃，而行驶在山路时排气管温度可达 500~650℃。这样高的温度，足以引起任何油类着火，此时如果汽车存在漏油（包括汽油与机油等），一旦油滴落在排气管上，就会马上冒烟起火，使车辆燃烧。

2) 当气缸出现故障，燃油在气缸内不能充分燃烧而被排出气缸，这些混合气经过排气管内触媒装置时，会发生进一步氧化放热，又称为第二次燃烧，这时会使排气管温度迅速升高，有可能引起排气管周围可燃的树脂塑料部件着火，使车辆燃烧。

3) 当汽车的点火装置发生故障而不能正常点火时，如果不及时处理会造成气缸内混合气无法充分燃烧，而未燃烧的混合气，在进入排气管时会与触媒装置接触反应，从而引起二次燃烧造成排气管高温，可引燃周围可燃物，使车辆燃烧。

4) 将柴油误加至汽油油箱中，当无法有效点火时，也会出现上述3)的情况。当以上这几种情况中的任何一种情况发生时，如果将带有高温排气管的汽车停放在可燃物上或干草地上都会引起可燃物燃烧，造成汽车火灾。

5) 燃油质量不好，在燃烧时会形成有害气体，这些气体会腐蚀或锈蚀排气管，使得排气管漏孔,这样从排气管漏孔中吹出的高温气体,也可能会引起周围可燃物着火,使车辆燃烧。

> **提示**
>
> 当汽车发生追尾或迎面撞击时,由于基本不具备起火的条件,一般情况下不会起火。只有当撞击后导致易燃物泄漏且与火源接触时,才会起火。而当车辆因碰撞或其他原因导致翻滚倾覆时,极易发生油箱泄漏,一旦遇上电火花或摩擦产生的火花,就会起火甚至爆炸。

二、火灾汽车损失评估

机动车辆上除了油箱和油路易燃外,其他部件如轮胎和内部饰件等也是易燃物,尤其是现在车辆大多有复杂和多功能的电气设备,这些都是造成火灾的重要隐患。在对火灾车辆进行鉴定评估时要先判断车辆是否投保相关险种,包括车辆损失险和车辆自燃损失险,同时明确车辆的起火原因,并对相关险种的责任范围有所了解,如自燃险的责任免除范围包括:自燃仅造成电器、电路、供油系统和供气系统的损失,所载货物自身的损失等。如果车辆曾经因为火灾出险,则要结合保险记录进行全盘分析,最好找到当时参与的查勘定损人员,这样能更详尽了解起火的缘由和发展状况。在这个过程中,要做到以下几点:

> 1)仔细对烧损的零部件进行分类登记。
> 2)耐心对机械件进行测试和拆解检查,尤其是转向系统、制动系统和传动部分的密封橡胶件,对车辆燃烧范围和热传导范围的塑料件、电气设备和电路、油液类进行检查,对因高温引起的变形和变质件必须更换。
> 3)重点检查金属部件,特别是车架、前桥、后桥和车身壳体等是否因为燃烧而变形、退火。
> 4)如果有条件,可以到火灾车辆最后一次修车的维修厂进行调查,了解车辆的维修状况和车辆的实际状况,最后针对车辆各部分零部件的烧损和车辆相关车型的新车价和市场价给出当前残值的定性和定量分析。

三、鉴别火灾汽车的技巧

众所周知,汽车是由钢铁、钢板经过冲压、焊接而形成的一个有机体。当车辆被火烧以后,金属的结构会发生变化,而在退火之后,车身的强度保证不了。万一发生事故,尤其前边、后边的碰撞吸能区,包括发动机舱、驾驶室还有行李箱,其上的金属组织发生变化时,碰撞吸能区的功能就会大大削弱。因为汽车在设计的时候,作为变刚性的整体存在,它不同位置的强度设计是不一样的,当火烧以后,在发生事故的时候就保证不了乘员的安全。

1) 检查车身外观，车门和前后翼子板外表面是否有油漆起伏痕迹，车身油漆颜色和光泽是否均匀，周边胶条是否粘有油漆。图5-19所示为车身漆面检查。

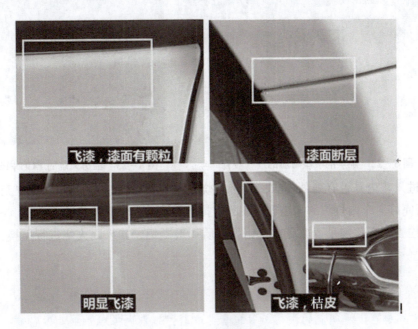

图5-19 车身漆面检查

2) 检查发动机舱内的熔丝盒，还有驾驶室内的熔丝盒是否存在更换或被火烧留下熏黑的痕迹，同时要留意的是火灾汽车在进行后期翻新时因为需要更换线束，那么车身的线束会非常新。还有观察防火墙有无火烧或熏黑痕迹，如图5-20所示；因为钢、铁或石棉板元件被火烧后，会呈现元件被烟熏黑的痕迹（图5-21），同时观察各处有没有灭火器留下的粉末。

图5-20 过火的防火墙　　　　　图5-21 烧黑的发动机舱盖

3) 检查发动机的进气歧管及发动机舱盖是否有烧蚀痕迹。图5-22所示为烧焦的硬塑材质的进气歧管。

4) 检查行车ECU是否被更换，图5-23所示为经历火烧的ECU内部焊锡。

图 5-22　烧焦的硬塑材质的进气歧管　　　图 5-23　经历火烧的 ECU 内部焊锡

5）进入车内是否有刺鼻气味，是否有烧焦的味道，检查内饰、地板有无过火痕迹，漆面是否完好。车内烧焦的味道容易用香水掩盖，而管路部位却很难掩盖。

6）检查汽车铭牌是否被更换，铭牌材质一般是铝，如果因火烧进行更换，说明当时此处温度一定超过 700℃。

> **提示**
>
> 火灾车辆在没有明显的损伤而重新喷漆以后，短期内很难识别。但它有一个很突出的特点，那就是车辆的车体特别容易锈蚀，而且是从里到外的锈蚀，这个现象特别明显。因为重新喷漆最多维持 2~3 年的时间，在此之后肯定会从里往外地生锈。而像这样的火灾车辆一般都会经过保险公司，通过查询其保险记录和出险记录，也许能避免这种情况。

第三节　拼装汽车鉴定评估技巧

一、拼装汽车的危害

拼装汽车的车身强度无法与原厂车相比，车身的刚性很难再量化，因此拼装车身无论在什么情况下都很容易发生危险，驾驶这种车在路上就像带着一颗炸弹一样，危害自己也危害他人，存在很大的安全隐患，图 5-24 所示为遭切割的阿尔法拼装汽车，图 5-25 所示为常见的切割位置，后期切割会减小钢材的强度，如图 5-26 所示。拼装汽车无法上牌和年检，除了带有原来牌照的拼装汽车外，都需要套牌上路。一旦被发现，不仅会查扣车辆，还要面临拘留。如果明知是拼装汽车还购买，则要依法严惩。

第五章 特殊二手车评估技巧

图 5-24 遭切割的阿尔法拼装汽车

前后纵梁切割，后翼子板切割（前翼子板多为螺钉固定，后翼子板多为与车身焊接固定），A柱、B柱、C柱切割，车顶切割，底大边切割和行李箱切割（圆点为常见切口位置）

图 5-25 常见的切割位置

汽车出厂时车身结构件为钢板一体冲压成形，然后焊接在一起，钢板强度比较大。后期切割会减小钢板强度，减小车身安全系数，影响人身安全

图 5-26 后期切割的车体

就其车身结构而言，拼装汽车主要有以下危害：

①直接导致制动、转向及发电机等部件失灵。
②使整个车辆的操作稳定性变差，特别是车厢和车架变形后，使转向稳定性下降，车辆极易跑偏。
③由于所有机械零件磨损严重，使燃料消耗过大，污染大气环境。
④拼装汽车一旦拉货载重，在转弯时会加大全车的离心力，极易翻车。

二、鉴别拼装汽车的技巧

1）利用公安车管部门的车辆档案资料。通过这些资料查询车辆来源信息，确定车辆

221

的合法性及来源，这是最直接有效的判别方法。

2) 检查车辆的产品合格证和维护保养手册。如果没有产品合格证，或产品合格证有涂改痕迹，没有生产厂的产品检验章和检验员的印章，产品合格证的编号与发动机及机架的钢印号码不一致，则车辆很大程度上为非法拼装汽车。另外，对进口车必须查验进口产品商验证明书和商验标志，它们起着公证证明的作用，是买卖双方交接货物、结算货款和处理索赔、理赔的主要依据，也是通关纳税和结算运费的有效凭证。

3) 检查新车购车正式发票或二手车过户发票。如果无法提供生产厂家的正规销售发票或二手车过户发票，切勿购买。除此之外，也可以去车辆管理所查询该车辆档案，确认车源信息。由于拼装汽车属于非法行为，车辆管理所不可能存有该车的车辆档案。

4) 检查发动机舱。打开发动机舱盖，检查发动机和其他零部件是否存在刮除标志后重新标定安装的痕迹，相关线束和管路的布局是否整齐合理，特别要留意提供发动机和VIN数量信息（车架号码）的字体，细心进行相互比对。

5) 检查车辆外观。查看车身是否有重新喷漆的痕迹，特别是车顶下沿部位和门柱封边处，正常情况下车漆同色。查看车身的曲线部位线条是否流畅，作为小曲线部位，我国目前技术条件还没有专门的设备完美处理，其上留下再加工痕迹是特别明显的。查看门柱和车架部分是否有焊接的迹象，特别留意各焊点的切口（不排除高档车型通过打磨切口、补灰作假）。很多拼装汽车是在境外把车身切割后，运入我国再进行焊接拼凑而成的，一般拼装汽车会使用密封胶掩盖焊接痕迹，且凌乱。还有查看车门、发动机舱盖、行李箱盖与车身的接合缝隙是否整齐和均衡。

6) 检查车辆内饰。主要查看车内装饰材料是否均衡，装饰条边沿部分是否存在明显的手指印或其他工具碾压留下的痕迹，车顶部分装饰材料上是否存在弄脏的痕迹。

第四节 走私汽车鉴定评估技巧

走私汽车是指没有通过国家正常进口渠道进口的，并未完税的进口车辆。购买走私汽车要承担一定的法律责任。根据国家相关法律、法规，我国明令禁止以任何贸易形式，进行二手车的进口贸易。如果有进口二手车出现在我国市场，一般只可能是非法入境的走私汽车。根据《中华人民共和国海关对非居民长期旅客进出境自用物品监管办法》和《中华人民共和国海关对常驻机构进出境公用物品监管办法》规定，只是对于外商、海外留学生、华侨或投资额达一定数量三资企业（即在我国境内设立的中外合资经营企业、中外合作经营企业、外商独资经营企业三类外商投资企业。它们是经我国有关部门批准，遵守我国有关法规规定，从事某种经营活动，由一个或一个以上的国外投资方与我国投资方共同经营或独立经营，实行独立核算、自负盈亏的经济实体）自带二手车入境有着政策上的优惠。外籍在华人士可向当地海关部门申请将自己在我国境外使用的车辆，以个人"自用物品"或机构"公用物品"的名义带入我国，俗称为"小贸车"。

偷逃税额达到5万元以上的，对购车人可以根据《中华人民共和国刑法》第一百五十三条和一百五十五条的相关规定，以走私普通货物罪追究其刑事责任。走私普通货物罪，根据偷逃税额大小量刑幅度如下：

1）5万~15万元，处3年以下有期徒刑或拘役，并处罚金。

2）15万~50万元，处3~10年有期徒刑，并处罚金，情节特别严重的，按涉及的钱款处理（除了死刑）。

3）50万元以上，处10年以上有期徒刑或无期徒刑，并处罚金或没收财产，情节特别严重的，死刑。

走私汽车多是拼装车辆，如图5-27所示。这里普及一下关于走私汽车的一些特殊术语：

①飞顶车：把车顶切掉运输的车辆（多见于中低档车型）。

②二刀车：把车辆的车顶，A、B、C柱切掉，汽车切成几部分，然后重新组装的车辆（现在较少见）。

③改舵车：将右舵改成左舵的车辆（多为从日本过来的极端性能车）。

图5-27 走私汽车切割件

④老改新：将旧款车改成新款外观的车辆。

⑤拼装车：将车拆卸以后分批运入我国，我国进行二次组装的车辆（现在较多见）。

⑥期货车：暂时没有现货，而据客户的样式和板型等要求，从国外调度进入我国的车辆。

一、走私汽车的特征

1）交易时卖家声称包年检。包年检听起来似乎不错，但要留心车辆是否存在手续问题。

2）无法办理委托代检业务。办理车辆委托代检业务需要提交机动车行驶证、机动车第三者责任强制保险凭证、机动车登记证书等资料，而走私汽车没有机动车登记证书。

3）伪造的套牌跟正规车牌模样有区别。

4）无法办理委托外地车辆管理所检验手续。正规车辆是允许办理委托外地车辆管理所检验的，在属地的车辆管理所申请开个证明，在外地就可以验车，验车完毕后将单子邮寄交到属地车辆管理所就可以了。套牌车却无法做到这一点。

二、鉴别走私汽车的技巧

走私汽车虽然价格便宜，但是在安全性上无法得到保障。分辨走私车应进行如下查看：

1. 查看车架号

只要不是 L 开头的车架号，都要注意是不是走私汽车。如果车架号不在常规的位置（如前风窗玻璃左下角、驾驶人车门铰链处、发动机舱）进行印刷，或是字符不清楚，字符不当时，必须要对大梁进行详细的检查，查看是否存在两个车架号的情况。

2. 查看牌照

观察车牌外形，从形、色、字的角度进行基本判断。正规的车牌经过高科技处理，并采用一次成形技术，给人的视觉感受很好。走私汽车不是通过正规途径购买的车辆，所以不能像新车一样登记上牌，那么大部分走私汽车会通过其他手段（如使用假牌照或套牌）上路。而伪造的牌照在正常阳光下存在颜色偏红或者偏黄、字体较瘦等问题，用手触摸车牌，尤其是周边棱角处，这是判断一辆车是否存在套牌的重要标志。

由于并非一次性成形，套牌上的字体边缘会有棱角，即使打磨过也难以掩盖痕迹。拆下车牌查看，会发现其背面存在敲打过的痕迹，只要细加端详就能发现。另外走私汽车无法上牌照，因此在我国没有合法手续，除伪造牌照外还使用套牌，即通过伪造和非法套取真牌车的号牌、型号和颜色，利用真实牌照，将号码相同的假牌套在走私车辆上，因此该类车辆也称为套牌车。这时应该仔细核对车辆的车型、号牌、机动车行驶证、检验合格标志和保险标志等。通过车辆管理部门上网查询车辆登记档案，挪用牌照的套牌车有的是套用不同车型牌照，有的是套用同类车型牌照，有的还涂改车架号和相关标志。

3. 查看发动机号

虽然查看汽车的车架号是一个办法，但现在大多数的汽车走私团伙，已经达到更改车架号并以假乱真的地步。此时可通过查看发动机号是否存在拼接痕迹，查看车门与车身的接合处是否有明显的焊接拆卸痕迹来辅助判断。

第五节　案例分析

一、从没进过水也有可能是水淹车

一辆大众帕萨特轿车，其发动机和变速器全部报警，且变速器闯档情况严重，每次换档时都感觉被人从后面踹了一脚，另外车子有时还会失去动力，即加速踏板完全失去作用。

按照平常的诊断思路，应先用诊断仪读取车辆的故障码，再根据故障码进行维修。但是似乎是由于电路的原因，诊断仪不能进入车辆系统，因此无法读取故障码。虽然无法读取故障码，但是负责维修这台帕萨特的师傅表示以前见过帕萨特有类似症状，可能是由于变速器 ECU 故障引起的，所以决定先把变速器 ECU 拆下来检查一番。这台帕萨特的变速器 ECU 被安置在副驾驶人的地胶下面，维修师傅掀开地胶查看，如图 5-28 所示。

这个案例应按照水淹车的鉴定程序进行检查。这辆帕萨特没有泡过水，但是车内地板上竟然有积水，且积水已经泡到了变速器 ECU，这很可能是导致变速器闯档的根本原因。不过积水还没有完全淹没变速器 ECU 的插头，因此变速器 ECU 还有被修复的可能，图 5-29 所示为变速器 ECU 插头。

图 5-28 赤裸的车内地板

图 5-29 变速器 ECU 插头

积水损害的不只是变速器 ECU，长时间浸泡还会导致其内的金属生锈，而经过维修师傅的排查，发现车内的积水来自空调和驾驶室右前的泄漏。

在车内中控台的下方，会有管子连接空调蒸发箱，它是用来排掉蒸发箱里的水分。但是，这辆帕萨特的空调排水管破裂了，导致空调水全部排进了车内，而且此前因发生事故需要进行的驾驶室右前的钣金修复很差，当下雨的时候雨水也会从这里流入车内。

由此可见，事故车不仅仅存在车架变形后的安全隐患，还可能留下各种后遗症。为了读取故障码，彻底维修车辆，维修师傅需要把内饰全部拆除，逐一排查车辆的线束，如图 5-30 和图 5-31 所示。

图 5-30 检测变速器 ECU 各插头

 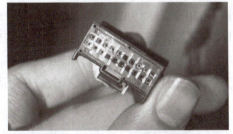
图 5-31 潮湿的电路插头

变速器 ECU 被成功修复的同时，也清理了所有被水浸泡的插头后，重新接通电路，诊断仪顺利地接入了车辆系统，之前发动机和变速器的故障码全部消失不见了，车子一切正常。先把转向盘、仪表盘和座椅装上试试车，经过路试，车子动力充足，换档平顺。这样看来，所有的问题都是线束插头泡水导致的。

二、新车 25 万元，理赔 24 万元的奔驰火烧车当新车卖

车辆的新车主在购买这辆奔驰车后想更换 CD 机，当他把 CD 机拿出来后就发现了以下的模样，如图 5-32 和图 5-33 所示，特别是仪表台侧部的饰板，能明显发现有更换的痕迹，这才开始怀疑车辆是不是有问题。

图 5-32　生锈过火的 CD 机

 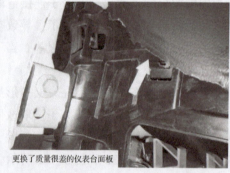

CD 机外部电控面板更换痕迹　　　　　　　更换了质量很差的仪表台面板

图 5-33　更换 CD 机的细节痕迹

该车的出厂日期为 2015 年 11 月，在对车辆实际鉴定检测的时候，必须先留意车辆的出厂日期再开始检测，如图 5-34 所示，因为车辆的很多部件会标明出厂的日期，如果部件的出厂日期晚于车辆出厂日期，那该部件肯定是后换的。车辆在 2015 年 12 月 31 日上牌，至今也只行驶了 1.5 万 km，图 5-35 所示为车辆仪表显示。

车辆的出厂日期为 2015 年 11 月　　　　　车辆表显里程只有 1.5 万 km

图 5-34　车辆的铭牌　　　　　　　图 5-35　车辆仪表显示

在基本认定车辆有严重问题嫌疑后,维修师傅将能够拆卸的部件都进行了拆卸,目的是找到最直接的证据,图5-36所示为拆车实况,图5-37所示为车辆玻璃标识,图5-38所示为座椅下实拍及烟熏过后的插头底座。

图5-36 拆车实况

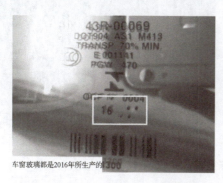 

图5-37 车辆玻璃标识

 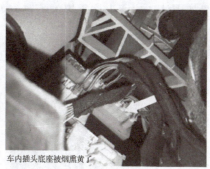

图5-38 座椅下实拍及烟熏过后的插头底座

虽然车辆的座椅骨架没有更换,但其下方出现了大量的铝氧化物和生锈的痕迹,结合最终结果,该辆奔驰是严重的火烧车,所以造成座椅现状的成因有以下几点:

①座椅可能存在遇到高温的情况。
②车辆进水或车内长期处于潮湿的状态。
③长时间裸露在空气中。

那么座椅变成这样很可能是因为该车在起火后遇到高温,前任车主采取用水灭火的方法，导致车内进水，在之后的维修过程中车辆又长期裸露，从而造成了新车有这样的惨状。另外，经过细致观察发现仪表台内部的线束全部经过重新包装，且车内的插头底座也存在被熏黑的痕迹，还有电子驻车制动的卡扣上面也是黑乎乎的，如图5-39所示，这是明显的过火后用水浇灭留下的痕迹。这辆火烧车的修复只是做足了表面功夫，而那些很难察觉的位置基本都没修。

图5-39 电子驻车制动熏黑生锈痕迹

车内的各种饰板都换成全新的，已经营造出一种准新车的感觉了，如图5-40所示，而饰板下面相关的车身骨架则是另一回事了。

车顶篷扶手换成全新的

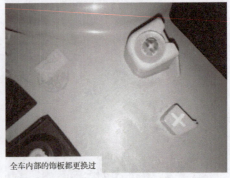
全车内部的饰板都更换过

图5-40 车内饰板换新

车辆两侧的A柱、B柱和C柱都经过了重新喷漆的处理，但也仅仅对表面位置进行喷涂，至于骨架深处还残留火烧熏黑的痕迹，如图5-41所示。

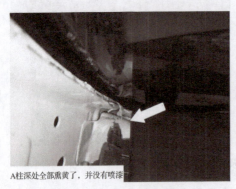
A柱深处全部熏黄了，并没有喷漆

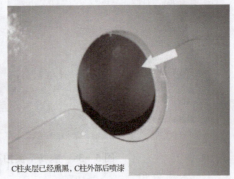
C柱夹层已经熏黑，C柱外部后喷漆

图5-41 A柱、C柱出现熏黄

车身骨架的隔声层已经完全炭化，深处呈黑色块状，且残留重新喷漆的痕迹。如图5-42所示，该处位置在事后处理的过程时只对外层进行喷涂，里面的白色颗粒状则是在喷涂时不小心喷进去而残留下来的痕迹。

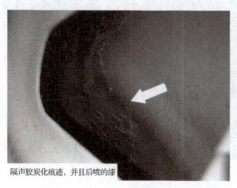 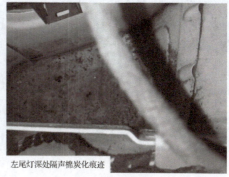

隔声胶炭化痕迹，并且后喷的漆　　　　　左尾灯深处隔声棉炭化痕迹

图 5-42　隔声层及左尾灯出现炭化痕迹

还有，可以看到车辆汽油加注口一侧的翼子板内部，也已经被完全烧黑炭化了，如图 5-43 所示。新车绝不可能是这种黑乎乎、油腻的样子。

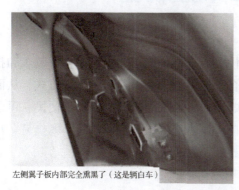 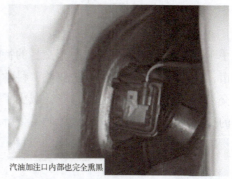

左侧翼子板内部完全熏黑了（这是辆白车）　　汽油加注口内部也完全熏黑

图 5-43　汽油加注口一侧的翼子板被完全烧黑炭化

最后，查看该车的保险记录，发现当时车辆的维修理赔费用就高达 24.5 万元，而该款低配车型优惠的新车价格也就 25 万元，最后鉴定该辆车的火烧程度没有严重到只剩车壳的地步，而且起火的位置主要是内饰部分，车辆的发动机舱并没有大面积的过火痕迹。

第六章 二手车交易的工作流程

第一节 二手车交易基本流程

二手车的交易程序是根据二手车交易的特性，为杜绝盗抢车、走私车、拼装车和报废车的面市，切实维护消费者的合法权益，科学合理地设计"一条龙"的作业方式，从而使二手车交易在规范有序的流程内进行，减少了购销双方的来回奔波，提供了便民、可监控和有序的交易环境。二手车交易程序的主要环节有车辆查验、车辆评估、车辆交易、初审受理、材料传送、过户制证、转出调档、材料送回和收费发还。

1. 车辆查验

在驻场警官的监督下，由交易市场委派经过验车培训的工作人员，协助警官展开交易车辆的查验工作。在车辆年检期有效的时段内，查验VIN、发动机号的钢印是否改动，与其拓印是否一致；查验车辆颜色与车身装置是否与"机动车行驶证"上的一致。同时按交易类别对车辆的主要行驶性能进行检测，确保交易车辆的正常安全性能。如果一切正常，则在"机动车登记业务流程记录单"上盖章，并在发动机号和车架号的拓印上加盖骑缝章。

2. 车辆评估

由专业评估机构参与，二手车鉴定评估师将根据车辆的使用年限（已使用年限）、行驶里程、总体车况和事故记录等进行系统的查勘和评估，综合计算出车辆的成新率。再按该车的市场销售状况等，提出基本参考价格，通过计算机系统的运算，打印"车辆评估书"，由评估机构的二手车鉴定评估师签章后生效，作为车辆交易的参考和依法纳税的依据之一。

3. 车辆交易

二手车经过查验和评估后，其车辆的真实性和基本价格有了一个基本保障。同时，需要原车主对其车辆的一些其他事宜（使用年限、行驶里程、安全隐患、有无违章记录等）做出一个书面承诺。二手车经营（经纪）公司可以对该车进行出售或寄售，与客户谈妥后，收取相应的证件和材料，开具相应的发票，签署经营（经纪）合同，整理后送至办证初审窗口。

4. 初审受理

由二手车交易市场派驻各个交易市场的专业业务受理工作人员，对各经营（经纪）公司或客户送达的车辆牌证和手续材料，初审其真实性和有效性，以及单据填写的准确性。确认合格后，打印操作流水号和代办单，经工商行政管理部门验证盖章，将有关材料整理装袋，准备送达相应的办证地点。

5. 材料传送

由二手车交易市场指定的专业跑（送）单人员，经核对材料的份数后，贴上封条，填写"材料交接表"，并签章，将办证材料及时、安全地送达相应的办证地点。

6. 过户制证

由驻场警官对送达的办证材料，与计算机中车档库的数据进行对比查询，并对纸质材料进行复核，复核无误，在"机动车登记业务流程记录单"上录入复核人员的姓名，签注"机动车登记证书"，由市场工作人员按规定的程序进行"机动车行驶证"的打印、切割和塑封，并录入相应操作岗位的人员姓名，然后，将纸质材料整理和装订后，送车辆管理所档案科。相关证件和"机动车行驶证""机动车注册/转入登记表"（副表）等，由跑（送）单人员送回相应的代理交易市场。

7. 转出调档

跑（送）单人员将转出（转籍）的有关证件、材料和号牌送达各地车辆管理所档案科，由警官对送达的转出材料和证件进行复核。确认无误后，收缴机动车号牌，并相应地在"机动车登记业务流程记录单"上录入复核警官的姓名，并签注"机动车登记证书"，将送至的纸质材料整理后装袋封口，并在计算机中设置成"转出"状态，传递至全国公安交通管理信息系统中，其"机动车档案"和"机动车临时号牌"将由跑（送）单人员返送至各代理交易市场。

8. 材料送回

经驻场警官复核后，换发"机动车行驶证"及"机动车注册/转入登记表"（副表）和有关证件；或将经车辆管理所档案科警官复核后调出的"机动车档案"和"机动车临时号牌"以及相关的证件整理后送各代理交易市场的办证窗口，并经驻场牌证、材料接收人员签好"材料交接表"。

9. 收费发还

各交易市场的办证窗口收到材料并核对无误后，对所需支付的费用逐一进行汇总计算，打印发票，向委托办理的经营（经纪）公司和客户收取费用，核对"代办单"后，发还证照和材料。

这些交易程序适用于各交易市场的过户类和转出（转籍）类的二手车交易行为。

第二节 二手车交易的工作程序

一、二手车买卖合同

根据《二手车流通管理办法》规定，二手车交易双方应该签订交易合同，要在合同当中对二手车的状况、来源的合法性、费用负担以及出现问题的解决方法等各方面进行约定，以便分清各自的责任和义务。

《二手车交易规范》规定，进行二手车交易应当签订合同。合同示范文本由国务院工商行政管理部门制定。

二手车交易合同按当事人在合同中处于出让、受让或居间中介的不同情况，可分为二手车买卖合同和二手车居间合同两种。

1. 订立二手车买卖合同的基本原则

二手车买卖合同是指二手车经营公司、经纪公司与法人、其他组织和自然人之间为达到二手车买卖的目的，明确相互权利、义务关系所订立的协议。

订立买卖合同时需遵守以下基本原则：

1）合法原则。订立二手车买卖合同必须遵守国家法律和行政法规。合同的内容及订立合同的程序、形式只有与法律、法规相符合，才会具有法律效力，当事人的合法权益才可得到保护。任何单位和个人都不得利用经济合同进行违法活动，扰乱市场秩序，损害国家和社会利益，牟取非法收入。

2）平等互利、协商一致原则。订立合同的双方当事人法律地位一律平等，任何一方不得以大欺小，把自己的意愿强加给对方，双方都必须在完全平等的地位上签订二手车买卖合同。二手车买卖合同应当在当事人之间充分协商、意思表示一致的基础上订立，采取胁迫、乘人之危、违背当事人真实意志而订立的合同都是无效的，也不允许任何单位和个人进行非法干预。

2. 买卖合同的主体

二手车买卖合同的主体是指为了达到二手车买卖目的，以自己名义签订交易合同，享有合同权利、承担合同义务的组织和个人。它包括出让人（出售方）和受让人（收购方）双方。

出让人（出售方）：有意向出让二手车合法产权的法人或其他组织、自然人，即出售二手车的当事人。

受让人（购车方）：有意向受让二手车合法产权的法人或其他组织、自然人，即买入二手车的当事人。

根据《中华人民共和国合同法》的规定，我国合同当事人从其法律地位划分，可分为以下几种：

1) 法人。法人是指具有民事权利能力和民事行为能力，依法独立享有民事权利和承担民事义务的组织。它必须具备以下条件：

①依法成立。

②有必要的财产或经费。

③有自己的名称、场所和组织机构。

④能够独立承担民事责任的企业法人、机关法人、事业单位法人和社会团体法人。

2) 其他组织。其他组织是指依法成立，有一定的组织机构和财产，但又不具备法人资格的组织，如私营独资企业、合伙组织和个体工商户。

3) 自然人。自然人是指具有完全民事行为能力，可以独立进行民事活动的人。

3. 买卖合同的内容

（1）主要条款

1) 出让人（出售方）的基本情况，包括单位代码、经办人或自然人的姓名、经办人或自然人的身份证号码、单位地址或自然人住址、联系电话等内容。

2) 受让人（购车方）的基本情况，包括单位代码、经办人或自然人的姓名、经办人或自然人的身份证号码、单位地址或自然人住址、联系电话等内容。

3) 出售车辆的基本情况，主要包括以下内容：

①车辆的名称、型号、生产厂家、出厂日期、颜色、初次注册登记日期、行驶里程、登记证号、发动机号和车架号等。

②机动车来历凭证、机动车行驶证、机动车登记证书、机动车号牌、道路运输证和机动车安全技术检验合格标志等法定证件。

③车辆购置税完税证明、养路费缴付凭证、车船使用税缴付凭证和车辆保险单等税费凭证证明。

4) 车辆价款。

5) 双方各自的责任、权利和义务。

6) 合同在履行中的变更及处理。

7) 违约责任。

（2）其他条款　其他条款包括合同的包装要求、某种特定的行业规则和当事人之间交易的惯有规则等当事人一方要求的任何条款。

4. 合同的变更和解除

1) 合同的变更。合同的变更通常是指依法成立的买卖合同尚未履行或未完全履行之前，当事人就其内容进行修改和补充而达成的协议。

合同的变更必须以有效成立的合同为对象，凡未成立或无效的合同，不存在变更问题。合同的变更是在原合同的基础上，达成一个或几个新的合同作为修正，以新协议代替原协议。所以，变更作为一种法律行为，使原合同的权利义务关系消失，新权利义务关系产生。

2）合同的解除。合同的解除是指合同订立后，没有履行或没有完全履行以前，当事人依法提前终止合同。

3）合同变更和解除的条件。合同法规定，凡发生下列情况之一，允许变更或解除合同：

①当事人双方经协商同意，并且不因此损害国家利益和社会公共利益。
②由于不可抗力致使合同的全部义务不能履行。
③由于一方在合同约定的期限内没有履行合同。

5．违约责任

违约责任是指合同一方或双方当事人由于自己的过错造成合同不能履行或不能完全履行，依照法律或合同约定必须承受的法律制裁。

1）违约责任的性质。
①等价补偿。凡是已给对方当事人造成财产损失的，就应当承担补偿责任。
②违约惩罚。合同当事人违反合同的，无论这种违约是否已经给对方当事人造成财产损失，都要依照法律规定或合同约定，承担相应的违约责任。

2）承担违约责任的条件。
①当事人有违约行为要追究违约责任，必须有合同当事人不履行或不完全履行协议的违约行为。它可分为作为违约和不作为违约。
②行为人有过错。过错是指当事人违约行为主观上由于故意或过失。故意是指当事人应当预见自己的行为会产生一定的不良后果，但仍用积极的作为或者消极的不作为希望或放任这种后果的发生；过失是指当事人对自己行为的不良后果应当预见或能够预见到，而由于疏忽大意没有预见到或虽已预见后果但轻信可以避免，以致产生不良后果。

3）承担违约责任的方式。
①违约金。违约金指合同当事人因过错不履行或不适当履行合同，依据法律规定或合同约定，支付给对方一定数额的货币。违约金分为法定违约金和约定违约金。
②赔偿金。赔偿金指合同当事人一方因违约给另一方当事人造成损失超过违约金数额时，由违约方当事人支付给对方当事人的一定数额的补偿货币。
③继续履行。继续履行指合同违约方支付违约金和赔偿金后，应对方的要求，在对方指定或双方约定的期限内，继续完成没有履行的那部分合同义务。也就是说，违约方在支付了违约金和赔偿金后，合同关系尚未终止，违约方有义务继续按约履行，最终达到合同目的。

6. 合同纠纷处理方式

合同纠纷是指合同双方当事人之间因对合同的履行状况及不履行的后果所发生的争议。我国合同纠纷的解决方式一般有协商、调解、仲裁和诉讼四种方式。

1）协商解决。协商解决是指合同双方当事人之间直接磋商，自行解决彼此间发生的合同纠纷。这是合同双方当事人在自愿、互谅互让的基础上，按照法律、法规的规定和合同的约定解决合同纠纷的一种方式。

2）调解解决。调解解决是指由合同双方当事人以外的第三人（交易市场管理部门或二手车交易管理协会）出面调解，使争议双方在互谅互让的基础上自愿达成解决纠纷的协议。

3）仲裁。仲裁是指合同双方当事人将合同纠纷提交国家规定的仲裁机构，由仲裁机构对合同纠纷做出裁决的一种活动。

4）诉讼。诉讼是指合同双方当事人之间发生争议而合同中未规定仲裁条款或发生争议后也未达成仲裁协议的情况，由当事人中的一方将争议提交有管辖权的法院按诉讼程序审理做出判决的活动。

7. 二手车买卖合同的格式

二手车买卖合同

合同编号：＿＿＿＿＿＿＿＿＿＿＿＿＿＿
签订时间：＿＿＿＿年＿＿＿＿月＿＿＿＿日

甲方：（出售方）＿＿＿＿＿＿＿＿＿＿＿＿＿＿
乙方：（购车方）＿＿＿＿＿＿＿＿＿＿＿＿＿＿

第一条 目的

依据国家有关法律、法规和本市有关规定，甲、乙双方在自愿、平等和协商一致的基础上，就订立二手车买卖合同，并完成其他委托的服务事项达成一致，订立本合同。

第二条 当事人及车辆情况

一、甲方（售车方）基本情况

（1）单位代码证号□□□□□□－□，经办人＿＿＿＿＿＿＿＿＿＿＿＿＿＿＿＿＿＿，
　　身份证号码□□□□□□□□□□□□□□□□□□，
　　单位地址＿＿＿＿＿＿＿＿＿＿＿＿＿＿＿＿，联系电话＿＿＿＿＿＿＿＿＿＿＿＿＿＿。

（2）自然人身份证号码□□□□□□□□□□□□□□□□□□，
　　现常住地址＿＿＿＿＿＿＿＿＿＿＿＿＿＿＿＿，联系电话＿＿＿＿＿＿＿＿＿＿＿＿＿＿。

二、乙方（购车方）基本情况

（1）单位代码证号□□□□□□－□，经办人＿＿＿＿＿＿＿＿＿＿＿＿＿＿＿＿＿＿，
　　身份证号码□□□□□□□□□□□□□□□□□□，

单位地址_____，联系电话_____。
(2) 自然人身份证号码□□□□□□□□□□□□□□□□□□，
现常住地址_____，联系电话_____。

三、出售车辆基本情况

车辆牌号_____，车辆类别_____。
厂牌型号_____，颜色_____。
初次登记时间_____，登记证号_____。
发动机号码_____，车架号码_____。
行驶里程_____km，允许使用年限至____年____月____日，
车辆年检签证有效期至_____年_____月，
车辆购置费完税缴纳证号_____/免税缴纳（有证/无证），
车辆保险险种：1._____ 2._____ 3._____ 4._____。
保险有效期截止日期：____年____月____日，
配置：_____。
其他情况：_____。

第三条　车辆价款

经协商一致，本车价款定为人民币_____元（大写：_____元），上述价款包括车辆和备胎等附件。

过户手续费为人民币_____元（大写：_____元），由_____方负责。

第四条　付款及交付、过户

1. 乙方于合同签订后当日/_____日内支付价款_____%（人民币_____元，大写：_____元）作为定金支付给甲方，支付方式：（现金/指定账户）。

2. 甲方于合同签订当日/_____日内，将本车（过户/转籍）所需的有关证件原件及复印件交付给_____方，由_____方负责办理（过户/转籍）手续。

3. 乙方于（过户/转籍）事项完成后当日/_____日内向甲方支付剩余价款（人民币_____元，大写：_____元），支付方式：（现金/指定账户）。

第五条　双方的权利和义务

1. 甲方承诺车辆出让时不存在任何权属上的法律问题和各类尚未处理完毕的交通违章记录，所提供的证件和证明均真实、有效，无伪造情况；否则，致使出让车辆不能过户和转籍的，乙方有权单方解除本合同或终止本合同的履行，甲方应接受退回的车辆，并向乙方双倍返还定金和支付实际发生的费用。

_____方如在收取有关文件和证明后_____日内未办理（过户/转籍）手续或由于_____方的过失导致（过户/转籍）手续不能办理或不能在合理期限内完成

（双方约定该合理期限为收取文件、证明后的_____日内），除非有正当理由或不可抗力，否则_____方可单方终止本合同，并要求_____方双倍返还定金和支付实际发生的费用。

2. 乙方承诺已对受让车辆的配置、技术状况和原使用性质了解清楚，该车能根据居住管辖地车辆落籍规定办理落籍手续。如由于乙方的过失导致（过户/转籍）手续不能办理，则甲方可单方终止本合同，并不返还定金，已经发生的费用应由乙方承担。

本合同签订后，乙方如未按本合同规定的时间支付定金，甲方有权单方解除本合同，并要求乙方赔偿相应的经济损失。

第六条 合同在履行中的变更及处理

本合同在履行期间，任何一方要求变更合同条款的，应及时书面通知对方，并征得对方的同意后，在约定的时限_____天内，签订补充条款，注明变更事项。未书面告知对方，并征得对方同意，擅自变更造成的经济损失，由责任方承担。

本合同履行期间，双方因履行本合同而签署的补充协议及其他书面文件，均为本合同不可分割的一部分，具有同等效力。

第七条 违约责任

甲、乙双方如发生违约行为，违约方给守约方造成的经济损失，由守约方按照法律、法规的有关规定和本合同有关条款追偿。

第八条 风险承担

本车在过户和转籍手续完成前由甲方作为所有人承担一切风险责任，本车在过户和转籍手续完成后乙方作为所有人承担一切风险责任。

第九条 其他规定

本合同未约定的事项，按照《中华人民共和国合同法》以及有关法律、法规的规定执行。

第十条 发生争议的解决办法

甲、乙双方在履行本合同过程中发生争议，由双方协商解决；协商不成的，提请二手车交易市场或二手车交易管理协会调解。调解成功的，双方应当履行调解协议；调解不成的，按本合同约定的下列第（　　）项进行解决：

1. 向仲裁委员会申请仲裁。
2. 向法院提起诉讼。

第十一条 合同效力和订立数量

本合同内，空格部分填写的文字，其效力优于印刷文字的效力。本合同所称"日"，均指工作日。

本合同经双方当事人签字、盖章后生效；本合同一式三份，由甲方、乙方、二手车交易市场各执一份，均具有同等的法律效力。

```
甲方：出售方（名称）_____
法定代表人/自然人：_____
经办人：（签章）_____
开户银行：_____
账号：_____
乙方：购车方（名称）_____
法定代表人/自然人：（签章）_____
经办人：（签章）_____
开户银行：_____
账号：_____
```

二、二手车居间合同

1. 二手车居间合同的含义

二手车居间是指居间方向委托人报告订立二手车交易合同的机会或者提供订立合同的媒介服务，委托人支付佣金的经营行为。

二手车居间合同是指拥有二手车中介交易资质的二手车经纪公司与委托人相互之间为实现二手车交易的目的，明确相互权利、义务关系所订立的协议。

2. 二手车居间合同的主体

二手车居间合同的主体由三方当事人，即出让人（出售方）、受让人（购车方）和中介人（居间方）构成。

1) 出让人（出售方）。有意向出让二手车合法产权的法人或其他组织、自然人，即委托居间方出售二手车的当事人。

2) 受让人（购车方）。有意向受让二手车合法产权的法人或其他组织、自然人，即委托居间方买入二手车的当事人。

3) 中介人（居间方）。为出让人（出售方）提供居间服务，合法拥有二手车中介交易资质的二手车经纪公司。

3. 二手车居间合同的主要条款

1) 出让人（出售方）的基本情况包括单位代码、经办人或自然人的姓名、经办人或自然人的身份证号码、单位地址或自然人住址、联系电话等内容。

2) 受让人（购车方）的基本情况包括单位代码、经办人或自然人的姓名、经办人或自然人的身份证号码、单位地址或自然人住址、联系电话等内容。

3) 出售车辆的基本情况如下：

①车辆的名称、型号、生产厂家、出厂日期、颜色、初次注册登记日期、行驶里程、

登记证号、发动机号、车架号等。

②机动车来历凭证、机动车行驶证、机动车登记证书、机动车号牌、道路运输证、机动车安全技术检验合格标志等法定证件。

③车辆购置税完税证明、养路费缴付凭证（2009 年由燃油附加税代替，故 2009 年后不再有养路费交付凭证）、车船使用税缴付凭证、车辆保险单等税费凭证证明。

4）车辆价款。

5）付款及交付、过户。

6）佣金标准、数额、收取方式，退赔。

7）出让人（出售方）的权利和义务。

8）受让人（购车方）的权利和义务。

9）中介人（居间方）的权利和义务。

10）合同在履行中的变更及处理如下：

①违约责任。

②风险承担。

③其他规定。

④发生争议的解决办法。

⑤合同效力和订立数量。

4. 注意事项

①接受委托从事二手车居间业务的组织以及提供服务的人员应具备从事二手车经纪活动资格。不具备资格和条件的，不得与委托人订立居间合同。委托人在委托有关二手车事务前，应查验接受委托业务的二手车经纪组织（居间方）的营业执照、备案证书以及提供服务执业经纪人的执业证书，二手车经纪人应予以配合。

②订立二手车居间合同前，委托出售方应充分了解居间方提供居间服务的有关服务范围和内容，以及承诺的事项是否符合自己的需要；并仔细阅读居间方提供的书面告知资料及向居间方真实告知委托二手车的情况，委托购车方应当仔细查验居间方提供的二手车车况、有关车辆的证件及了解各项服务内容。

③当订立二手车居间合同时，委托人应当明确委托事项，详细了解与核对合同的条款、履行合同的时间、支付佣金的方式和数额、发生违约的退赔与补偿、发生争议的解决方法等，对居间方提供的咨询以及协商订立合同时发生的疑问，可以向工商行政管理部门、公安车辆管理部门或二手车交易市场征询成核查。在合同约定或履行中，三方未尽事宜可通过"补充条款"予以补充约定。

④合同限行期间发生争议的，可通过协商解决争议；协商不成的，应按照合同约定的方式解决。

5. 二手车居间合同格式

二手车居间合同

合同编号：_____

签订时间：_____年_____月_____日

委托出售方（简称甲方）：_____

居间方：_____

委托购车方（简称乙方）：_____

第一条 目的

依据国家有关法律、法规和本市有关规定，三方在自愿、平等和协商一致的基础上，就居间方接受甲、乙双方的委托，促成甲、乙双方二手车交易，并完成其他委托的服务事项达成一致，订立本合同。

第二条 当事人及车辆情况

一、甲方基本情况

（1）单位代码证号□□□□□□□□□□，经办人_____，

身份证号码□□□□□□□□□□□□□□□□□□，

单位地址：_____，联系电话_____。

（2）自然人身份证号码□□□□□□□□□□□□□□□□□□，

现常住地址：_____，联系电话：_____。

二、乙方基本情况

（1）单位代码证号□□□□□□□□□□，经办人_____，

身份证号码□□□□□□□□□□□□□□□□□□，

现常住地址：_____，联系电话_____。

（2）自然人身份证号码□□□□□□□□□□□□□□□□□□，

现常住地址：_____，联系电话：_____。

三、出售车辆基本情况

车辆牌号_____，车辆类别_____。

颜色_____，厂牌型号_____。

初次登记时间_____，登记证号_____。

车架号码_____，发动机号码_____。

行驶里程_____km，允许使用年限至___年___月___日，

车辆年检签证有效期至___年___月，

车辆购置费完税缴纳证号_____/免税缴纳（有证/无证），

车辆保险险种：1. _____ 2. _____ 3. _____

4. _____。

保险有效期截止日期：____年____月____日；

配置：_____。

其他情况：_____。

第三条　车辆价款

经协商一致，本车价款定为人民币_____元（大写：_____元），上述价款包括车辆和备胎等附件。

过户手续费为人民币_____元（大写：_____元），由_____方负责。

第四条　付款及交付、过户

1. 乙方于合同签订后当日/_____日内支付价款____%（人民币_____元，大写：_____元）作为定金支付给甲方，支付方式：（现金/指定账户）。

2. 甲方于合同签订当日/_____日内，将本车（过户/转籍）所需的有关证件原件及复印件交付给_____方，由_____方负责办理（过户/转籍）手续。

3. 乙方于（过户/转籍）事项完成后当日/_____日内向甲方支付剩余价款（人民币_____元，大写：_____元），支付方式：（现金/指定账户）。

第五条　佣金标准、数额、收取方式和退赔

（一）居间方已完成本合同约定的委托人甲方委托的事项，委托人甲方按照下列第____种方式计算支付佣金（任选一种）：

1. 按照该二手车成交价____的____%，具体数额为人民币____元作为佣金支付给居间方。

2. 按双方约定，佣金为人民币____元，支付给居间方。

（二）居间方已完成本合同约定的委托人乙方委托的事项，委托人乙方按照下列第____种方式计算支付佣金（任选一种）：

1. 按照该二手车成交价____的____%，具体数额为人民币____元作为佣金支付给居间方。

2. 按双方约定，佣金为人民币____元，支付给居间方。

（三）居间方未完成本合同委托事项的，按照下列约定退还佣金：

1. 居间方未完成委托人甲方委托的事项，将本合同约定收取佣金的____%，具体数额为人民币____元退还给委托人甲方，已发生费用由居间方承担。

2. 居间方未完成委托人乙方委托的事项，将本合同约定收取佣金的____%，具体数额为人民币____元退还给委托人乙方，已发生费用由居间方承担。

第六条　甲方的权利和义务

甲方承诺车辆出让时不存在任何权属上的法律问题和各类尚未处理完毕的交通违章记录，所提供的证件、证明均真实、有效，无伪造情况；否则，致使出让车辆不能过户和转籍的，乙方有权单方解除本合同或终止本合同的履行，甲方应接受退回的车辆，全额退回车款，向居间方支付佣金和实际发生的费用，并承担赔偿责任。

本合同有效期内，甲方委托出让的车辆根据本合同约定将本车存放在指定的地点，并按规定支付停车费，因保管不善造成车辆毁损和灭失的，由责任方承担赔偿责任。

甲方不提供相关文件和证明，或未按本合同第六条的约定将本车存放于指定地点，除非有正当理由或不可抗力，否则乙方有权终止本合同并要求双倍返还定金。

第七条　乙方的权利和义务

本合同签订后，乙方应向居间方预付定金（人民币____元，大写：____元）。

乙方履行合同后，定金抵作乙方应当支付给居间方的佣金。如乙方违约，乙方无权要求返还定金并支付实际发生的费用；如居间方违约，应当双倍返还定金。

乙方如未按本合同规定的时间支付定金，甲方有权单方解除本合同，并要求乙方赔偿相应的经济损失。

乙方如拒绝接受甲方提供的文件和证明，除非有正当理由或不可抗力，否则甲方可单方终止本合同，并不返还定金。

乙方如在收取有关文件、证明后____日内未办理（过户/转籍）手续或由于乙方的过失导致（过户/转籍）手续不能办理或不能在合理期限内完成（双方约定该合理期限为收取文件、证明后____日内），除非有正当理由或不可抗力，否则甲方可单方终止本合同，并不返还定金，已经发生的费用应由乙方承担。

第八条　居间方的权利和义务

居间方应向甲、乙双方出示营业执照等有效证件。

居间方的执业经纪人应向甲、乙双方出示经纪执业证书，并应亲自处理委托事务，未经甲、乙双方同意，不得转委托。

居间方应按照甲、乙双方的要求处理委托事务，报告委托事务处理情况，为甲、乙双方保守商业秘密。

居间方应按约定或依规定收取甲、乙双方支付的款项并开具收款凭证。

居间方不得采取胁迫、欺诈、贿赂和恶意串通等手段，促成交易。

居间方不得伪造、涂改买卖交易文件、证明和凭证。

第九条　合同在履行中的变更及处理

本合同在履行期间，任何一方要求变更合同条款的，应及时书面通知相对方，并征得相对方的同意后，在约定的时限____天内，签订补充条款，注明变更事项。未书面告知相对方和征得对方同意，擅自变更造成的经济损失，由责任方承担。

本合同履行期间，三方因履行本合同而签署的补充协议及其他书面文件，均为本合同不可分割的一部分，具有同等效力。

第十条　违约责任

1. 三方商定，居间方有下列情况之一的，应承担违约责任：
   （1）无正当理由解除合同的。
   （2）与他人私下串通，损害委托人甲、乙双方利益的。

（3）其他过失影响委托人甲、乙双方交易的。

2. 三方商定，委托人甲、乙双方有下列情况之一的，应承担违约责任：

（1）无正当理由解除合同的。

（2）未能按照合同提供必要的文件、证明和配合，造成居间方无法履行合同的。

（3）相互或与他人私下串通，损害居间方利益的。

（4）其他造成居间方无法完成委托事项的行为。

3. 三方商定，发生上述违约行为的，按照合同约定佣金总数的____%，计人民币违约金_____支付给各守约方。违约方给各守约方造成的其他经济损失，由守约方按照法律、法规的有关规定追偿。

第十一条　风险承担

本车在过户和转籍手续完成前由甲方作为所有人承担一切风险责任，本车在过户和转籍手续完成后乙方作为所有人承担一切风险责任。

第十二条　其他规定

本合同未约定的事项，按照《中华人民共和国合同法》以及有关法律、法规的规定执行。

第十三条　发生争议的解决办法

三方在履行本合同过程中发生争议，由三方协商解决；协商不成的，提请二手车交易市场和二手车交易管理协会调解。调解成功的，三方应当履行调解协议；调解不成的，按本合同约定的下列第____项进行解决：

1. 向仲裁委员会申请仲裁。

2. 向法院提起诉讼。

第十四条　合同效力和订立数量

本合同内，空格部分填写的文字，其效力优于印刷文字的效力。本合同所称"日"，均指工作日。

本合同经三方当事人签字、盖章后生效；本合同一式四份，由甲方、乙方、居间方、二手车交易市场各执一份，均具有同等的法律效力。

委托出售方（甲方）：_____

法定代表人/自然人：（签章）_____

经办人：（签章）_____

开户银行：_____

账号：_____

居间方（名称）：_____

营业执照注册号：_____

法定代表人：（签章）_____

执业经纪人：（签章）_____

　　　　执业经纪证书：（编号）_____
　　　　开户银行：_____
　　　　账号：_____
　　　　委托购车方（乙方）：_____
　　　　法定代表人/自然人：（签章）_____
　　　　经办人：（签章）_____
　　　　开户银行：_____
　　　　账号：_____

三、机动车过户

机动车过户是指已注册登记机动车辆的所有权发生转移，且原机动车辆所有人和现机动车辆所有人的住所在车辆管理所同一管辖区的，现机动车所有人应当于车辆所有权转移之日起30日内，到机动车辆管辖地车辆管理所申请办理过户登记手续。

（1）机动车过户所需的材料　机动车过户登记所需的主要证明材料如下：

1）机动车转移登记申请表（表格内容用钢笔或签字笔填写，不得涂改）。

2）机动车登记证书。

3）机动车行驶证。

4）交验机动车。

5）机动车所有人的身份证明原件和复印件。

6）机动车所有权转移的证明和凭证。

7）委托代理人办理，还应提交代理人身份证明原件及复印件，并且在"机动车转移登记申请表"上与机动车所有人共同签字。

8）属于海关解除监管的机动车，还应提交海关出具的"中华人民共和国海关监管车辆解除监管证明书"。

9）超过检验有效期的机动车，应当进行安全技术检验。

10）提供一张符合要求的车辆照片。

特殊情况还需提供如下材料：

①需现机动车所有人提交购置税税单的情况如下：

a. 香港和澳门特别行政区的居民、台湾居民的"Z"字号牌车辆和外国人的外籍号牌车辆及使领馆号牌车辆办理转移登记的。

b. 公务车自初次登记之日起未满三年办理转移登记的。

c. 留学回国人员和特批的自备车和摩托车，自初次登记之日起未满五年办理转移登记的。

d. 单位车辆自初次登记之日起未满两年办理转移登记给个人的。

②部队改挂车辆办理转移登记，由档案管理科经办人审核相关资料无误后，计算机

操作人员在计算机中消除"不准过户"信息，并分别在"机动车转移登记申请表"上方签注意见并盖章。再到机动车管理科检验岗确认车辆、二手车交易市场交易，凭相关资料到机动车管理科在用车受理窗口办理转移登记，经计算机选号后核发新号牌，相关资料存档。

③特种车、施工车、环卫车和邮电车办理转移登记需经综合科审批，教练车办理转移登记时需驾驶人管理科审批。

（2）过户登记注意事项　现机动车辆所有人的姓名或者单位名称、身份证号码或者单位代码、过户登记的日期、其他事项与注册登记时的基本相同。需要特别注意的是，并不是所有机动车都能办理过户手续。车辆有下列情形之一的，不予办理过户手续：

1）已经达到国家《机动车强制报废标准规定》以及各地制定的有关报废规定、报废标准的机动车，或者属于利用报废车辆的零部件拼（组）装的车辆。

2）机动车与该车档案记载的事项不一致的。

3）机动车未解除海关监管的。

4）机动车办理了抵押登记的。

5）机动车或者机动车档案被人民法院、人民检察院和行政执法部门依法查封扣押的。

6）机动车所有人提交的资料是无效的。

7）机动车所有人的身份证明记载的姓名或者单位名称与机动车来历凭证记载的姓名或者单位名称不一致的。

8）机动车所有人的机动车来历凭证（海关监管车辆除外）、车辆购置税的完税证明或者免税证明记载的内容与机动车不一致的。

9）机动车所有人的住所不在车辆管理所管辖区内的。

10）机动车环保或安全检验不符合强制性国家标准规定的。

11）机动车属于被盗抢的。

四、机动车变更登记

机动车变更登记是指机动车辆注册登记之后，如果车主改变了姓名或住址，需向车辆管理所申请变更登记，并在机动车登记证书上记载变更登记事项，交回原机动车行驶证，领取重新核发的机动车行驶证。

1）需要变更登记的事项。如果车主想改变车身颜色或者更换发动机等，应首先向车辆管理所提出变更申请，得到批准并完成变更后，再向车辆管理所申请变更登记，并在机动车登记证书上记载变更登记事项，交回原机动车行驶证，领取重新核发的机动车行驶证。机动车变更登记不仅是车主的义务，也是此后作为二手车交易时所必需的，否则将无法顺利办理过户手续。有下列情形之一的，应当申请变更登记：

①机动车所有人更改姓名、单位名称或者身份证明号码的。

②机动车所有人住所在本市范围内改变的。

③改变车身颜色的。

④更换发动机或者改变燃料种类的。

⑤因故损坏无法修复需要更换同型号车身或者车架的。

⑥因质量问题,制造厂家给机动车所有人更换整车或者更换同型号发动机、车身和车架的。

2)变更登记所需材料。机动车变更登记需要提交以下资料并交验机动车:

①"机动车变更登记/备案申请表"原件。

②机动车所有人的身份证明原件和复印件。

③机动车登记证书。

④机动车行驶证。

⑤VIN(车架号)、发动机号码拓印膜。

⑥机动车照片。

⑦如需委托他人办理的,应提交委托书及代理人身份证明原件和复印件。

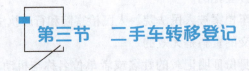

第三节 二手车转移登记

一、机动车转出和转入登记

1. 机动车转出登记

机动车转出登记是指已注册登记机动车所有人的住所迁出原车辆管理所管辖区的,或者机动车所有权发生转移且现机动车所有人的住所不在原车辆管理所管辖区的,现机动车所有人于住所迁出或者机动车所有权转移之日起 30 日内,向机动车管辖地车辆管理所申请办理转出登记手续。

2. 办理转出登记所需材料

现车主在规定的时间内,持以下资料,向原二手车管辖地车辆管理所申请转出登记,并交验与车辆相关的以下资料:

①机动车转移登记申请表。

②现车主的身份证明。

③机动车登记证书(原件)。

④机动车来历凭证(二手车销售发票注册登记联原件)。

⑤若属于解除海关监管的机动车,应当提交监管海关出具的"中华人民共和国海关监管车辆解除监管证明书"。

⑥交回机动车号牌和机动车行驶证。

3. 机动车转入登记

机动车转入登记是指已注册登记机动车所有人的住所迁入一个新的车辆管理所管辖区，且在原车辆管理所已办理转出登记的，或者机动车所有权发生转移，且现机动车所有人的住所不在原车辆管理所管辖区，并已在原车辆管理所办理了转出登记，机动车所有人应当自办结转出登记之日起90日内，向机动车管辖地车辆管理所申请转入登记。在二手车的异地交易业务中，都需办理二手车的转入登记手续。

办理转入登记的机动车需符合转入地的环保规定，这一点对于从环保要求较低的地区向环保要求高的中心城市转入时的二手车交易要特别注意。转入登记事项除了有关保险的内容外，其他内容都与转出登记时相同。

4. 办理转入登记所需材料

已办理转出登记的机动车，机动车所有人应当自办结转出登记之日起90日内，填写"机动车过户、转出、转入登记申请表"，持下列资料，向转入地车辆管理所申请登记，并交验车辆。

1）个人车辆转入登记所需材料如下：

①机动车档案。

②机动车登记证书。

③身份证明。

常住人口："居民身份证"或"居民户口簿"。

暂住人口："居民身份证"和有效期一年以上的"暂住证"（暂住人口只能购买9座以下的小客车、轿车和摩托车）。

军人：军人身份证件和团以上单位出具的本人住所地址的证明（军人只能购买9座以下的小客车、轿车和摩托车）。

香港和澳门特别行政区的居民、台湾居民、外国人：公安机关核发的居留证件。

④填写或打印的"机动车注册登记/转入申请表"（车主可从网上直接填写打印，也可打印空白表格，手工填写，填写时只准采用蓝、黑钢笔或碳素笔）。

2）单位车辆转入登记所需材料如下：

①机动车档案。

②机动车登记证书。

③身份证明："组织机构代码证书"和经办人的"居民身份证"。

④省政府采购车辆统一购置单（仅限于国家机关、实行预算管理的事业单位和社会团体，其他单位不必办理，地点：各市财政局政府采购中心）。

⑤填写或打印的"机动车注册登记/转入申请表"。

具体办理流程与新车注册登记相似。

在办理转出和转入登记手续时，机动车应在环保和安全检验合格有效期内。在二手车的异地交易业务中，都会涉及二手车的转出、转入登记，登记事项包括机动车获得方式，机动车来历凭证的名称、编号和进口机动车进口凭证的名称、编号，机动车销售单位或者交易市场的名称和机动车销售价格等。

二、机动车抵押登记

1）机动车抵押登记的含义。机动车抵押登记是指机动车所有人作为抵押人，将机动车作为抵押物，并与抵押权人一起到车辆管理所或车管分所办理抵押登记。

2）机动车抵押登记申报材料。如果在办结注册登记后办理抵押登记的，需在办理注册登记的车辆管理所办理抵押登记手续，提交的材料如下：

①机动车抵押/质押备案申请表。
②抵押人（机动车所有人）和抵押权人的身份证明。
③机动车所有人和抵押权人依法订立的主合同和抵押合同。
④机动车登记证书。

3）机动车抵押登记注意事项。《机动车登记规定》第九条规定有以下情形之一的不予办理抵押登记：

①机动车所有人提交的证明和凭证是无效的。
②机动车来历证明被涂改或者机动车来历证明记载的机动车所有人与身份证明不符的。
③机动车所有人提交的证明和凭证与机动车不符的。
④机动车未经国务院机动车产品主管部门许可生产或者未经国家进口机动车主管部门许可进口的。
⑤机动车的有关技术数据与国务院机动车产品主管部门公告数据不符的。
⑥机动车的型号、发动机号码、VIN或者有关技术数据不符合国家安全技术标准的。
⑦机动车达到国家规定强制报废标准的。
⑧机动车被人民法院、人民检察院和行政执法部门依法查封和扣押的。
⑨机动车属于被盗抢的。
⑩其他不符合法律、行政法规规定的情形。

另外，登记前应要将涉及该车的交通违法行为和交通事故处理完，才可以办理登记手续。

公安车辆管理所办理抵押登记后，向双方当事人发放机动车辆抵押登记证书，抵押合同自登记之日起生效。抵押合同如需变更，双方当事人需在合同变更之日起15日内到公安机关车辆管理所办理变更抵押登记手续。

抵押登记的机动车辆在抵押期间不得改装、改型，确需改装、改型的，经双方协商同意报公安机关车辆管理所批准后，需重新办理抵押登记。

4）解除抵押登记。申请解除抵押登记的，机动车所有人应当填写申请表，由机动车所有人和抵押权人共同申请，并提交下列证明和凭证：

①机动车所有人和抵押权人的身份证明。
②机动车登记证书。

人民法院调解、裁定和判决解除抵押的，机动车所有人或者抵押权人应当填写申请表，提交机动车登记证书、人民法院出具的已经生效的"调解书""裁定书"或者"判决书"，以及相应的"协助执行通知书"。

车辆管理所应当自受理之日起一日内，审查提交的证明和凭证，在机动车登记证书上签注解除抵押登记的内容和日期。

三、机动车注销登记

1. 机动车注销登记的含义

机动车注销登记是指已注册登记的机动车，在达到了国家规定的报废标准、灭失或者因故不在我国境内道路上使用的，机动车所有人到机动车管辖地车辆管理所申请办理注销登记手续。

2. 机动车注销登记的条件

1）已达到国家强制报废标准的机动车，机动车所有人向机动车回收企业交售机动车时，应当填写"机动车注册、转移、注销登记/转入申请表"，提交机动车登记证书、号牌和机动车行驶证。机动车回收企业应当确认机动车并解体，向机动车所有人出具"报废机动车回收证明"。报废的大型客车、载货汽车及其他营运车辆在车辆管理所的监督下解体。机动车回收企业应当在机动车解体后七日内将"机动车注册、转移、注销登记/转入申请表"、机动车登记证书、号牌、机动车行驶证和"报废机动车回收证明"副本提交车辆管理所，申请注销登记。车辆管理所自受理之日起一日内，审查提交的证明和凭证，收回机动车登记证书、号牌和机动车行驶证，出具注销证明。

2）除1）中规定的情形外，机动车有下列情形之一的，机动车所有人应当向登记地车辆管理所申请注销登记：

①机动车灭失的。

②机动车因故不在我国境内使用的。

③因质量问题退车的。已注册登记的机动车有下列情形之一的，登记地车辆管理所应当办理注销登记：

a. 机动车登记被依法撤销的。

b. 达到国家强制报废标准的机动车被依法收缴并强制报废的。属于机动车因故不在我国境内使用的、因质量问题退车的，机动车所有人申请注销登记前，应当将涉及该车的道路交通安全违法行为和交通事故处理完毕。

3）属于机动车灭失的、机动车因故不在我国境内使用的、因质量问题退车的，机动车所有人申请注销登记的，应当填写"机动车注册、转移、注销登记/转入申请表"，并提交以下证明和凭证。

①机动车登记证书。

②机动车行驶证。

③属于机动车灭失的、机动车因故不在我国境内使用的、因质量问题退车的，

还应当提交机动车所有人的身份证明和机动车灭失证明。

④属于机动车因故不在我国境内使用的，还应当提交机动车所有人的身份证明和出境证明，其中属于海关监管的机动车，还应当提交海关出具的"中华人民共和国海关监管车辆进/出境领/销牌照通知书"。

⑤属于因质量问题退车的，还应当提交机动车所有人的身份证明和机动车制造厂或者经销商出具的退车证明。车辆管理所自受理之日起一日内，审查提交的证明和凭证，收回机动车登记证书、号牌和机动车行驶证，出具注销证明。

4）因车辆损坏无法驶回登记地的，机动车所有人可以向车辆所在地机动车回收企业交售报废机动车。交售机动车时应当填写"机动车注册、转移、注销登记/转入申请表"，提交机动车登记证书、号牌和机动车行驶证。机动车回收企业应当确认机动车并解体，向机动车所有人出具"报废机动车回收证明"。报废的大型客车、载货汽车及其他营运车辆应当在报废地车辆管理所的监督下解体。机动车回收企业应当在机动车解体后七日内将申请表、机动车登记证书、号牌、机动车行驶证和"报废机动车回收证明"副本提交报废地车辆管理所，申请注销登记。报废地车辆管理所自受理之日起一日内，审查提交的证明和凭证，收回机动车登记证书、号牌和机动车行驶证，并通过计算机登记系统将机动车报废信息传递给登记地车辆管理所。登记地车辆管理所自接到机动车报废信息之日起一日内办理注销登记，并出具注销证明。

5）已注册登记的机动车有下列情形之一的，车辆管理所公告机动车登记证书、号牌、机动车行驶证作废：

①达到国家强制报废标准，机动车所有人逾期不办理注销登记的。
②机动车登记被依法撤销后，未收缴机动车登记证书、号牌和机动车行驶证的。
③达到国家强制报废标准的机动车被依法收缴并强制报废的。
④机动车所有人办理注销登记时未交回机动车登记证书、号牌和机动车行驶证的。

6）有下列情形之一的，不予办理注销登记：

①机动车所有人提交的证明和凭证是无效的。
②机动车被人民法院、人民检察院和行政执法部门依法查封和扣押的。
③机动车属于被盗抢的。
④机动车与该车档案记载内容不一致的。
⑤机动车在抵押登记和质押备案期间的。

3. 机动车注销登记的申报材料

①"机动车注册、转移、注销登记/转入申请表""机动车查验记录表"。
②机动车所有人的身份证明。

③机动车登记证书、机动车行驶证、机动车号牌。
④"报废机动车回收证明"副本。

机动车灭失的需提供灭失证明；因质量问题退车的，需机动车制造厂或经销商出具退车证明；机动车因故不在我国境内使用的，需提供出境证明；机动车登记被撤销的，需公安机关交通管理部门出具"公安交通管理撤销决定书"；被依法收缴并强制报废的，需机动车被依法收缴的法律文书；机动车在异地报废的，由异地负责报废，并将信息传到登记地车辆管理所，由登记地车辆管理所办理注销登记，出具注销证明。

四、车辆转移登记程序

1. 办理程序

二手车交易像买房子一样属于产权交易范畴，涉及相关的证明文件和必要手续。二手车交易后必须办理相关证明文件的转移登记手续，以完成手续完备的、合法的交易。机动车法定证明是"机动车登记证书""机动车行驶证"和机动车号牌。根据买卖双方的住所是否在同一车辆管理所管辖区内，机动车产权转移登记手续可分为同一车辆管理所管辖区内的所有权转移登记（即同城转移登记）和不同车辆管理所管辖区的所有权转移登记（即异地转移登记）两种登记方式。

二手车同城转移登记手续应当在原车辆注册登记所在地公安机关交通管理部门办理。需要进行异地转移登记的，由车辆原属地公安机关交通管理部门办理车辆迁出手续，在接收地公安机关交通管理部门办理车辆迁入手续。

办理二手车转移登记手续的程序如图6-1所示。

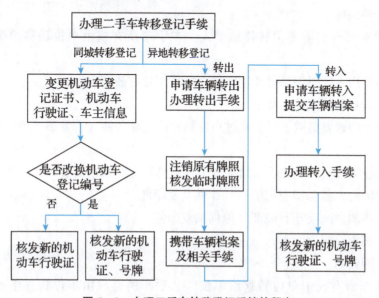

图6-1 办理二手车转移登记手续的程序

2. 二手车办理转移登记所需的手续及证件

二手车在进行同城交易和所有权转移登记时，根据买卖双方身份不同，二手车交易类型不同，办理转移登记时所需的手续和证件也相应不同。

(1) 二手车所有权由个人转移给个人　二手车所有权由个人转移给个人所需证件如下：

①卖方个人身份证原件及复印件。

②买方个人身份证原件及复印件。

③车辆原始购置发票或上次交易过户发票原件及复印件。

④过户车辆的"机动车登记证书"原件及复印件。

⑤过户车辆的"机动车行驶证"原件及复印件。

⑥二手车买卖合同。

⑦外地户口需持暂住证。

⑧过户车辆到场。

(2) 二手车所有权由个人转移给单位　二手车所有权由个人转移给单位所需证件如下：

①卖方个人身份证原件及复印件。

②买方单位法人代码证原件及复印件（需在年检有效期之内）。

③车辆原始购置发票或上次交易过户发票原件及复印件。

④过户车辆的"机动车登记证书"原件及复印件。

⑤过户车辆的"机动车行驶证"原件及复印件。

⑥二手车买卖合同。

⑦过户车辆到场。

(3) 二手车所有权由单位转移给个人　二手车所有权由单位转移给个人所需证件如下：

①卖方单位法人代码证原件及复印件（需在年检有效期之内）。

②买方个人身份证原件及复印件。

③车辆原始购置发票或上次交易过户发票原件及复印件（若发票丢失，则需本单位财务证明信）。

④卖方单位需按实际成交价格给买方个人开具成交发票（需复印）。

⑤过户车辆的"机动车登记证书"原件及复印件。

⑥过户车辆的"机动车行驶证"原件及复印件。

⑦二手车买卖合同。

⑧过户车辆到场。

(4) 二手车所有权由单位转移给单位　二手车所有权由单位转移给单位所需证件如下：

①卖方单位法人代码证原件及复印件（需在年检有效期之内）。
②买方单位法人代码证原件及复印件（需在年检有效期之内）。
③车辆原始购置发票或上次交易过户发票原件及复印件（若发票丢失需本单位财务证明信）。
④卖方单位需按实际成交价格给买方单位开具成交发票（需复印）。
⑤过户车辆的"机动车登记证书"原件及复印件。
⑥过户车辆的"机动车行驶证"原件及复印件。
⑦二手车买卖合同。
⑧过户车辆到场。

第四节 二手车经销

一、二手车收购定价

1. 二手车收购定价的影响因素

（1）车辆的总体价值 二手车收购要充分考虑车辆的总体价值，主要包括车辆实体产品价值和各项手续价值。

1）车辆实体产品价值。除了用鉴定估价的方法评估车辆实体的产品价值外，还应根据经验，结合目前市场行情综合评定。主要评定的项目包括车身外观整齐程度和漆面质量如何等静态检查项目，以及发动机怠速声音和尾气排放情况等动态检查项目。另外，配置、装饰和改装等项目也很重要，包括有无 GPS、ABS、助力装置、真皮座椅、电动门窗、中控防盗锁和 CD 音响等；有效的改装包括动力改装、悬架系统改装、音响改装、座椅及车内装饰改装等。

2）各项手续价值。主要包括机动车登记证书、原始购车发票或交易过户发票、机动车行驶证、购置税本、车船使用税证明和车辆保险合同等。如果想收购车辆的证件和规费凭证不全，就会影响收购价格，因为代办手续不但要耗费人工成本，而且可能造成转籍过户中意想不到的麻烦和带来许多难以解决的后续问题。

（2）二手车收购后应支出的费用 二手车收购除了支付车辆产品的货币以外，从收购到售出的期间内，还要支出的费用有保险费、日常维护费、停车费、收购支出的货币利息和其他管理费等。

（3）市场宏观环境的变化 二手车收购要关注国家的宏观政策、国家和地方法规条例的变化因素以及这些影响导致的车辆经济性贬值。

例如，从 2015 年 11 月 15 日起，济南市开始根据环保标志对不符合环保要求的机动车（俗称为黄标车）进行限行。未持有环保检验合格标志的汽车将全天 24h 禁止在市内五区、长清区、章丘区、平阴县、济阳县和商河县规定区域内通行，自 2016 年 1 月 1 日起，全市区域内全天禁止黄标车通行。对黄标车闯禁行交通违法行为给予罚款 200 元，驾驶人记 3 分的处罚。

据了解，2015 年济南市黄标车有 37019 辆，在全面限行后，这些黄标车也必将要重新找出路。汽车专业人士分析表示"在这样的情况下，黄标车要想在济南的二手车市场里以比较理想的价格出售是不可能的事情，除非是个别二手车商将这些黄标车购入，然后卖到外地去。"

所以，黄标车禁行后，这些车将加速贬值，也将加速黄标车退出济南市场。

（4）市场微观环境的变化　这里的市场微观环境主要指新车价格的变动以及新车型的上市对收购价格的影响，如新上市的轿车降价后，二手车的保值率就降低了，贬值后收购价格自然也会降低。另外，新款车型问世也会挤压旧车型，"老面孔"身价自然受影响。

（5）经营的需要　二手车经营者为了稳定经营，应根据本公司库存车辆的多少提高或降低收购价格，如本期库存车辆减少、货源紧张时，可以适当提高车辆收购价格，以补充货源，保证库存的稳定；反之，当库存车辆较多时，则应降低收购价格。另外一种情况是，如果某一畅销车型出现断档，则该车型的收购价格必定提高。如某公司本期二手桑塔纳轿车销售一空，为了保证货源供应，该公司会马上提高桑塔纳车型的收购价格；反之，如果某公司本期二手桑塔纳轿车销路不畅，库存积压严重，那么应降低桑塔纳轿车的收购价格，同时库存桑塔纳轿车的销售价格也会降低。

（6）品牌知名度和维修服务条件　对不同品牌的二手车，由于其品牌知名度和售后服务的质量不同，也会影响到收购价格的制订，如一汽、上汽、东风和广本等汽车企业，都是我国颇具实力的企业，其产品具有很高的品牌知名度，技术相对成熟，售后服务体系也健全，二手车收购定价可以适当提高。

2. 二手车收购定价的方法

二手车收购价格的确定是根据其特定的目的，在二手车鉴定估价的基础上，充分考虑市场的供求关系，对评估的价格做快速变现的特殊处理。按不同的原则，一般有以下几种方法：

1）以现行市价法、重置成本法的方法确定收购价格。由现行市价法、重置成本法对二手车进行鉴定估算产生的客观价格，再根据快速变现原则，估定一个折扣率并以此确定二手车收购价格。如运用重置成本法估算某机动车辆价值为 10 万元，据市场销售调查得知，估定折扣率为 20% 可出售，则该车辆收购价格为 8 万元。

2）以清算价格的方法确定收购价格。清算价格的特点是企业（或个人）由于破产或其他原因，想在一定的期限内（在企业清算之日）将车辆卖出，实现迅速变现。具体来说主要根据二手车技术状况，运用现行市价法估算其正常价值，再根据处置情况和变现要求，乘以一个折扣率，最后确定收购价格。

以清算价格的方法确定收购价格，由于顾客要求快速转卖变现，因此收购估价可以大大低于二手车市场成交的同类型车辆的公平市价，一般来说也低于车辆现时状态客观存在的价格。

3）以快速折旧的方法确定收购价格。根据二手车的价值，计算折旧额来确定收购价格。年折旧额的计算方法建议采用年份数求和法和双倍余额递减折旧法两种方法。

3. 二手车收购价格的计算

二手车收购价格的计算是指在被收购车辆手续齐全的前提下对车辆实体价格的确定。如果所缺失的手续能以货币支出补办，则收购价格应扣除补办手续的货币支出、时间和精力的成本支出，具体可以采用以下几种方法：

①运用重置成本法对二手车进行鉴定估价，然后根据快速变现的原则，估定一个折扣率，将被收购车辆的估算价格乘以折扣率，即得二手车的收购价格，用数学式表示为

$$收购价格 = 评估价格 \times 折扣率$$

②运用现行市价法对二手车确定评估价格，再根据折旧率计算收购价格，表达式同运用重置成本法的收购价格表达式。

折扣率是指车辆能够当即出售的清算价格与现行市场价格的比值。折扣率的确定是经营者对市场销售情况的充分调查和了解凭经验估算的。

③运用快速折旧法。首先计算出二手车已使用年数累计折旧额，然后，将重置成本全价减去累计折旧额，再减去车辆需要维修换件的总费用，即得二手车收购价格，用数学式表达为

$$收购价格 = 重置成本全价 - 累计折旧额维修费用$$

重置成本全价一律采用我国现行的新车市场价格。

累计折旧额的计算方法：先用年份数求和法或余额递减折旧法计算出年折旧额后，再将已使用年限内各年的折旧额汇总累加，即得累计折旧额。

维修费用是指车辆现时状态下，某项功能完全丧失，需要维修和换件的费用总支出。

在快速折旧计算时，机动车原值一般取机动车的重置成本全价，而不采用机动车账面原值。

4. 二手车收购的相关法律规定

《二手车交易规范》第十三条规定，二手车经销企业在收购车辆时，应按下列要求进行：

1）确认卖方的身份及车辆的合法性。

①卖方身份证明或者机构代码证书原件合法、有效。

②车辆号牌、机动车登记证书、机动车行驶证、机动车安全技术检验合格标志真实、合法、有效。

交易车辆不属于《二手车流通管理办法》第二十三条规定禁止交易的车辆。

2）核实卖方的所有权或处置权证明。

①机动车登记证书、机动车行驶证与卖方身份证明名称一致；国家机关、国有企事业

单位出售的车辆，应附有资产处理证明。

②委托出售的车辆，卖方应提供车主授权委托书和身份证明。

③二手车经销企业销售的车辆，应具有车辆收购合同等能够证明经销企业拥有该车所有权或处置权的相关材料，以及原车主身份证明复印件。原车主名称应与机动车登记证书和机动车行驶证名称一致。

3）与卖方商定收购价格。如对车辆技术状况及价格存有异议，经双方商定可委托二手车鉴定评估机构对车辆技术状况及价值进行鉴定评估。

4）签订合同。达成车辆收购意向的，签订收购合同，收购合同中应明确收购方享有车辆的处置权。

5）付款。按收购合同向卖方支付车款。

5. 二手车收购中的风险分析与防范

在二手车收购的过程中，二手车市场交易环境的变化有可能产生机会，也有可能带来风险。风险是指由于客观环境的变化带来损失，从而难以实现某种目的的可能性。二手车收购中的风险是指由于二手车收购环境的变化，给二手车的销售带来的各种损失。所以，二手车流通企业的生存与发展，必须加强收购活动中的风险管控，能否获得期望利润，关键在于能否有效地控制和降低风险损失。

由于二手车收购价格的某些不可预见的因素，收购过程比销售过程的风险更大，对企业或个人造成的潜在损失也更大。因此，如何有效地将收购风险控制在一定的范围内，善于分析研究环境变化可能带来的风险，发现并及时规避风险，对于降低收购成本、提高企业的利润、最大限度地减小可能遭受的损失具有重大意义。

二手车收购的环境变化是绝对的、必然的，收购风险也是经常发生的。收购风险不可能完全避免，只能掌握战胜风险的策略和技巧，把风险变为机会，实现成功的转化，总体原则如下：

①要提高识别二手车收购风险的能力。应随时收集、分析并研究市场环境变化的资料和信息，判断收购风险发生的可能性，积累经验，培养并增强对二手车收购风险的敏感性，及时发现或预测收购风险。

②要提高风险的防范能力，尽可能规避风险。可通过预测风险，从而尽早采取防范措施来规避风险，在二手车收购工作中，每个环节都要谨慎，最大限度地杜绝二手车收购风险的发生。

③在无法避免的情况下，要提高处理二手车收购风险的能力，尽可能最大限度地减小损失，并防止引发其他负面效应和有可能派生出来的消极影响。

在二手车收购中的风险防范上，具体可以从以下几个方面考虑影响二手车收购中的风险因素及其相应的防范措施：

（1）新车型的影响　相对老车型来说，新车型应用了大量的新技术，新车型技术含量的提高使老车型相对贬值甚至被淘汰。从我国市场看，近几年新车型投放明显加快，技术含量和配置也越来越高，如助力转向、安全气囊、ABS + EBD、电子防盗、CD 音响等都已成了标准装备。以一汽捷达和上汽桑塔纳为例，两者在我国生产 30 多年来经历了多次改款，虽然生产平台未变，但是早期的捷达和桑塔纳与现在的新款车型在外观和配置上已不可同日而语。因此，二手车市场在收购二手车时应以最新款车型的技术装备和价格来作为参照，否则会给二手车收购带来较大的风险。

（2）车市频繁降价的影响　在新车市场频繁降价、促销活动众多的环境下，二手车经销公司面临着很大的风险，如出现损失只能自己承担。所以，在二手车收购过程中都是以某一款车目前新车市场的开票价格来计算折旧，而不会去考虑消费者买车时的价格。如果某一款车最近有降价的可能，二手车经销公司要考虑新车降价所带来的风险，开价往往要比正常的收购价还要低一些。如果某一款车刚降价，那么收购价就会稳定一段时期，为了减少新车频繁降价带来的风险，规范市场、稳定价格成为当务之急。另外通过二手车代卖的方式，一方面可从中收取一定的手续费，另一方面可以降低风险。

（3）折旧加快的影响　从实际行情看，使用期限在 3 年以内的车辆折旧最高，使用 3 年的车辆要折旧到 40% ~ 50%，其后的几年进入一个相对稳定的低折旧期，接近 10 年折旧又开始加快。所以，3 年以内的车要收购，收购定价要考虑车辆的大幅折旧因素的影响。

（4）尾气排放标准提高的影响　尾气排放标准提高也加速了在用车辆的折旧和淘汰。全国各地越来越严格的尾气排放标准将使老旧车型加速淘汰。因此，在确定二手车收购价格时应考虑车辆排放标准提高对老旧车型的影响。

（5）车况好坏的影响　有的车虽然行驶里程不长，但是由于保养维护差，机件的磨损却很严重，操作起来感觉很差。而有的车行驶里程较长，发动机的状况却依然良好，各机件操作顺畅。这些车辆技术状况的差异自然会影响到二手车的收购价格。

（6）品牌知名度的影响　知名品牌的汽车因其市场保有量大、质量可靠甚至保值率高而深受消费者的青睐。这些品牌的汽车在新车市场售价较为稳定，口碑好，所以在二手车市场认同率较高，贬值的程度相对来说要低一些。而一些知名度不高的品牌车辆市场的认同率低，贬值的程度也就相对较高，在确定二手车的收购价格时，应予以考虑。

（7）库存的影响　若二手车市场交易活跃，销售顺畅，求大于供，二手车经纪公司的库存急剧减少，商家们为了保持正常的经营运转，维持一定的库存，可适当抬高一些收购价格；反之在二手车市场销售低迷时，商家们的库存增加，供大于求，流通不畅，商家的主要矛盾是消化库存，这个时期应压低收购价格，规避由于库存增加而带来的风险。

（8）二手车收购合法性的影响　二手车的收购要防止收购盗抢车和伪劣拼装车，要防止收购那些伪造手续凭证、伪造车辆档案的车辆。一旦有所失误，不仅给公司造成直接经济损失，更重要的是造成社会的不良影响，从而损害共同的公众形象。

（9）宏观环境的影响　要密切关注国家有关二手车交易的政策与法规的变化，做到未雨绸缪。要能够根据已有的和即将颁布的国家有关二手车交易的政策与法规预测二手车价格的市场可能走势，及时调整二手车的收购价格，确保二手车的收购风险降到最低。

二、二手车销售定价

1. 二手车销售定价的影响因素

（1）成本因素　产品成本是定价的基础和最低界限，二手车的销售价格如果不能保证成本，企业的经营活动就难以维持。二手车流通企业销售定价应分析价格、需求量、成本、销量和利润之间的关系，正确地估算成本，并以此作为定价的依据。二手车销售定价时应考虑收购车辆的总成本费用，<u>总成本费用由固定成本费用和变动成本费用之和构成。</u>

1）固定成本费用。固定成本费用是指在既定的经营目标内，不随收购车辆的不同而变动的成本费用。如分摊在这一经营项目的固定资产的折旧和管理费等项支出。

2）固定成本费用摊销率。固定成本费用摊销率是指单位收购价值所包含的固定成本费用，即固定成本费用与收购车辆总价值之比。如某企业根据经营目标，预计某年度收购100万元的车辆价值，分摊固定成本费用1万元，则单位固定成本费用摊销率为1%。如花费5万元收购一辆旧桑塔纳轿车，则应该将500元（即5万的1%）计入固定成本费用。

3）变动成本费用。变动成本费用指随收购价格和其他费用而相应变动的费用。主要包括车辆实体的价格、运输费、保险费、日常维护费、维修翻新费和资金占用的利息等。

由上面成本分析可知，一辆二手车收购的总成本费用是这辆车应分摊的固定成本费用与变动成本费用之和，用数学式表达为

某二手车的总成本费用 = 收购价格 × 固定成本费用摊销率 + 变动成本费用

（2）供求关系　在市场经济中，产品的价格由买卖双方的相互作用来决定，以市场供求为前提，决定价格的基本因素有两个，即市场供给与市场需求。若市场需求大于市场供给（特别是供不应求），价格就会上升；若市场需求小于市场供给（特别是市场积压现象），价格就会下降。市场的一切交易活动和价格的变动能受这一定律的支配，这就是供求规律或称为供求法则，它是市场价格变化的基本规律。供求关系表明价格只能围绕价值上下波动，而价值仍然是确定价格水平及其变动的决定性因素。企业在定价决策时，除以产品价值为基础外，还可以自觉运用供求关系来分析和制订产品的价格。

价格在受供求影响而有规律性的变动过程中，不同商品的变动幅度是不一样的。因此，在销售定价时还要考虑需求的价格弹性。所谓需求的价格弹性，是指因价格变动而引起的需求相应的变动率，它反映需求变动对价格变动的敏感程度。按照西方经济学理论，当某种产品需求弹性较小时（需求对价格不敏感），可以通过提高价格增加企业利润；反之，当产品需求富有弹性时（需求对价格敏感），企业可以通过降低价格从而扩大销量来增加企业利润，同时还能起到打击竞争对手，提高自己产品市场占有率的作用。

对于二手车来说，其需求弹性较强，即二手车价格的上升（或下降）会引起需求量较大幅度减少（增加）。因此，在给二手车进行销售定价时，应该把价格定得低一些，以薄利多销达到增加盈利、服务顾客的目的。

（3）竞争状况　在产品供不应求时，企业可以自由选择定价方式。而在供大于求时，竞争必然随之加剧，定价方式的选择只能被动地根据市场竞争的需要来进行。为了稳定维

持自己的市场份额，二手车的销售定价要考虑本地区同行业竞争对手的价格状况，根据自己的市场地位和定价的目标，选择与竞争对手相同的价格，甚至低于竞争对手的价格。

（4）国家政策法令　任何国家对物价都有适度的管理，所不同的是，各个国家和地区对价格的控制程度、范围和方式等存在着一定的差异，绝对放开和绝对控制的情况是没有的。一般而言，国家可以通过物价部门直接对企业定价进行干预，也可以用一些财政和税收手段对企业定价实行间接影响。

2. 二手车销售定价的目标

二手车销售定价的目标是指二手车流通企业通过制订二手车的销售价格，凭借价格产生的效用来达到预期的目的。企业在定价以前，必须根据企业的内部和外部环境，制订出既不违背国家的方针政策，又能协调企业的其他经营目标的价格。企业定价目标类型较多，二手车流通企业要根据自己树立的市场观念和市场微观、宏观环境，确立自己的销售定价目标。企业定价目标主要有两大类，即以获取利润为目标和以占领市场为目标。

（1）以获取利润为目标　利润是评价和分析二手车流通企业营销工作优劣的一项综合性指标，是二手车流通企业最主要的资金来源。以利润为定价目标有三种基本形式，即预期收益、最大利润和合理利润。

1）获取预期收益目标。预期收益目标是指二手车流通企业以预期利润（包括预交税金）为定价基点，并以利润加上商品的完全成本构成价格出售商品，从而获取预期收益的一种定价目标。

预期收益目标有长期和短期之分，大多数企业都采用长期目标。预期收益高低的确定，应当考虑商品的质量与功能、同期的银行利率、消费者对价格的反应以及企业在同类企业中的地位和在市场竞争中的实力等因素。预期收益定得过高，企业会处于市场竞争的不利地位；预期收益定得过低，又会影响企业的利润，使投资回收期延长。一般情况下，预期收益适中，可能获得长期稳定的收益。

2）获取最大利润目标。最大利润目标是指二手车流通企业在一定时期内综合考虑各种因素后，以总收入减去总成本的最大差额为基点，确定单位商品的价格，以取得最大利润的一种定价目标。

最大利润是企业在一定时期内可能并准备实现的最大利润总额，而不是单位商品的最高价格，最高价格不一定能获取最大利润。当企业的产品在市场上处于绝对有利地位时，采取这种定价目标，它能够使企业在短期内获得高额利润。最大利润一般应以长期的总利润为目标，在个别时期，甚至允许以低于成本的价格出售，以便招徕顾客。

3）获取合理利润目标。合理利润目标是指二手车流通企业在补偿正常情况下的社会平均成本基础上，适当地加上一定的利润作为商品销售价格，以获取正常情况下合理利润的一种定价目标。企业在自身力量不足，不能实行最大利润目标或预期收益目标时，会采取这一定价目标。这种定价目标以稳定市场价格、避免不必要的竞争和获取长期利润为前提，因而商品价格适中，顾客乐于接受，政府积极鼓励。

（2）以占领市场为目标　以市场占有率为定价目标是一种志存高远的选择方式，市场占有率是指一定时期内某二手车流通企业的销售量占当地细分市场销售总量的份额。市场占有率意味着企业的竞争能力较强，说明企业对消费信息把握得较准确和充分。资料表明，企业利润与市场占有率正向相关。提高市场占有率是增加企业利润的有效途径。

由于企业所处的市场营销环境不同，自身条件与营销目标不同，企业定价目标也大相径庭。因此，二手车流通企业应在综合考虑市场环境、自身实力及经营目标的基础上，将利润目标和占领市场目标结合起来，兼顾企业的眼前利益与长远利益，来确定适当的定价目标。

3. 二手车销售的定价方法

定价方法是二手车流通企业为了在细分市场实现定价目标，给产品制订基本价格和浮动范围的技术思路。由于成本、需求和竞争是影响企业定价的最基本因素，产品成本决定了价格的最低限，产品本身的特点决定了需求状况，从而确定了价格的最高限，竞争者产品与价格又为定价提供了参考的基点，因此形成了以成本、需求和竞争为导向的三大基本定价思路。

（1）成本导向定价法　成本导向定价法可分为成本加成定价法、目标收益定价法和边际成本定价法三种。

1）成本加成定价法。成本加成定价法也称为加额定价法、标高定价法或成本基数法，是一种应用比较普遍的定价方法。它首先确定单位产品总成本（包括单位变动成本和平均分摊的固定成本），然后在单位产品总成本基础上加上一定比例的（即成数）利润，从而形成产品的单位销售价格。该方法的计算公式为

$$单位产品价格 = 单位产品总成本 \times (1 + 成本加成率)$$

由此可以看到，成本加成定价法的关键是成本加成率的确定。一般来说，加成率应与单位产品成本成反比，与资金周转率成反比，与需求价格弹性成反比，需求价格弹性保持不变时，加成率也应保持相对稳定。

2）目标收益定价法。目标收益定价法又称为投资收益率定价法，是根据企业的投资总额、预期销量和投资回收期等因素来确定销售价格。在产品供不应求的条件下，或产品需求的价格弹性很小的细分市场中，可以采用目标收益定价法。

3）边际成本定价法。边际成本是指每增加或减少单位产品所引起的总成本的增加量或减少量。采用边际成本定价法时是以单位产品的边际成本作为定价依据和可接受价格的最低界限。当销售价格高于边际成本时，企业出售产品的收入除完全补偿变动成本外，还可用来补偿一部分固定成本，甚至可能提供利润。在竞争激烈的市场条件下，边际成本定价法具有极大的灵活性，对于有效地应对竞争、开拓新市场调节需求的季节差异、形成最优产品组合能够发挥巨大的作用。

（2）需求导向定价法　需求导向定价是以消费者的认知价值、需求强度以及对价格的承受能力为依据，以市场占有率、品牌形象和最终利润为目标，真正按照有效需求来制订

价格。需求导向定价法也称为顾客导向定价法，是二手车流通企业根据市场需求状况和消费者的不同反应来确定产品价格的一种定价方式。其特点是平均成本相同的同一产品的价格随市场需求变化而变化，一般是以该产品的历史价格为基础，根据市场需求变化情况，在一定的幅度内变动价格，致使同一商品可以按两种或两种以上价格销售。这种差价可以因顾客的购买能力、对产品的需求情况、产品的型号和式样以及时间、地点等因素的差异而采用不同的形式。

（3）竞争导向定价法　竞争导向定价法是以企业所处的行业地位和竞争定位来制订价格的一种方法，是二手车流通企业根据市场竞争状况确定二手车销售价格的一种定价方式。其特点是价格的制订与成本和需求直接关系不大，而主要以竞争对手的价格为参照物，并与竞品价格保持一定的比例，即竞争品价格未变，即使产品成本或市场需求变动了，也应维持原价；竞争品价格变动，即使产品成本和市场需求未变，也要相应调整价格。

上述定价方法中，企业要考虑产品成本、市场需求和竞争形势，研究价格怎样适应这些因素，但在实际定价过程中，企业只能侧重于某一类因素，选择某种定价方法，并通过一定的定价政策对计算结果进行修订，而成本加成定价法深受欢迎，主要有以下原因：

1）定价过程简化。由于成本的不确定性比需求的不确定性小得多，定价着眼于成本可以使定价工作大大简化，不必随时随需求情况的变化而频繁地调整，因而大大地简化了企业的定价工作。

2）可降低价格竞争程度。只要同行业都采用这种定价方法，那么在成本与加成率相似的情况下价格也大致相同，这样可以使价格战的竞争降至最低限度。

3）对买卖双方都较为公平。卖方不利用买方需求量增大的优势而趁机哄抬价格，因而有利于买方，固定的加成率也可以使卖方获得相当稳定的投资收益。

4. 二手车销售定价的策略

在二手车的市场营销中，尽管非价格竞争作用在增长，但价格仍然是影响销售的重要因素，是营销组合中的关键因素。定价是否恰当，不仅直接关系到二手车的销量和企业的利润，而且还影响企业其他营销策略的制订。定价策略的意义在于有利于挖掘新的市场机会，实现企业的整体目标。在市场经济条件下，价格决策是企业经营决策者面临的具有现实意义的重大课题。

二手车销售定价策略是指二手车流通企业根据不同因素对二手车价格的影响程度而采用不同的定价方法，制订出适合市场竞争的二手车销售价格，进而实现定价目标的营销战术。

二手车销售定价策略分为阶段定价策略、心理定价策略和折扣定价策略等。

（1）阶段定价策略　所谓阶段定价策略就是根据产品生命周期各阶段不同的市场特征而采用不同的定价目标和对策。产品投入期以打开市场为主，成长期以获取目标利润为主，成熟期以保持市场份额、利润总量最大为主，衰退期以回笼资金为主。另外还要兼顾不同时期的市场行情，相应调整销售价格。

（2）心理定价策略　不同的消费者有不同的消费心理，有的注重经济实惠、物美价廉，有的注重产品的品牌，有的注重产品的文化情感含量，有的追赶消费潮流等。心理定价策略就是在补偿成本的前提下，按不同的需求心理确定价格水平和调价幅度。如尾数定价策略就是企业针对消费者的求廉心理，在二手车定价时有意制订一个带有尾数（故意不凑成整数）的价格。这是一种具有强烈刺激作用的心理定价策略。价格尾数的微小差别，能够明显影响消费者的购买行为，会给消费者一种经过精确计算的、最低价格的感觉，如某品牌的二手车标价为69998元，给人以便宜的感觉，认为只要6万多（不到7万）就能买一辆保养不错的品牌二手车。

（3）折扣定价策略　二手车流通企业在市场营销活动中，一般按照确定的目录价格或标价出售商品。但随着市场环境的变化，为了促进销售人员和顾客更多地销售和购买本企业的产品，根据交易数量和付款方式等条件的不同，在价格上给销售人员和顾客一定的让价空间，这种给销售人员或消费者一定幅度的价格让利空间就是折扣。灵活运用价格折扣策略，可以刺激需求、刺激购买，有利于企业搞活经营，提高经济效益。

5. 二手车销售最终价格的确定

二手车流通企业通过以上程序制订的价格只是基本价格，只是确定了价格的范围和调整的途径。为了实现定价目标，二手车流通企业还需要考虑国家的价格政策、用户的要求、产品的性价比、品牌价值及公司的服务水平，运用各种灵活的定价策略对基本价格进行调整，同时将价格策略和其他营销策略结合起来，如针对不同消费心理的心理定价和让利促销的各种折扣定价等，以确定具体的最终市场价格。

三、二手车置换

1. 二手车置换定义

从我国正在操作的汽车置换业务来看，对二手车置换的定义有狭义和广义的区别。从狭义上来说，二手车置换就是以旧换新业务。经销商通过二手商品的收购与新商品的对等销售获取利益。目前，狭义的置换业务在世界各国都成为了流行的销售方式。而广义的汽车置换概念是指在以旧换新业务基础上，还同时兼容二手商品整新、跟踪服务及二手商品在销售乃至折抵分期付款等项目的一系列业务组合，从而使之成为一种有机而独立的营销方式。二手车作为替代产品，已经对新车销售构成威胁。我国各地的二手车市场虽然起步较晚，但目前的交易规模已经相当可观，狭义置换业务也得到长足的发展，广义的置换业务在我国尚处于萌芽状态。

2. 我国汽车置换

（1）我国汽车置换模式　从我国的交易情况来看，目前在我国进行二手车置换有以下三种模式：

①用本厂二手车置换新车（即以旧换新），如厂家为"一汽大众"，车主可将旧捷达车折价卖给一汽大众的零售店，再买一辆新宝来。

②用本品牌二手车置换新车，如品牌为"大众"，假设拥有一辆旧捷达的车主看上了帕萨特，那么他可以在任何一家"大众"的零售店里置换到一辆他喜欢的帕萨特。

③只要购买本厂或本厂家的新车，置换的二手车不限品牌。国外基本上采用的是这种汽车置换方式。上海通用汽车"诚新二手车"开展的就是这种置换模式，消费者可以用各种品牌的二手车置换别克品牌的新车。

如果考虑买车人的选择余地和便利程度，当然是第三种方式最佳。不过，这种方式对厂商和经销商而言非常具有挑战性。因为，我国的车主一般既不从一而终地在指定维修点维护修理，也不保留车辆的维修档案，车况极不透明；再者，不同品牌、不同型号的车在技术和零部件上千差万别；而且，对于个别已经停产车型更换零部件将越来越麻烦。

(2) 二手车置换授权经销商 二手车置换授权经销商是我国二手车置换运作的中介主体。二手车置换授权经销商的车辆置换服务将消费者淘汰二手车和购买新车的过程结合在一起，一次完成甚至一站完成，为用户解决了先要卖掉二手车再去购买新车的麻烦。我国汽车置换授权经销商的二手车置换服务一般具有以下特点：

1）打破车型限制。与以往的一些开展二手车置换的厂家或品牌专卖店不同，二手车置换授权经销商对所要置换的二手车以及选择购买的新车，都没有品牌及车型的限制，可以任意置换。二手车置换授权经销商采用汽车连锁超市的模式经营新车的销售，连锁超市中经营的汽车品牌众多，可以满足消费者的不同需求，也可根据顾客的要求，到指定的经销商处，为顾客购进指定的车辆，真正做到了无品牌限制的置换。

2）让利置换，二手车增值。二手车置换授权经销商将车辆置换作为顾客购买新车的一项增值服务，与顾客将二手车出售给二手车经纪公司不同，二手车置换授权经销商通常是以二手车交易市场二手车收购的最高价格甚至高出的价格确定二手车价格，经双方认可后，置换二手车的钱款直接冲抵新车的价格。

二手车置换授权经销商有自己的二手车经纪公司，同时与二手车交易市场中的众多经纪公司保持联系，保证市场信息渠道的畅通，以及所置换的二手车能够有快速的通路。车况较好的二手车，二手车置换授权经销商经过整修后，补充到租赁车队中投放低端租车市场，用租赁收入弥补二手车的增值部分后，到二手车市场处置；或者发挥二手车置换授权经销商租车网络优势，在中小城市租赁运营。

3）"全程一对一"的置换服务。二手车置换授权经销商汽车连锁销售提供的车辆置换服务是一种"全程一对一"的服务模式。由于二手车置换授权经销商的业务涉及汽车租赁、销售、汽车金融以及二手车经纪，因此顾客在二手车置换授权经销商选择置换的购车方式后，从二手车定价、过户手续，到新车的贷款、购买、保险和牌照等过程都由二手车置换授权经销商公司内部的专业部门完成，保证了效率和服务水准。

4）完善的售后服务。在二手车置换授权经销商通过置换购买的新车，二手车置换授权经销商将提供包括保险、救援、替换车和异地租车等服务在内的完善的售后服务。对于符合条件的顾客，二手车置换授权经销商还提供更加个性化的车辆保值回购计划，使顾客可以无须考虑再次更新时的车辆残值，安心使用车辆。

3. 汽车置换质量认证

二手车置换中一个最重要、最容易引起争议的问题就是置换二手车的质量问题。和新车交易相比，二手车市场存在很多不透明的地方，二手车评估本身就比较复杂，加上二手车交易又是"一旦售出，后果自理"，所以在购买二手车的时候，大部分的消费者并不信任卖家。

为了保障交易双方权益，减少纠纷，国外汽车厂商从20世纪90年代就开始对汽车进行质量认证，我国的汽车厂商也从这两年开始进行这一业务。汽车厂家利用自己的技术、设备、人员以及信誉优势，对回购的二手车进行检测和修复，给当前庞大的二手车消费群体提供"放心车""明白车"，即使价格高于其他市场上的二手车，消费者也认为值得。同时汽车厂家介入二手车市场也为规范二手车市场、减少交通安全隐患带来积极影响。

(1) 认证的基本概念　经汽车厂商授权的汽车经销商将收上来的该品牌二手车进行一系列检测和维修之后，使该车成为经品牌认证的车辆，销售出去之后可以给予一定的质量担保和品质保证，这一过程称为认证。

二手车认证方案的开展是市场对二手车刮目相看的首要原因，现在已经得到广泛的支持，很多汽车生产厂家还针对二手车推出一些令人鼓舞的消费措施。目前，认证方案项目一般包括合格的质量要求、严格的检测标准、质量改进保证、过户保证以及比照新车销售推出的送货方案，一些大公司开展的认证还包括提供与新车一样利率的购车贷款。通过认证，顾客和经销商双方都从中得到了实惠。首先顾客对自己购买二手车的心态更加趋于平和，相应地，经销商也实现了认证车辆的溢价销售。而且，顾客再不会有车刚到手就发生故障的经历，经销商也不必再面对恼怒顾客的争吵。

(2) 我国的二手车认证　我国的二手车认证主要是在一些合资企业中开展，这其中以上汽通用公司和一汽大众公司为代表，我国一般的二手车认证流程如图6-2所示。

1) 上汽通用公司的二手车认证。上海通用汽车认证的二手车要经过多道程序的严格筛选。首先，认证的二手车有自己统一的品牌，是和诚信谐音的"诚新"，能通过认证，并打上这个牌子的二手车要达到以下条件：首先是无法律纠纷，非事故车，无泡水经历；其次使用不超过5年，行驶10万km以内；原来用途不是用于营运和租赁。

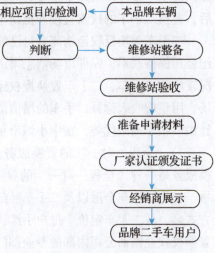

图6-2　我国一般的二手车认证流程

上汽通用的二手车认证有 106 项检验项目，这 106 项检验要进行两次，进场第一次，整修后还要进行一次，106 项检验主要包括车身、电气、底盘和制动等六大类，基本囊括了整个汽车的零配件。通过筛选的二手车，经过整修，再进行 106 项检测，全部合格后才能获得上海通用公司的认证书。经认证过的二手车出售后能获得半年 1 万 km 的质量保证，在质保期间，如果车辆出现质量问题，客户可以在全国联网的品牌专业维修店获得免费修理和零配件更换。

2）一汽大众的二手车认证。一汽大众的二手车认证有 141 项检测标准，包括发动机（检查压缩比、排放、点火正时等 11 项）、离合器（离合器线束调整、噪声检测等 5 项）、变速器（变速器各档位操控性、变速器油油位等 8 项）、悬架（减振器泄漏等 5 项）、传动系统（差速器泄漏和噪声等 4 项）、转向系统（转向齿条等 7 项）、制动（制动蹄片磨损情况等 8 项）、制冷系统（管道泄漏等 4 项）、轮胎轮辋（前轮定位等 5 项）、仪表（仪表灯亮度等 15 项）、灯光系统（车内外灯光光线、警告灯等 10 项）、电子电器（蓄电池、各种熔断器等 8 项）、车辆外部（刮水器橡胶磨损等 7 项）、车辆内部（座椅、杯架、后视镜等 9 项）、空调（气流、风向等 6 项）、收音机及 CD（播放器、扬声器等 3 项）、内饰外观（各种塑料件、装饰件等 3 项）、车身及漆面（破裂、剐蹭等 5 项）、完备性（备胎、说明书等 7 项）和最终路试（操控性、循迹性等 11 项）。

4. 汽车置换流程

二手车置换包括二手车出售和新车购买两个环节。不同的二手车置换授权经销商对置换流程的规定不完全一样，一汽大众二手车置换流程如图 6-3 所示。

①顾客通过打电话或直接到汽车置换授权经销商处进行咨询，也可以登录汽车置换授权经销商的网站进行置换登记。

②二手车评估定价。

③二手车置换授权经销商销售顾问陪同选定新车。

④签订二手车购销协议以及置换协议。

⑤置换二手车的钱款直接冲抵新车的车款，顾客补足新车差价后，办理提车手续，或由二手车置换授权经销商的销售顾问协助在指定的经销商处提取所定车辆，二手车置换授权经销商提供一条龙服务。

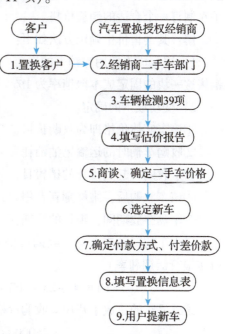

图 6-3　一汽大众二手车置换流程

⑥顾客如需贷款购新车，则置换旧车的钱款作为新车的首付款，二手车置换授权经销商为顾客办理购车贷款手续，建立提供因汽车消费信贷所产生的资信管理服务，并建立个人资信数据库。

⑦汽车置换授权经销商办理二手车过户手续，顾客提供必要的协助和材料。

⑧二手车置换授权经销商为顾客提供全程后续服务。

在汽车置换中，新车可选择仍使用原车牌照，或上新牌照，购买新车需交钱款 = 新车价格 – 二手车评估价格，如果二手车车贷款尚未还清，可由经销商垫付还清贷款，款项计入新车需交钱款。

第五节 案例分析

一、制订一个合适的销售价格

某二手车经销公司2013年4月收购一辆二手车，二手车的基本资料如下：品牌为一汽大众捷达CIF，车牌号码为辽A55H3×，发动机号码EK5647×××，VIN/车架号为LH×××，注册登记日期为2008年12月20日，年审检验合格至2013年4月，有车辆购置税完税证明，收购价格为44000元，计划该车欲于2013年10月前销售出去，请给该二手车制订一个合适的销售价格。

解：其销售价格确定方法如下：

1）固定成本费用摊销率的确定。按该4S店的固定成本构成情况分析，分摊在二手车销售这一块的固定成本摊销率为1%。

2）变动成本的确定。

①该车实体价格即为收购价格，为44000元。

②收购车辆时的运输燃油消耗费为25元。

③从收购日起到预计的销售日，分摊在该车上的日常维护费用约为200元。

④该车收购后，维修翻新费用合计1800元。

⑤车辆存放期间，银行的活期存款利率为0.36%。

二手车的变动成本 =（收购价格 + 运输燃油消耗费 + 维护费用 + 维修翻新费用）×（1 + 银行活期利率）

=（44000 + 25 + 200 + 1800）元 ×（1 + 0.36%）= 62594元

该二手车的总成本费用 = 收购价格 × 固定成本费用摊销率 + 变动成本

= 44000元 × 1% + 62594元 = 63034元

3）确定销售价格。按成本加成定价法，本车型属于大众车型，市场保有量较大，且销售情况平稳。根据销售时日的市场行情，一般成本加成率在5%左右，因此该车的销售价格为

二手车销售价格 = 该车总成本 ×（1 + 成本加成率）

= 63034元 ×（1 + 5%）≈ 66186元

4）确定最终价格。

①该 4S 店目前处于比较稳定的经营时期，二手车经销状况也比较稳定，故应以获取合理利润为目标，所以成本加成率不调整，即仍取 5%。

②该车不准备采用折扣定价策略，而上述计算结果中有精确的尾数，即采用尾数定价策略，只是取整即可。故该二手车的最终销售价格确定为 66186 元。

二、引导客户办理二手车销售业务

1）二手车经销企业对车辆进行检测和整备。

2）二手车经销企业对进入销售展示区的车辆按"车辆信息表"的要求填写有关信息，在显要位置予以明示，并可根据需要增加"车辆信息表"的有关内容。

3）达成车辆销售意向的，二手车经销企业与买方签订销售合同，并将"车辆信息表"作为合同附件。

4）按合同约定收取车款，向买方开具税务机关监制的统一发票，并如实填写成交价格。

5）销售企业向买方提供质量保证书，并交付二手车。

6）买方持规定的法定证明和凭证到公安机关交通管理部门办理转移登记手续。相关的证明和凭证包括以下种类：

①买方及其代理人的身份证明。

②机动车登记证书。

③机动车行驶证。

④二手车交易市场、经销企业和拍卖公司按规定开具的二手车销售统一发票。

⑤属于解除海关监管的车辆，应提供《中华人民共和国海关监管车辆解除监管证明书》。

7）完成车辆转移登记后，买方应按国家有关规定，持新的机动车登记证书和机动车行驶证到有关部门办理车辆购置税和保险变更手续。

第七章
互联网 + 二手车交易

随着二手车交易市场的发展，我国已经有多种二手车交易市场形式，常见的有二手车交易市场和二手车经营公司等。伴随"互联网+"渗透进二手车交易市场，二手车电商平台逐步兴起，越来越多二手车买卖在线上完成。二手车电商平台的商业模式也日益多元化，直卖和拍卖等模式层出不穷。

第一节 二手车电商

二手车电商指利用互联网或移动互联网技术，与线下各项服务资源相结合，实现二手车的线上信息查询与共享，以及在线的二手车买卖交易。

2015年以来，我国二手车市场交易量保持较高的增长率，2016年我国二手车整体交易量达到1039万辆，同比2015年全年增长10.3%，2018年仅1、2月份就达到了198.24万辆的增长量，同比增长15.8%。艾媒咨询数据显示，40.7%的网民表示确定未来会在二手车电商平台尝试、继续购买二手车，越来越多消费者接受通过网上购置二手车的模式。

一、二手车电商的发展现状

1. 二手车电商市场目前情况

（1）交易规模快速增长，平台运营精细化 2016年我国二手车电商交易量达144.4万辆，同比增长42.6%，电商渗透率为13.89%。2016年解限政策的实施一定程度上刺激了二手车源的跨地域流通，多家平台的广告宣传和配套金融服务等的完善也提高了消费者对行业的认可度，使得二手车电商交易量出现了新一轮的增长。

1）单笔融资额规模提升。2017年上半年二手车交易平台融资潮再起，单笔融资额均超亿元，洗牌之后的二手车电商再获资本青睐。

2）大数据与金融相互促进，提供交易保障。二手车产品的非标属性使得二手车交易存在多种不确定性风险，二手车市场也一直因诚信问题发展迟缓。自 2016 年初开始，陆续有多家企业开始全面发展大数据技术，利用数据积累进行深度学习算法优化，对车况监测估值、车主信用数据等进行分析和评估，相应地为用户提供金融和售后延保等多项配套服务。大数据技术的提升和金融延保服务的完善共同为二手车交易提供保障和支撑，促使交易的快速实现。而交易过程中产生的各项车主和车况等数据能够进一步完善企业的算法模型，从而给金融服务以技术和数据支撑，为企业降低风险提高收益。交易、数据和金融之间的联系如图 7-1 所示。

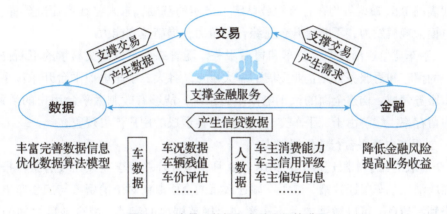

图 7-1　交易、数据和金融之间的联系

3）配套服务逐步完善。二手车交易属于低频交易，个人买/卖家产生一次交易需求的周期通常在 4~5 年，服务到 C 端的二手车交易平台为了更好地留住用户，需要延伸目前的业务产业链，通过新车置换和售后服务来激发已有用户的其他消费需求，满足车主更加多样化的汽车生活服务需求。经过多年的发展，二手车交易服务电商平台在配套服务方面已经逐步完善，并且积累了大量的数据资源，如图 7-2 所示。

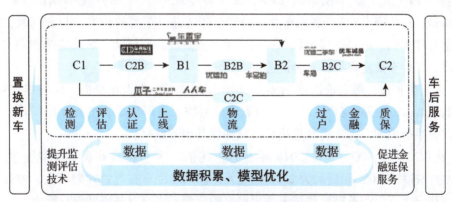

图 7-2　二手车交易服务电商平台配套服务

（2）发展进入快车道，细分市场格局初显

1) 车源跨区域流通考验线下覆盖和服务能力。解限政策实施以来二手车跨区域流通成为大势所趋，如车置宝等 ToB 型二手车交易平台的快速发展一定程度上满足了异地车商的车源需求，促进车源在全国范围内流通。但跨区域流通必然对平台物流和过户等线下服务提出更多考验，优化物流调度系统和控制成本成为企业精细化运营的一大要点。

2) 多形态二手车金融业务快速发展。二手车市场的快速发展离不开二手车金融业务的刺激和支撑，多形态二手车金融的发展能够缓解车商和个人买家的资金压力，在基于个人信用和资产规模等数据的基础上提高用户购买能力，刺激用户需求。

3) 各模式电商快速发展，第一梯队逐渐显现。二手车电商几大主流模式代表企业已经初步确立，以瓜子二手车为代表的 C2C 模式、以车置宝为代表的 C2B 模式，以优信二手车为代表的 B2C 模式等均在各自领域奠定了坚实的基础，未来将在产业链延伸、金融、数据等方面大规模发力，不断提升企业综合竞争力，提高盈利能力。

4) 二手车竞争逐渐延伸至新车和售后服务。随着二手车电商交易量的不断提高，对售后用户的留存和再服务将是企业发展的一大重点。各大二手车电商平台开始涉足新车置换和车后服务领域，构建全面的汽车电商生态系统，能够有效刺激平台用户的活跃情况，提高用户留存率，缓解由于二手车交易的低频属性造成的用户流失现象。

(3) 二手车电商平台行业发展热点

1) 全面取消二手车限迁政策。2018 年 3 月，国务院总理李克强在政府工作报告中指出，全面取消二手车限迁政策。二手车限迁政策的全面取消对于消费者与二手车电商来说都是一个利好消息，可以增强二手车车源在全国范围内的流动，减少地区之间的资源不平衡。

2) 二手车异地过户将数字化。2018 年 7 月，公安部颁布了二手车异地过户将数字化的政策。不仅有利于提升二手车行业异地过户办理的效率，更有利于二手车的跨区域流通比例再次提升，且二手车电商平台的跨区域交易占比和整体交易效率也将得到提升。

3) 关税下调，二手车价变化小于预期。自 2018 年 7 月 1 日起，汽车整车及零部件进口关税将下调，汽车整车税率由 25%、20% 降至 15%，零部件税率则由 8%、10%、15%、20%、25% 降至 6%。各家车企纷纷宣布降低进口车型的价格，与此同时，二手车商却调价态度谨慎。进口车降价联动拉长二手车消费者的观望期，新政实施初期二手车交易量遇冷，二手车商应以稳住资金链为主。

4) 人人车打造智能定价系统 Pegasus。2018 年 3 月，人人车全面升级智能定价系统，完善后的"Pegasus 智能定价系统"可根据车辆品牌、出厂年限、里程、出厂价、当前市价和供需关系等因素，实现更合理出价，继而提升运营效率。

5) 优信二手车 IPO 上市。2018 年 6 月，优信二手车正式在美国纳斯达克交易所（NASDAQ）挂牌上市，融资约为 2.25 亿美元，优信二手车在有效控制风险、整合线上线下资源、稳定上下游产业链等领域表现出良好的应变解决能力与研发创新能力。

6) 瓜子二手车线上线下联合。2018 年 7 月，瓜子二手车在 WAP 端推出瓜子保卖店铺，可展示店面基本信息、店内车辆和车辆详细信息。目前，瓜子保卖店已经在青岛、天津和苏州等城市正式营业。瓜子通过线上交易大数据积累和人工智能等技术结合线下保卖店服务，打造购车一站式服务。

2. 二手车电商行业的四大发展趋势

近日，艾瑞咨询发布了《2018年中国二手车电子商务行业研究报告》（以下简称《报告》）。《报告》认为，从最早的二手车信息发布平台，到垂直二手车网站，再到专业的二手车交易服务平台，二手车电商的兴起也在不断地改造并推动着行业的进步与发展。对于二手车电商行业的发展，《报告》认为会呈现以下四大趋势：

①金融服务、大数据应用以及线下门店的建设是行业重点推进业务。在行业基础建设相对薄弱的当下，电商平台快速提升行业交易量的方式及盈利方式主要是通过线下经销商补贴及金融服务的推广；鉴于当下二手车金融渗透率仍处于较低水平，二手车金融业务仍将是行业短期内的重点发展方向。未来，大数据的作用将更为普遍，更为成熟，其价值也将逐渐呈现。

②行业政策落地是必然，电商平台加快全国跨地域服务布局。自2017年以来，来自政府层面的重视与监管愈加强烈，行业政策逐步出台完善、汽车市场发展环境更加自由与公平、二手车解除限迁也将是大势所趋，未来二手车电商平台将加快线下服务设施，包括交易门店、检测技术及物流服务等建设落地与运营，构建全国性二手车交易流通服务平台。

③电商平台将开展更细分的车源获取及营销策略。随着电商行业的竞争加剧，电商平台将更加重视平台运营效率的提升，针对梯度消费和消费下沉等趋势，二手车电商平台将开展更高效更精准的营销策略；针对不同级别城市车源流通情况，二手车电商平台的人力和物力等资源配置将更加合理，提升电商平台在线下场景的运营效率。

④电商平台同质化竞争愈加激烈，也促进传统二手车行业竞争及分化，加速行业整合及淘汰。

二手车电商行业当前进入白热化竞争阶段，各平台模式趋同加剧，在BAT以及资本的助力下，下一阶段平台间竞争将愈发激烈，将有更多的行业兼并与重组现象发生。作为革新者，二手车电商为传统行业注入新的血液与动力；同时也进一步加剧了线下经销商之间的竞争与分化，经销商的经营思路也处于不断的变革中；导致大量竞争力弱、变革思维差的经销商群体掉队直至淘汰，而行业的优胜劣汰反过来也有着积极作用，促进行业线上线下服务结合、各产业链环节效率提升及行业参与者整体经营水平的提升，而这也是未来优质二手车电商平台为了生存而必须强化的能力。

3. 举例分析部分二手车电商平台发展

随着互联网的发展，网络二手车交易平台异军突起，"没有中间商""不赚差价""个人卖给个人"等类似的宣传口号，以每年10亿元的广告投放速度全方位轰炸。

目前在二手车电商业界，人人车、优信二手车与瓜子二手车已成为三足鼎立之势。在巨额广告的投放下，二手车电商快速发展，C2C市场上，形成了以人人车和瓜子二手车为主导的市场格局，且根据人人车发布的 2017 年第四季度 C2C 市场份额比重来看，已占领 40%市场份额的人人车一下赶超了 Q3 季度的瓜子二手车，瓜子二手车以 38%占比排名第二，如图 7-3 所示。

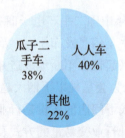

图 7-3　2017 年第四季度 C2C 市场份额

相关数据显示，广告效应带来了巨大的用户流量，明星代言的广告投放推动了二手车市场的发展，广告效应有效推动了用户认知率，如在高认知率的情况下，人人车始终坚持口碑运营策略，车源方面，平台上线二手车全部经过 249 项专业检测，针对个人买车，人人车还提供 14 天可退车、一年或 2 万 km 核心部件质保等一系列售后保障，因此人人车的口碑与满意度也不断提升。

业务拓展上，各家都从二手车到新车业务，从电商到金融，从线上到线下。目前市面上最大的几家汽车电商平台均是从一小块领域起家，逐渐覆盖二手车、新车和金融三大核心业务板块，最终完成汽车交易全链条的打通。

二、二手车电商的基本模式

现阶段我国二手车电商主要分为三类，即信息服务型平台、ToB 交易服务型平台和 ToC 交易服务型平台。

1）信息服务型平台。信息服务型平台仅解决信息层面的部分问题（如车辆信息的展示和搜索等），以二手车之家、51 汽车、第一车网和易车二手车等为代表的二手车交易资讯平台，其主要价值在于服务所有具有二手车买卖需求的用户和车商，进行线上资源发布与对接，处于前期资源对接的环节，通过中间的广告费获取利润。其他两类能够解决交易层面的主要问题。

2）ToB 交易服务型平台。ToB 交易服务型目前在市场上占据主流，又分为 C2B 和 B2B，采取的都是竞拍模式，C2B 是个人消费者把汽车放在平台上去拍卖给车商，代表公司有平安好车、开心帮卖；B2B 是帮助 4S 店把二手车批发给外地的"黄牛"和小车商，代表公司有车易拍和优信拍。

3）ToC 交易服务型平台。ToC 交易服务型也分为 C2C 和 B2C 两种，以人人车和瓜子二手车为代表的 C2C 虚拟寄售模式，省去了车商环节，直接通过网站让个人与个人交易；以优信二手车和优车诚品为代表的 B2C 卖场模式，是帮助车商把二手车直接在网上卖给消费者。

二手车电商最基本的商业模式有：买家网上预约、线下看车、买卖双方交易，主要分为四个流程，如图 7-4 所示。

信息发布 ⟶ 撮合交易 ⟶ 验车报价 ⟶ 后期服务

图 7-4　二手车电商商业模式流程图

1. 二手车电商基本模式术语

目前，整个二手车电商行业主要有四大模式，分别是以车置宝为代表的 C2B 模式、以优信拍为代表的 B2B 模式、以优信二手车为代表的 B2C 模式、以瓜子二手车为代表的 C2C 模式。二手车电商模式如图 7-5 所示。

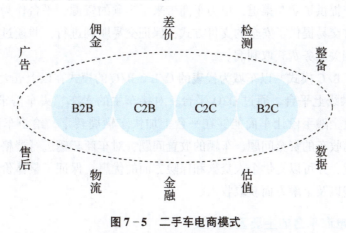

图 7-5　二手车电商模式

（1）B2C 模式（Business to Consumer）　B2C 模式是指企业与消费者之间的电子商务。

B2C 模式是目前我国二手车电商的主流模式，分为两种，第一种是以优信二手车和二手车之家为代表。车商可以通过支付一定的推广费用和其他服务费用，在 B2C 平台上出售自己的车辆。另外一种模式是自营车辆，本身拥有交易网络平台以及自己的展厅，通过挖掘各种渠道，直接买进车辆，整备后加价进行销售，利用中间车辆的差价获取盈利，这种模式里车王二手车是最大的代表企业之一。

（2）B2B 模式（Business to Business）　B2B 模式是指企业与企业之间的电子商务。B2B 平台典型代表有优信拍和车易拍等，平台通过各大车辆经销商获得车源信息，再转卖给中间商。跟 C2B 模式拍卖平台大同小异，盈利方式也很类似，不同车源服务费的收取也不同。平台综合车源信息后提供各类服务保障，高度匹配大部分用户需求并可以优化用户体验，使得经销商、第三方服务平台与用户三方获益，大大提升了整个行业效率。

（3）C2C 模式（Consumer to Consumer）　C2C 模式是指个人与个人之间的电子商务。C2C 平台典型代表有 273 二手车网、人人车、瓜子二手车直卖网和好车无忧等。C2C 模式直接对接个人车主和个人买家，省去中间环节，交易不会出现差价。这种模式依托于个人二手车寄售，车主在平台进行登记车源，平台便拥有此台车辆信息，可以供其他买家选择，车主依旧可以使用自己的车辆。这时平台就要负责为登记车源的车辆匹配买家，为有意愿的买家提供陪同看车和检测等服务，最终达成交易。从以上也不难看出 C2C 的盈利模式主要来自买方支付的交易服务费。

(4) O2O（Online To Offline） O2O 是指线上与线下相结合的电子商务。O2O 典型代表有 eBay 和淘宝等。

(5) C2B 模式 C2B 模式是指个人与企业之间的电子商务。

C2B 平台典型代表有天天拍车、优信、车置宝和平安好车等，个人车主提供自己车源信息给平台，平台将该信息转化给二手车中间商，最后通过竞价的方式将车辆拍卖给车商，这种交易形式可以有效地弥补传统交易过程中的不足，充分发挥互联网的优势，不仅为想卖车的客户提供了卖车渠道，也为车商带来了丰硕的资源，平台作为中介，负责车况的检测，为双方交易提供了安全的支付方式，保证交易顺利进行，并通过收取其中的二手车检测费以及相关服务费获取利润。

(6) C/B 2 B/C 模式 以车城为代表的 C/B 2 B/C 的模式在以上五大模式上进行了创新，在 B 端提供线上平台，通过 O2O 平台，对接车主的卖车、买车需求和车商的收车、卖车需求，通过金融手段让车商能够在平台上加快车辆周转率，给予车商融资方面的支持，解决了车商收车的资金问题、车辆的放置问题；对车商车辆进行严格检测，化解购车用户的质量担忧，并可以提供个人贷款和保险方面的优惠，保证了整体价格的合理性，从其中交易服务费以及金融方面获取收入。

2. 二手车电商平台的主要盈利模式

(1) 汽车金融服务 汽车金融一直是人们绕不开的话题，各汽车分销商也推出全套的汽车金融服务，如零首付购车等汽车金融方案，刺激消费者选购新车。目前各平台纷纷下注二手车金融细分领域，从目前的形势来看，二手车金融和服务已成为很多二手车电商平台的主要业务范畴，现有的二手车电商平台，大多数是用大量的资本投入建立起来的，至于其自主的造血能力，有的已经在模式上找到新的发展方向，有的仍在二手车金融方面向深探索。

(2) 提供平台信息展示，收取中介费用 如果是做平台，只提供平台信息展示，而且不赚中间商差价，那基本是没有盈利可能性的，所有服务就是相关延伸出来变现的项目，而且只有足够多的服务费用才能支撑平台的正常运转，如瓜子二手车，就是向买方收取不低于 3500 元的服务费。

(3) 向卖家消费者要服务费 很多公司开始了一个独特的模式——拍卖模式，即个人消费者把车放到平台上拍卖给车商，该模式代表公司有平安好车、开心帮卖、车置宝及车易拍等开展了面向个人的收车业务，同时新车团购平台"团车网"也创立了二手车拍卖平台。C2B 这种模式属于我国首创的模式，由于我国的车源比较分散，大部分掌握在消费者手里，所以 C2B 这种模式的核心在于给个人消费者提供一个竞价卖车的平台，满足消费者卖出高价的需求。

（4）搭建免费平台，做付费推广平台　现在个人的免费卖车平台有58同城二手车、淘车和二手车之家等，如58同城二手车的主营业务是为个人的一辆车免费，但对于二手车商却是收服务费的，和百度推广一样做的是一个付费推广平台，如淘车和二手车之家都有提供二手车商家入驻，可以免费在上面发布卖车信息，如果不推广信息不收费，单击推广就开始付费模式。

（5）线上线下结合的市场平台化转型　此模式最具代表性的是华瑞源二手车网，既有自己的收车团队和规模较大的二手车市场，又提供相应的电商平台，相比单纯的电商平台，车辆的实际车况更有保障，消费者在网上看车后，买家到实体二手车市场来即可看车，现场试乘、试驾，不用单独等待卖方是否有时间，而且车辆经过整备检测鉴定，确保二手车不会再次被原车主使用，并且提供相应的质保服务。

3. 二手车电商平台模式存在的问题

用户体验的关键指标取决于价格透明度、车况、金融杠杆以及线下服务。二手车电商平台的运行需要消耗高额的获客、服务和运营等成本，而且对于刚刚起步的我国二手车电商来说，还面临着更为严峻的市场环境。我国二手车电商平台模式在发展中逐渐显露弊端，主要有以下几点：

1）平台的运营成本较高。平台需要资金来维持营运，但平台前期为了创造平台效应，基本都是处于亏损状态。虽然有些平台也推出了汽车金融服务，但是效果不明显。

2）二手车电商平台车源不足，制约二手车电商平台的发展，拥有充足的二手车源是平台交易量的保证。但是由于经济发展水平不一样，我国大多数的二手车资源都分布在一线城市，整个二手车行业都在往卖方市场倾斜，碎片化较为严重。尤其是牌照和限购的政策下，激发了消费者置换车辆的需求，这些置换车辆流通到四五线城市，并不能被很好消化，渗透率不理想，严重阻碍了电商的发展。

3）我国二手车平台的线下体验不理想。目前的二手车平台还没有挖掘出消费者的潜在需要，也忽视对潜在客户的发展，同时售后服务体系也不健全，线上线下衔接的不完善，而且只注重线上的交易，线下服务不够好。这些问题也阻碍了二手车电商平台的发展和壮大。

4）二手车的价格透明度是电商平台面临很大的问题。消费者购买二手车的很大原因是二手车价格低廉，但是也希望车子性能安全可靠，所以保证公平合理的价格以及良好的车况是二手车平台长久发展的根本，因此只有合理地评估二手车价格才可以带给用户更好的体验。

5）售后服务不完善。目前二手车行业缺少有效的监督机制，二手车交易市场只能靠交易者的诚信和提供的售后服务来获得消费者对二手车的肯定。而售后服务的完善是保证二手车行业良性发展的基本保障，只有订立良好的行业规范才能起到监督和规范的作用，二手车电商平台的发展才有保障。

4. 二手车电商平台模式改进方法

二手车电商平台要想高效发展，必须改善以上的弊端，提高服务质量保障，应做到以下几点：

1）优化现有的二手车机构，逐步实现品牌化和规模化发展。建立完善的二手车销售体系是电商平台的发展基础，只有将线下的二手车机构发展成规模化的大型二手车市场，建立起自己的品牌，通过品牌效应吸引消费者，同时规模化的二手车市场更容易建立良好的体制。完善的机构运作和线上相互配合，促进二手车电商的发展。这也是二手车电商发展的未来趋势。

2）相关政府机关颁布完善的法律、法规，规范二手车交易行为。从目前的政策来看，很多都是建议性的政策，并没有对具体的实施细节有详细的规范。因此，希望借鉴国外成熟的法律体系，制定一些详细的法律、法规，在具体的实施过程中可以对其进行规范，通过构建健全的法律、法规体系加大对该行业的监督力度。

3）建立详细的车辆档案，完善车辆评估体系。车况不透明、车辆信息不对称是阻碍二手车发展的主要问题。因此借鉴外国的经验，每辆车从整车厂出厂到经销商销售再到消费者使用的整个环节当中，为其建立完善全面的车辆档案。这样车子的基本情况一目了然，便于管理。另外在评估过程中，要建立一整套完善的评估机制，从而确保被评估车辆价格的准确性和评估资料的真实性。

4）加强专业二手车评估人才的培养。目前很多二手车鉴定评估师都是凭借经验在做相关的评估工作，全国缺乏有资质授予的评估机构。因此应该加强对二手车鉴定评估师人才的培养，严格要求遵守职业道德，同时具有过硬的专业基础知识，并设立有资质的评估机构为其进行专业培训并颁发相关证书，提高对二手车评估人才培养的重视。

5. 举例分析成功平台的运营模式

天天拍车采用 C2B 模式，是一种服务于个人卖车和车商收车的二手车交易模式。

2018 年 6 月，二手车线上拍卖平台天天拍车宣布获得 D1 轮融资 1 亿美金，同时另一家二手车平台车置宝宣布完成 8 亿元人民币 D 轮融资。与优信、瓜子等直卖二手车电商平台不一样，天天拍车与投资方汽车之家的通力合作，将更关注于整合资源赋能于经销商，而车置宝专注于全国区域的收车业务。分析指出，在资本的推动下，二手车电商平台"头部效应"将会进一步加强，如何在短时间快速提升服务与业务，将成为各大平台未来发展的重中之重。

天天拍车成为我国唯一一家同时获得汽车之家和易车投资支持的二手车电商平台。汽车之家表示，投资天天拍车是汽车之家二手车打通 C2B2C 交易闭环的重要一步，可以更加有效地解决车源的问题。双方合作聚合了我国最广大的二手车经销商群体，不仅可以帮助广大用户快速以合理的价格卖出二手车，也为二手车商家提供海量的优质车源，最终让消费者买到经过层层检测后的放心车，实现多方共赢，推动整个二手车行业良性发展。

天天拍车现有核心业务是二手车线上拍卖。相比其他模式，其特点是"全国买家竞拍比价，只看一次车，拍出全国价"。买卖双方无须来回看车砍价，出价最高者获得购买权。汽车之家则是全球访问量最大的汽车网站，拥有流量数据优势，还能从车源、资金、客户和管理等方面更好地赋能车商、服务用户，帮助天天拍车的二手车交易实现更好的流转。此次融资完成后，天天拍车与汽车之家将通力合作，继续完善基于移动互联网、开放的二手车交易诚信平台。

天天拍车通过移动互联网平台将C端车主与全国5万多家二手车经销商进行打通，使有卖车需求的二手车主高价快速卖车，平台二手车经销商高效快速收车。天天拍车与大部分线上场景的汽车分类信息平台进行了合作，对目标用户进行拦截，如图7-6所示。

图7-6 天天拍车线上平台合作伙伴之一

如在易车网主页单击"我要换车"，跳转页面后，想换车的用户可以选定意向新车，再在下方提交旧车信息，输入手机号码，这些信息通过标准API接口将连接到天天拍车的后台。天天拍车线上拍卖模式包括联通车主、车商两端之外，协同线上线下为平台双方提供上门检测、线上竞拍和包办手续等一站式二手车交易服务。

通过天天拍车拍卖模式，个人车主无须分别与多个不同买家多点联系比价，车源上架后一次性卖向全国二手车经销商，出价最高者获得购买权，最快一天以内即可成功卖掉，比直卖模式更加专业快速、卖价更高。

天天拍车本轮融资完成后，其二手车业务范围将进一步扩张到更多城市，提升运营效率和用户体验，从运营服务、产品技术和品牌口碑等多方面构建竞争壁垒，并向二手车产业链上下游延伸服务，在二手车零售和二手车金融等领域进行拓展。分析指出，随着行业"头部效应"越来越明显，能否进入第一阵营将决定二手电商平台未来的市场发展空间。

学习并借鉴天天拍车平台取得成功的经验尤为重要，从中可以发现，针对二手车电商流通和交易效率问题，创业者可以通过建立在线竞价拍卖商业模式来解决，即个人车主通过二手车交易平台把自己的车卖向全国专业买家，专业买家通过竞拍方式购买，出价最高者获得购买权。这一模式可以将二手车这一非标商品的成交环节标准化，提升二手车交易效率。

6. 二手车电商平台购车举例分析

（1）优信二手车平台购车流程 优信平台上有个人车源和商家车源。个人车源交易，进入优信二手车官网或APP，选好中意的车辆，车主直接根据页面联系方式联系卖家，实地看车、议价，若达成买车意向，签署优信二手车购买合同并付款成交，办理过户手续和提车，享受优信二手车相关质保。

标识"优信认证"的车源是优信合作的商家车源，若买家有意愿，可以在页面预约看车，之后会有当地的工作人员与买家取得联系，告知买家具体的看车地点，工作人员陪同买家一起去看车。如果是本地全款购车，优信二手车不会收取任何费用，当然购车后需根据买家需求支付车辆保险和过户费等相关的费用。如果付一半购车，因当地行业惯例会收取服务费等。

（2）客户购车方案

1）"付一半"。优信二手车"付一半"的意思是首付一半就可以把爱车开走，优信二手车付一半流程如下：车主可选择两年期或三年期、有月供或无月供、有尾款或无尾款等多款购车方案，首付约车辆价格的一半，即刻拥有爱车，期间无月供。所有"付一半"车辆均经过387项严格检测，享受"无重大事故承诺"及"15天包退承诺"，享有两年不限里程质保。

"付一半"申请流程如下：

①提供证件。提供手机号、借记卡号和身份证即可申请。

②审批。由优信二手车和微众银行共同审批通过，与优信二手车签署合同并支付首款，与微众银行、优信二手车分别签署尾款相关合同。

③提车。帮车主办理过户等相关手续，通知车主提车。

2）"一成购"。车主通过"优信二手车一成购"，最低仅需支付车辆售价的10%，即可将车开回家。"优信二手车一成购"采用"1+3"付款模式，车主首年只需按月支付车款，即可正常使用车辆。首年期满后，车主可将车辆过户至自己名下并继续按月支付余款，分3年还清后即可完全拥有车辆。

（3）优信二手车平台认证的车辆　车辆经过4S店专业检测评估，根据不同品牌享受不同的质保服务，包括保修、保养、退车、换车、道路救援和金融分期等尊贵服务。优信二手车专业检测师在车辆成交时会对车辆进行315项全面检测，确保没有大事故、水泡和火烧后，提供30天包退、1年保修的超值售后服务。

（4）优信二手车平台过户需要的手续

卖方：车主身份证、车辆登记证书、机动车行驶证、购车原始发票（如果之前有过户历史需提供过户票）。卖方是单位则需要组织机构代码证书原件及公章。

买方：身份证，外地人上当地牌照另需有效期内暂住证（部分城市改用居住证）。买方是单位则需要组织机构代码证书原件及公章。

双方：签订二手车买卖合同。带齐以上所有手续，到二手车过户大厅办理。

（5）优信二手车二手车过户交易流程

1）检查车辆并填写检查记录表。

2）领取照片。

3）取号机取号。

4）转移受理。

5）领取回执单。

6）收费。

7）选号。

8）领机动车行驶证、机动车登记证书和年检标志。

9）领取号牌。

（6）优信二手车平台售后服务　符合"优信认证"车辆，可享受自购车之日起1年或2万km内（以先到者为准），覆盖全车15大系统（发动机系统、变速器系统、差速器系统、分动箱系统、润滑系统、驱动系统、转向系统、制动系统、悬架系统、燃油系统、冷却系统、空调系统、安全系统、电控系统和电气系统）的保修服务。具体赔付标准及额度请见《"优信认证"售后质量保障服务协议》。

1）通过购买了优信检测的"优信认证"车辆，次日零时开始30日内，发现所购车辆在购买前是"重大事故损伤车辆"，优信二手车退还车款并收回车辆。

2）出示《"优信认证"售后质量保障服务协议》，将车辆开到指定地点，由优信二手车资深评估师做最终鉴定报告。如鉴定所购"优信认证"车辆符合退车标准，即可签订相关"退车协议"，办理退车。

3）签订退车协议后的7个工作日内，配合优信二手车把车辆再次过户。过户成功后3个工作日内，优信二手车将车款退还到车主的账户。

> **提示**
>
> 1）带"优信认证"标识且检测通过的车辆，才可享受30天包退、1年或2万km（以先到者为准）的保障服务。
>
> 2）争议处理。如车主对事故、受损情况的认定有争议，车主需配合优信二手车将车辆送至有专业鉴定资质的第三方鉴定评估机构或4S店接受专业检测，并以第三方机构出具的检测报告为最终的判断依据。如果认定车辆属于优信二手车"30天包退"范围的，检测费用由优信承担。

第二节　互联网+二手车金融

根据数据显示，相比于新车金融36%以上的渗透率，我国二手车金融的渗透率仅为8%作用，二手车金融发展速度较慢。反观国际市场，美国有80%以上的交易份额是通过汽车金融购买的，所以说我国二手车金融还有很大的发展空间。

目前，二手车金融业务模式主要分为抵押贷款、库存融资、消费信贷、融资租赁和售后延保服务，交易环节主要以二手车消费贷款和融资租赁为主。二手车金融提供了二手车行业产业链中的金融服务，加速资金在产业链中流动的效率，随着国民消费观念趋向多元化，我国二手车金融的渗透率持续增加。

汽车电商单靠交易很难变现，最赚钱的盈利点产生在交易场景的附加环节中——金融。但汽车电商作为后来者抢夺金融市场也面临诸多挑战。以下是总结汽车金融将要面临的几点挑战：

1）持续盈利问题。新车融资租赁的盈利关键之一在于二手车的处置能力，即用户选择将车退还给公司时，公司能以多高的价钱卖出。

2）里程数、维修详细记录和出险次数等数据不透明带来的定价问题。我国目前没有从国家层面形成规范，二手车数据混乱缺失。

3）风控和牌照。要保持汽车金融业务健康发展，核心是需要控制好坏账率，这需要公司具有足够强大的风控能力。对于没有金融经验的汽车电商公司来说，做好风控并不简单。

根据数据报告推算，未来我国的二手车交易量有望达到2600万辆，如果按平均5.5万元一辆估算，未来的二手车金融市场交易总额可高达2万亿元。在此历史机遇下，如美利金融旗下的美利车金融等互联网金融平台也再度迎来新的市场发展红利。在2018年1月31日，美利车金融宣布获得新希望领投、挖财跟投的9200万美元B轮融资。时隔一个月，车好多集团也宣布完成了8.18亿美元的C轮融资。

值得一提的是，今年两会期间的政府工作报告中再次将二手车纳入，将全面取消二手车限迁政策。这预示着国家限迁政策的逐步放宽，加上二手车管理、税收和交易等问题的逐步解决，我国二手车市场将迎来快速、繁荣发展。市场的规范与繁荣，将大大提升二手车交易量和流动性，最终惠及消费者，而其他市场主体（如美利金融等）互金平台也将迎来新的历史发展机遇。

> **提示**
>
> 美利金融是我国领先的专注于个人消费金融的平台，获得原有利网的消费金融业务，主要包括成熟的二手车消费金融业务以及起步阶段的3C电子产品消费金融业务。

一、互联网+二手车信贷

随着二手车市场规模的扩大，二手车互联网电商平台兴起，瓜子二手车、优信二手车、车来车往和大搜车等平台相继推出一系列金融服务，如拍车贷、任意贷、车合金融和弹个车等。每个平台的还款方式都不一样，大多都是到期本息一并偿还，如车e融这个平台的还款方式有以下三种：

1）到期本息一并偿还。

2）本息分期还款。

3）按月利息分期还款，到期偿还借贷本金。

1. 汽车贷款政策

中国人民银行、中国银监会宣布自2018年1月1日起调整汽车贷款政策，其中二手车贷款最高发放比例从50%提高到70%。这一政策的落实，无疑进一步降低二手车的消费门槛，引导二手车消费，对于拉动我国二手车消费意义重大。

伴随着相关指导意见的提出，我国推出了数条有利于二手车交易的相关政策。2016年

3月25日,国务院办公厅印发《关于促进二手车便利交易的若干意见》(以下简称"国八条")。2016年3月30日,中国人民银行、银监会联合印发《关于加大对新消费领域金融支持的指导意见》。"国八条"中明确指出:要加大二手车金融服务支持力度,降低信贷门槛,简化信贷手续,适当降低二手车贷款首付比例;《关于加大对新消费领域金融支持的指导意见》也将二手车首付款比例由此前的50%降至30%。

2. 优信二手车"付一半"的后"付一小半"服务

面对竞争形势严峻的二手车市场,各大平台纷纷推出了各自的二手车金融业务,在政策利好的"东风"之下,优信二手车"付一半"服务在原有业务的基础上进一步丰富,推出了"付一小半"金融服务。

根据优信二手车的相关介绍,其旗下的"付一半"业务可分为两种模式,一种为首付50%,其余车款可在两年内还清,且用户在两年内不必为此支付利息,在此服务下,用户还可选择不还余款直接在两年后将车辆交回优信二手车平台;另一种为首付30%,用户可选择分24期/36期偿还余款,并根据还款期限的不同付出相应的还款利息。

消费者要想在两年后将车辆直接退回,需同时符合多种条件:外观包覆件没有明显划痕和凹陷等瑕疵痕迹;内饰整齐,没有零件缺失和过度磨损、烧痕。除此之外,车辆还需满足骨架结构没有事故,交通违章处理完毕,每年不超过4万km三重条件。

据优信二手车的官方资料显示,"付一半"业务无户籍、房产、收入和职业限制,消费者只需提供身份证号和接机卡号即可快速地完成信用审核,最高贷款额度为30万元。

对于此类的二手车金融服务,《21世纪经济报道》曾在相关报道中指出,目前我国二手车市场尚不成熟,车辆信息不透明,信用体系还不健全,评估体系尚未完善,线下传统交易模式依旧占据整个二手车市场的大部分份额,限迁政策虽已松绑但政策落实尚需时日等一系列现实因素都加大了二手车金融市场的风险。由于二手车是一车一况,即使同一车型同一车龄,由于使用历史不同,保值率也会出现差异。在我国二手车信息不透明,没有权威专业的第三方评估机构的情况下,金融机构在做估值时有较大的风险。估值偏差带来的风险直接就会成为信贷风险。

为了合理把控"付一半"业务的经营风险,优信二手车平台也对该业务做出了相关规定。规定指出,支持"付一半"业务的二手车基础标准为:车价在3万~50万元区间内,车龄在7年以内,行驶里程不超过18万km,没有发生过事故及水泡、火烧的车辆,车型为各种特种、专项作业、运营类外的小型普通客车、小型越野客车等。

在二手车交易爆点尚未出现之前,如何发掘二手车市场盈利增长点对于优信拍之类的二手车交易平台来说是个不可回避的问题。从当前来看,二手车金融似乎已然成为二手车市场的盈利机遇。

3. "车置宝金融"分析

特别对一些ToB的二手车交易平台,其ToB的金融产品将成为核心的优势产品。因为经销商使用金融的频率和规模普遍较高,经销商将会使用更多的库存金融,以增加他们对全国一手车源的需求,因此业内人员分析认为,我国最大的二手车拍卖平台——车置网二手车拍卖网,将成为最大受益者,其平台的2B库存金融"置车贷"也将迎来爆发式增长。

车置宝金融简称"置车贷",是为车置宝平台优质商户提供的全方位的金融服务解决方案。可以缓解车商的拿车资金压力,同时增加资金流转的灵活性,扩大规模增加收益。车置宝在供应链金融方面,将联合多家银行,通过车贷给经销商提供资金支持。

注意: 车置网二手车拍卖网简称为车置宝,是我国首家二手车帮卖网络竞价平台,为车主提供全程免费的一站式卖车服务。顾客通过拨打免费预约热线或登录车置宝官网,即可享受车置宝提供的免费上门车辆检测服务。目前已在全国50座车源城市设立分公司,并建立了完善的线下服务中心,平台拥有3万多家二手车经销商。

目前,车置宝和各大银行合作的B端金融产品"置车贷"能够切实解决车商收二手车的资金问题,B端经营的目标是提升整个产业中经销商的交易效率,而车置宝的"置车贷"就是一款针对B端的库存金融产品。

1) 登录车置宝首页,如图7-7所示,下拉后单击"金融服务",如图7-8所示,便跳转至"车商金融好帮手"首页,如图7-9所示,再下拉一些就可以看到其金融服务流程,如图7-10所示。

图7-7 车置宝登录首页

新闻资讯	关于车置宝	卖车指南	买家服务	联系我们
媒体报道	关于我们	拍卖历史	买家登录	建议投诉
活动专题	法律声明	服务网点	应用下载	加入我们
卖车攻略		常见问题	金融服务	联系方式

图7-8 单击金融服务

图7-9 "车商金融好帮手"首页

图7-10 金融服务流程

2) 成为置车贷商户需要的资料。

①个人申请：身份证正反面、结婚证（单身或离异则不需要）。

②企业申请：身份证正反面、营业执照、组织机构代码证、税务登记证、一年营业证明。

3) 客户授信成功如何使用置车贷。在平台账号→交易中心→交易中车辆（车主交车后）→即可申请贷款（普通贷款/白条）→提交→申请成功。

4) 普通贷款与白条区别。普通贷款只能贷车款的80%，先付首付款和利息，还款日还本金；白条可贷车辆结算价，还款日还本金加利息。

注意：车置宝已经开放了所有车辆的贷款，申请入口是在置车贷页面我的贷款中。

二、互联网＋二手车租赁

二手车租赁是一种以一定费用借贷二手车的经济行为。出租人把自己所拥有的车辆交予承租人使用，承租人由此获得在一段时间内使用该车辆的权利，但车辆的所有权仍然保留在出租人手中，承租人为其所获得的使用期向出租人支付一定的费用，也称为租金。

另外，在租赁期间，承租人需自行承担驾驶职责。它的实质就是在将车辆的产权和使用权分开的基础上，通过出租车辆的使用权而获得收益的一种经营行为，其出租标的除了实物车辆外，还包含保证该车辆正常、合法上路行驶的所有手续和相关价值。

租赁所需的前提是征信。"互联网＋征信"是建立在传统征信体系基础上的一种快速有效的征信手段。互联网企业尝试依托自己的优势，构建互联网征信体系，为互联网征信业务未来的发展提供了无限希望和可能。通过对企业和个人在电商平台、第三方支付平台、社交平台和网络借贷平台等的数据采集及分析，可以全面评估企业和个人的信用状况。基于大数据的信用评估体系有望补充和完善社会信用体系。汽车融资租赁公司通过与互联网公司的对接，可进一步优化提升风险控制能力。

当前，行业内已有一些融资租赁、金融租赁公司参与到汽车租赁市场的竞争之中。根据前瞻产业研究院监测的数据显示，2017年我国汽车租赁的市场规模已达679亿元，如先锋太盟、平安国际等融资租赁公司和光大金融租赁、民生金融租赁等股份有限公司，都不同程度地切入到汽车租赁产业链条中，布局相关业务。

随着二手车金融市场的逐步打开，其在汽车零售融资租赁市场也拥有广阔潜力，可成为租赁业细分汽车租赁市场的着力点。由于汽车租赁市场总体量大，其涉及的业务范围也较为广泛。当前市场上竞逐二手车金融市场的，除了租赁公司之外，主要还有电商平台、汽车互联网平台和汽车金融公司，如瓜子二手车、优信二手车、第一车贷等，主要是面向消费者终端，通过线上线下相结合的方式为消费者提供二手车租赁服务，如平安租赁，作为独立第三方的融资租赁公司，近年来也加大了在二手车领域的业务探索。据了解，平安租赁在二手车专业化评估能力方面已经积累了较丰富的经验，逐步建立起了符合租赁业务特点的、专业的二手车评测体系。

做好风控是展业关键。实际上，二手车金融市场虽然潜力巨大，但真正做好二手车租赁业务，并非易事。2018年以来，业内普遍感受到二手车市场有所降温，控制好业务风险点，成为在复杂的市场环境中保有竞争力的关键。"只要做金融就不能回避风险。"有租赁从业人士直言，汽车租赁的信用风险点主要围绕承租人和买车行为的真实性而展开。而具体到二手车租赁的业务操作风险，估价问题和残值处理问题更为突出。一方面，与新车市场相比，二手车面临着更为重要的估价问题，如何对二手车进行合理准确的评估，关系到相关租赁业务的进一步展开，如平安租赁，其在二手车评估方面，通过与第三方评测机构合作，共同制定了一套二手车评估标准。在第三方评测机构出具评估报告后，平安租赁还能发现1%~3%的事故车进行回退，较大程度上保障了二手车资产质量。此外，在客户识别上，通过与平安科技及前海征信合作，可以掌握多维度车贷数据。而在车辆品控上，通过借助中国平安财产保险广泛的车辆信息资源，形成对二手车车况较强的把控力度。另一方面，二手车的残值处理问题也需重点关注。在融资租赁业务中，车辆的所有权与使用权是分离的，融资租赁公司必须要应对车辆残值波动所带来的风险。

在租赁期结束之后，二手车客户对车辆进行处置有三种方式，结清、展期或是退车。有效的残值处理方式是延长二手车租赁生命力的关键，而租赁公司若能具备完整的残值处理体系，也会提升自身的竞争力。

上述租赁从业人士表示，就车辆租赁而言，残值租赁业务品种在我国发展还较为少见，但从国际上发展情况来看，一定是未来的发展趋势，也是从现有的利差式盈利模式向全产业链服务性盈利模式转变的一个重要方向。但需注意，现阶段而言，仅仅依靠租赁公司自身很难在较短时间内完成残值管理经营工作，租赁公司需要做好市场调研和产品设计，通过和汽车厂家深化合作，来逐步学习残值经营，在不断试错和迭代中逐步提升残值管理能力，规避潜在风险。

三、互联网+二手车置换

二手车置换是指消费者用手头的二手车来置换新车或不同款型二手车，就是将卖二手车和买新车两个过程合并成了一个过程。二手车置换渐成为厂家的第二战场，多家4S店进军二手车置换市场，与传统二手车交易方式相比，二手车置换业务有自己的特点。

1. 我国二手车置换

置换类型如下：

1）同品牌内的二手车换新车。

2）多品牌置换某一品牌新车的业务。

3）不同品牌二手车之间以旧换旧，如二手天籁换二手宝马。

目前，二手车置换一般主要通过以下三个途径实现：

(1) 4S店二手车置换　对于4S店，消费者虽然评价不好，但是信任度还是最高的，4S店的二手车置换是以主机厂为主导的，按照厂家要求收购顾客的二手车，收购对象涵盖所有品牌及车型，而且在4S店置换还会有"置换补贴"等活动，打动了众多车主。

4S店二手车置换的优点有周期短，时间快，品质有保障，风险小。

(2) 车商二手车置换　对于车商，大多数是一种以旧换旧的模式，很多4S店对以旧换旧业务不涉及。车商以旧换旧业务，置换车源相对于4S店也较为丰富，二手车的价格相对4S店来说也更低，对于购买二手车的顾客来说，二手车商处直接置换显然更有优势。

车商二手车置换的优点是车辆价格便宜。

(3) 互联网+二手车置换　互联网是目前信息传导最快、最有效、性价比最高的新媒体。相对于传统的4S店和二手车市场来说，互联网平台更加便捷，足不出户即可完成评估，一般的互联网平台，只需要在其平台上提交意向，就会有相关工作人员联系，并且提供上门检测，报价，成交服务，价格相对于其他途径也较为透明。

互联网+二手车置换的优点是方便快捷，评估价高。

2. 二手车置换主要特点

1）周期短、时间快。车主将二手车开到4S店，现场二手车鉴定评估师20min左右就能对二手车评估出价格，车主选好心仪的新车后，交纳中间的差价即可完成置换手续，剩下的所有手续都由4S店代为办理，并且免代办费，大概一周左右就完成了新车置换。

2）4S店二手车置换品质有保证，风险小。4S店按照厂家要求收购顾客的二手车，收购对象涵盖所有品牌及车型。对于消费者而言，4S店所提的车都是汽车厂商直供销售的，没有任何中间商，车况、车质让车主安心，在品牌二手车经销商处评估二手车，有专业人士为顾客提供专业、透明的车辆评估及报价服务，所有手续都由经销商代办，二手车车价抵扣新车车价，然后补齐差价，即可开着新车走。

3）有利于净化市场，增强市场竞争力。以汽车厂商为主导的品牌二手车置换模式，将打破二手车市场"自由散漫"的传统，重新构建全国二手车交易新的游戏规则。

4）汽车厂商的多重促销手段，让车主受益。随着汽车国产化技术的成熟，以及限购政策的制约，汽车厂商把二手车置换作为角逐的主战场，并配合国家出台的政策补贴，纷纷在打出降价的同时，又推出了"原价"置换，置换送高额补贴，再送礼品或免费活动四重优惠活动，这是打动众多车主换车冲动的根源。

5）4S店借助电商平台精准有效推广。很多汽车厂商都把互联网作为推广的主发布地，特别包括卡酷汽车网、太平洋汽车网、汽车之家、爱卡汽车、网易汽车、搜狐汽车、新浪汽车，这7大受众高的垂直媒体，不但给车主带来了丰富的汽车生活享受，也给汽车厂商带来高转化率的投资回报。

3. 二手车置换流程

二手车置换的一般流程：选定新车→提出置换要求→车辆检测→填写估价报告→商谈确定二手车价格→确定差价款付款方式→填写置换信息表→提新车。

（1）手续、工具

1）车辆配件：千斤顶、套筒及三脚架、备胎、备用钥匙。

2）车主手续：个人用车需带车主本人身份证，公车需提供公司机构代码证复印件（加盖公章）。

3）车辆手续：本地牌照，无违章未处理信息，机动车登记证书，新车购车票/二手车交易发票（购车过户发票）。

（2）步骤流程

1）带齐手续。

2）开始评估，评估方法没有统一的标准，大致分为以下七个步骤：

①外观检查：这里的外观，不单纯是车辆的外部，包括内饰和底盘等暴露在视线中的部位，二手车鉴定评估师会通过外观细节判断车辆是否出现过事故，主要环节在发动机舱的位置，从漆面的新旧程度、螺钉的使用程度可以判断出车辆是否有过补漆和钣金等维修记录。当然最重要的是发动机下方的大梁，如果大梁有过维修痕迹，那么说明车辆肯定出现过比较严重的事故，这种情况4S店是不会收的。

②日常维护：这一方面评判主要依据车主提供的保养单据，以此来证明车辆的确按时进行了各项保养，所以车主应当尽量详细地提供车辆维修保养的凭证，提供得越详细，这一项的评分就会越高。另外，二手车鉴定评估师也会通过车内的清洁状况及一些细节方面来评判车主在日常使用中对车辆是否爱护，最后给出一个综合的评分。

③品牌知名度：根据准备置换的车辆在市场中的保有量和品牌的知名度等方面给出综合评价（一般分为进口、合资和自主品牌三种）。

④工作状况：主要分为家用、公用和运营三种。根据不同类型给出不同分值，一般家用车分值会稍高，公用和运营车辆使用的频率和强度会比较高，所以分值会稍低。

⑤工作条件：车辆使用的环境，如上下班代步、城市路况居多，或者经常跑长途高速路居多或国道居多等，根据用车环境给出评分。

⑥试车检查：最后评估师会驾车体验，从车辆各个方面的表现针对驾驶感受给出一个分值。

⑦最终出价：通过综合各个方面的表现，评估师会最终给出一个价格，评估环节就基本结束了。

4. 陪同选购新车
5. 置换二手车的钱款直接抵冲新车车价
6. 旧车的流向

（1）进入二手车交易市场进行交易　一部分二手车进入二手车交易市场进行自由交易，消费者很难在经销商处购买到二手车，经销商也节省了要对回收来的旧车进行养护、停放、销售等资源。

（2）车辆置于店内展区进行销售　经销商会将置换或回收来的车辆停放在店内专门区域进行销售，往往这类经销商处旧车数量不多，很难形成大交易量。

（3）通过网络形成交易平台　各店将回收来的车型进行资料信息整理，然后上传至统一的数据库或官方网站中，消费者可以通过网络或来4S店查询所在地区的车源信息。

7. 其他

（1）针对改装车型　如果车辆进行过改装，如改装了轮毂，加装了大包围、氙灯等，需要提供原装已被换下的配件。如果不能提供，需要在评估价上减少相应改装费用，这一点需要特别注意。一些4S店回收的车辆需要还原为最初的销售状态，改装车辆非但不能提高自己的评估价，反而还要扣除相应的费用用以改回最初状态，所以车辆有过改装的，建议将原厂的配件妥善保管。

（2）车辆折旧率的参考比例　有二手车置换打算的朋友可以用车辆折旧率的比例进行计算参考，不过不同品牌及车型的评估比例并不相同，最终的评估价格还是要待专业的评估师评估之后给出。

附 录

附录A
二手车流通管理办法（节选）

手机扫码在线看

附录B
二手车交易规范（节选）

手机扫码在线看

附录C
机动车强制报废标准规定

手机扫码在线看

附录D
车辆购置税征收管理办法

手机扫码在线看

附录E
机动车登记规定

手机扫码在线看

参 考 文 献

［1］赵培全，蔡云. 汽车评估学［M］. 北京：中国水利水电出版社，2010.
［2］王永盛. 汽车评估［M］. 北京：机械工业出版社，2009.
［3］刘仲国，鲁植雄. 旧机动车鉴定与评估［M］. 北京：人民交通出版社，2006.
［4］庞昌乐. 二手车评估与交易实务［M］. 北京：北京理工大学出版社，2007.
［5］杨万福. 旧机动车鉴定估价［M］. 北京：人民交通出版社，2000.
［6］毛矛，张鹏九. 汽车评估实务［M］. 北京：机械工业出版社，2008.
［7］杜建. 汽车评估［M］. 北京：人民交通出版社，2008.
［8］高延龄. 汽车运用工程［M］. 3版. 北京：人民交通出版社，2007.
［9］王若平，葛如海. 汽车评估师［M］. 北京：北京理工大学出版社，2005.
［10］上海市国有资产监督管理委员会. 资产评估与管理［M］. 上海：上海财经大学出版社，2006.